本书获得南昌大学"双一流"博士点建设专项经费、[ ]目"企业组织的知性管理、新型二元创新与可持续成[ ]式"（71962021）、国家自然科学基金项目"农业科技成果转化中农户间知识共享与农业技术扩散的机理与关系"（71563027）以及教育部人文社会科学重点研究基地重大项目"城乡协调发展下中部地区农村经济系统重构研究"（17JJD790012）的资助

科技成果转化知识管理绩效评价研究

EVALUATION OF KNOWLEDGE MANAGEMENT PERFORMANCE
IN TRANSFORMATION PROCESS OF SCI-TECH ACHIEVEMENTS

喻登科 ◎ 著

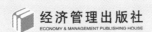

经济管理出版社
ECONOMY & MANAGEMENT PUBLISHING HOUSE

图书在版编目（CIP）数据

科技成果转化知识管理绩效评价研究/喻登科著 . —北京：经济管理出版社，2020.4
ISBN 978 - 7 - 5096 - 7063 - 7

I. ①科⋯ II. ①喻⋯ III. ①企业管理—知识管理—经济绩效—研究—中国 IV. ①F279.23

中国版本图书馆 CIP 数据核字（2020）第 038378 号

组稿编辑：杜　菲
责任编辑：杜　菲
责任印制：黄章平
责任校对：王淑卿

出版发行：经济管理出版社
　　　　　（北京市海淀区北蜂窝 8 号中雅大厦 A 座 11 层　100038）
网　　　址：www. E - mp. com. cn
电　　　话：（010）51915602
印　　　刷：三河市延风印装有限公司
经　　　销：新华书店
开　　　本：720mm × 1000mm/16
印　　　张：18.5
字　　　数：286 千字
版　　　次：2020 年 6 月第 1 版　　2020 年 6 月第 1 次印刷
书　　　号：ISBN 978 - 7 - 5096 - 7063 - 7
定　　　价：88.00 元

谨以此书献给我尊敬的博士生导师

刘希宋教授

总　序

  南昌大学是国家"双一流"计划世界一流学科建设高校，是江西省唯一的国家"211 工程"重点建设高校，是教育部与江西省部省合建高校，是江西省高水平大学整体建设高校。2014 年 5 月，南昌大学管理学院成立，学院由管理科学与工程、图书情报与档案管理、信息管理与信息系统三个老牌学科组成。管理科学与工程学科，具有从本科专业、一级学科硕士学位授权点到一级学科博士学位授权点、博士后流动站的完整体系，是江西省"十二五"重点学科。因此，在学科建设方面，管理学院在设立之初就奠定了雄厚基础。

  南昌大学管理学院第一任领导班子中，彭维霞书记雷厉风行，涂国平院长沉着稳重。在他们的带领下，管理学院迈入了发展新征程，在教学、科研、社会服务、人才培养等方面均取得了显著成效。2019 年，感谢组织信任、领导推荐和同事支持，本人有幸成为了管理学院的第二任院长。感恩于前辈打下的基础，我辈少了筚路蓝缕的艰辛，却多了任重道远的压力；得益于前辈创设的体制，我辈继承了艰苦奋斗与稳健发展的精神，却也感受到了更多对于创新发展的期盼。

  当前，管理学院存在规模小、底子薄、知名度不高的问题，南昌大学管理科学与工程学科在学科排名中落后于诸多"985"高校的相关学科。为此，本人时常思考如何推动学院奋起直追、实现跨越式发展，颇有心得。

学科建设是学院发展之本。2017 年，我国开始统筹推进世界一流大学和一流学科建设，南昌大学仅有 1 个学科入列。管理科学与工程学科，离"世界一流"这一目标还有遥远距离。但是，"双一流"建设为管理学院管理科学与工程学科的发展，指明了方向，也带来了机遇。管理学院的追赶式发展，需要以学科建设为抓手，在学科带头人与学科团队建设、科研平台与教学基地建设、高质量和有特色的学科品牌建设等方面做文章、争成效。

学术研究是学院发展之基。学术研究能力是学科发展的硬实力。在学校排名、学科评估、学术资源配置等方面，学术研究成果一直都是关键业绩指标。全面提升学院教师的学术研究能力、专心打造具有国际和国内影响力的高水平科研成果，是管理学院突破话语权壁垒、实现跨越式发展的战略要点。在学院内培养学术意识、推广研究型文化、引导和激励卓越研究成果的诞生，应该始终作为学院科研管理工作的重心。

人才培养是学院发展之魂。高校，是高级人才培养的重要基地。人才培养，包括学生的培养，也包括学者的培养。大学之魂，不在"大"，而在"学"——学生、学者与学术，共同构成了大学。因此，管理学院的未来发展，既寄托在优秀在校生的培养以及优秀毕业生的回馈之上，也寄托在培育大师、培养国家级与省级拔尖人才、引进具有学术追求和研究能力的青年学者之上。学院是全体师生的学院，需要全体师生的共同努力，也希望能够成为全体师生共同成长的沃土。

思想宣传是学院发展之路。南昌大学管理学院，一直都在"默默无闻"地发展。然而，作为哲学社会科学的一员，管理学科也理应承担反映民族思维、发扬精神品格、宣传思想文化、服务国家智库、繁荣社会发展的使命。很多高校的经济与管理学院之所以能在学校发展中举足轻重，也正是因为占领了思想宣传和服务社会的高地。南昌大学管理学院，需要领会习近平主席在哲学社会科学工作座谈会上的讲话精神，加强和改进宣传思想文化工作，全心培养"文化名家"、"四个一批"人才和"宣传思想文化青年英才"，在思想宣传和社会服务方面勇创佳绩。

品牌塑造是学院发展之志。高校之间的竞争，不亚于企业竞争，品牌塑造同样是高校之间竞争制胜的重要法宝。南昌大学管理学院，急需在人才培养、学术研究、社会服务等各方面提升能力、培育优势、凝练特色、塑造品牌，走差异化发展道路，才有可能"变道超车"，实现跨越。加强品牌塑造，既需要高水平学术研究成果和大师级学者等硬实力作为支撑，也需要特色、文化、制度改革等方面的软实力提供支持。

正是基于上述考虑，本人在担任管理学院院长之后，开始着手规划和布局，而这套"南昌大学管理科学与工程博士点学术研究丛书"的组织出版，正是学院围绕学科建设、学术研究、人才培养、思想宣传和品牌塑造等目标而实施的一项集体行动。希望能通过丛书出版，加强南昌大学管理学院的学术传播与品牌推广，激励管理学院全体教师的学术研究与成果发表，为南昌大学管理科学与工程学科的建设做出贡献。

在此，感谢南昌大学对管理学院发展的重视，并将管理科学与工程博士点列入学校学科建设的支持项目，学校的经费支持资助了本套丛书的出版；感谢管理科学与工程系师生的辛勤工作与创造性努力，本套丛书所发表的研究成果都是他们学术探索的劳动结晶，是他们的工作促成了本套丛书的顺利出版。

本套丛书一共包括15本学术专著。它们可以归纳为科技创新与知识管理、农业经济与生态管理、系统动力学、物流与供应链管理、政府政策与社会管理5个方向。

科技创新与知识管理方向，包括喻登科教授的《科技成果转化知识管理绩效评价研究》、《知性管理：逻辑与理论》，陈华教授的《生态学视角下高科技企业技术知识管理研究》，薄秋实副教授的《协同创新的组织模块化过程和创新模式研究》以及余伟副教授的《企业开放式创新的形成机理》。

农业经济与生态管理方向，包括徐兵教授的《城乡协调发展下中部地区农村经济系统重构》，傅春教授的《绿色发展蓝皮书》，毛燕玲教授的

《非营利性农村基础设施融资机制》以及邓群钊教授的《基于承载力的排污权组合分配研究》。

系统动力学方向，包括刘静华教授的《农业系统动力学》和祝琴副教授的《系统动力学建模与反馈环分析研究》。

物流与供应链管理方向，包括徐兵教授的《PYO模式农产品供应链运作与决策研究》以及谢江林副教授的《资金约束供应链系统分析与决策》。

政府政策与社会管理方向，包括邓群钊教授的《政府财政支出与经济高质量发展》和曹开颖副教授的《再制造背景下政府政策与企业以旧换新策略研究》。

这5个方向，也基本囊括了南昌大学管理学院管理科学与工程学科的主要研究领域。我们在硕士与博士的招生与培养、学术团队与学科建设等方面，都主要是从这几个研究方向加以推进。其中，系统工程与系统动力学是南昌大学管理科学与工程学科的特色方向。

欢迎对这些研究方向感兴趣的学者与同行来南昌大学管理学院交流，欢迎对相关领域有需求的企业提供合作机会，欢迎在这些研究方向有发展潜力的青年博士能加入我们的研究队伍，欢迎有志于从事这些方向研究的同学能够报考南昌大学管理科学与工程专业的硕士与博士。南昌大学管理学院将始终秉承开放创新的理念，欢迎你们的交流与指导，也接受你们的批评与指正。

正因为有你们的支持，我相信，南昌大学管理学院会越办越好。

南昌大学管理学院院长　徐兵

2020 年 4 月 20 日

自　序

科技成果转化知识管理这一研究方向，是我博士生导师刘希宋教授的研究领域。记得刚入导师师门时，这两个专业词汇——"科技成果转化"与"知识管理"我一个都不懂。但不得不承认，在我攻读博士学位的时候，知识管理是一个非常热门的研究方向。而我的导师，将这个热门选题引入另一个接地气的研究领域——科技成果转化，将管理理论的学术性探索和管理实践的问题化解决相结合，有效地实现了科学研究"顶天立地"的目标。

科技成果转化率低下是困扰我国科技与经济发展的一个历史问题，它存在已久，却总是得不到有效解决——因为涉及跨领域的制度整合与体系建设，很难认清它的发生机制，也很难做到精准地激励和保障。知识管理对科技成果转化的内在机制有一个很好的引导、激励和润滑作用，它能够与科技成果转化达成耦合关系，在科技成果转化过程中起到攻克技术难题、削减制度障碍、破除心理困境的辅助性作用。

在我加入师门之前，刘希宋教授已经带领师门团队进行了大量的相关研究工作，在科技成果转化与知识管理的耦合机理等方面积累了较为丰硕的研究成果。王玉梅、曹霞、王辉坡、邓立治、李玥、姜树凯等师兄师姐，都是科技成果转化知识管理研究领域的先行者。他们已经有了理论方面的积累，而且我自身也参与了很多理论建构性的研究活动，但到了我要构思博士学位论文的时候，却发现在理论上很难再有全新的突破。于是，我开始思考科技成果转化知识管理的新切入点。得益于我在攻读博士学位期间自学了大量的评价方法，终于有一天我顿悟：当时的科技成果转化知识管理研究领域几乎只有我的同门，我非常清楚他们已经形成的研究成果——虽然在逻辑推导和理论建构上较为精妙，但却缺乏工具开发，从而导致所建构的理论比较"虚幻"，能够解释现象却难以指导实践。因此，我决定做科技成果转化知识管理绩效评价体系的开发工作，因为在中国情境下绩效评价是一种最为行之有效的逆向引导，它能够帮助我们更好地理解科技成果转化知识管理的"来源"与"去路"，让我们有一个落实它的"抓手"。

可是，开发科技成果转化知识管理绩效评价体系会遇到一些难题：第一，既然是体系，它应该是系统的、丰富的，那么我应该如何去认识它、分解它；第二，既然希望把它做成工具，就需要将理论与实践相结合，那么我就需要去调研，通过调研观察真实的科技成果转化过程，并认识知识管理在其中所起的作用，以及这些作用最终呈现出来的成果形式；第三，虽然已有一些理论成果涉及了科技成果转化与知识管理的耦合，但对于耦合之后绩效如何形成，还缺乏理论支持，因此我在开发绩效评价体系之前，必须得剖析清楚科技成果转化知识管理绩效形成的机理。

带着这些难题，在导师强大的人际关系网络支持下，我去哈尔滨市的多家大型企业进行了深入的调研，印象最深刻的是哈尔滨飞机工业集团；我还得到了哈尔滨市科技厅的支持，依托行政力量向30家大型国企发放了调查问卷。这些一手数据资料为我完成博士论文、完成本书研究内容奠定了坚实基础。

在调研后，我逐渐认清了科技成果转化的过程，也梳理出了知识管理与科技成果转化之间的关系，认为两者就像DNA双螺旋结构一样，是一个双向耦合与共同演化的逻辑。知识管理能促进科技成果转化，但实际上科技成果转化也成就了知识管理。正是因为两者的相互支撑和"反哺"促进，使企业的科技成果转化绩效（实施知识管理之后的绩效增量就是科技成果转化知识管理绩效）能够实现，从而更好地促进企业可持续发展。将这些思路加以描述、刻画并提炼为理论，即为第二章中所提出的科技成果转化知识管理绩效形成机理与过程。这一部分，也最为刘希宋教授所看重，并对它称赞有加。

在绩效形成机理与过程的基础上，我顺理成章地提出了科技成果转化知识管理绩效评价的总体框架，设计从本源、本体和本旨三个角度考察和测量绩效。印象非常深刻的是，刚开始本来用本源、本体和战略去描述我所建构的三个维度，但导师总觉得战略这个概念不到位而且和前两个维度存在概念不对称问题，思虑再三，最后她选用了本旨这个概念。这三个维度，有助于我们更加清晰地认识科技成果转化知识管理绩效的来龙去脉，是绩效评价理论中过程观与结果观的融合与统一，体现了我们要做系统化研究的思想。

在具体对每个维度进行绩效评价时，我们根据评价指标体系和评价目标的细微差异，系统设计了评价模型。每个评价模型都有其最为匹配的方法工具组合。这种组合评价方法的理念，值得评价理论与方法研究领域的初学者认真学习和细细琢磨。在多年之后，仍旧有留校任教的同学向我反映，我的博士学位论文是学院图书室被翻阅最多的论文之一，因为它已几乎成为"评价方法系统学习的教科书"。虽然我知道这过于夸张，而且以评价方法著称也不是我完成博士学位论文的初衷。

我极力推荐本书第七章，这一章当时花费了我最多的时间和心血，也最能体现我在方法工具开发方面的创造性想法。它的核心理念实际上来自力学理论中合力的计算规则，但我又引入了很多管理学中的研究思想，有效地融合了数学、物理和管理学的理念，做出了创造性贡献。这种多学科交叉融合的研究思想值得一些学者借鉴。

对于来自实践领域的读者，可以认真品味一下第八章，希望能为你们推动知识管理、促进科技成果转化带来实质性的指导与帮助。科技成果转化是一项系统工程，只有对它的原理和机制有系统思考，才能更好地掌握它并推动它；知识管理是一个比较虚的概念，但它确实能在企业的方方面面起到作用，希望你们能更好地认识它并利用它。

最后，还想补充说明一下，本书中所提到的样本企业数据都是在黑龙江省科技厅协助下完成的收集，都得到了相关企业的授权与许可。感谢黑龙江省科技厅对于本书的支持。

喻登科

南昌大学管理学院

2019 年 9 月 28 日

前　言

科技成果转化与知识管理具有本质上的联系性，两者的关键耦合域为知识创新。本书基于科技成果转化与知识管理耦合产生绩效的全过程视角，构建科技成果转化知识管理的本源、本体、本旨和综合绩效评价模型，并科学选择各种方法以黑龙江省 12 家大中型企业为对象进行实证评价。本书的主体内容包括：

第二章分析科技成果转化知识管理绩效形成的机理与过程。阐述科技成果转化与知识管理的耦合关系，界定科技成果转化知识管理的内涵与特征，分析科技成果转化知识管理过程的超三维结构及其绩效形成的映射机理、反射机理和持续机理，进而剖析科技成果转化知识管理投入、运行、产出绩效形成的反哺、孕育和梯度推进过程。

第三章构建科技成果转化知识管理绩效评价总体框架。界定科技成果转化知识管理绩效评价的内涵、功能与原则，分析绩效评价的属性，并将内涵、过程与属性相契合，提出一种新的基于本源、本体与本旨的科技成果转化知识管理绩效评价视角，从而设计科技成果转化知识管理绩效评价的三维框架，利用结构方程模型对其内在关系进行验证，在此基础上设计科学的科技成果转化知识管理绩效评价流程并对其优势进行阐释。

第四章进行科技成果转化知识管理绩效的本源评价。从人才、组织和知识三个维度分析科技成果转化知识管理绩效的本源构成，构建本源评价的预选指标体系。以问卷调查为基础，通过模糊聚类方法对预选指标体系进行筛选精简，进一步引入 AHP 方法确定指标权重。以黑龙江省 12 家大中型企业为样本，采用改进的模糊综合评判方法实施科技成果转化知识管理绩效本源评价的实证研究，并实施评价结果可靠性和权重敏感性分析。

第五章进行科技成果转化知识管理绩效的本体评价。从分析科技成果转化知识管理运行的链、环、网、螺旋模型出发，阐述成果转化知识管理本体绩效的特征与构成，从而选择 ISM 方法分析知识对接、知识学习、知识共享、知识整合和知识创新绩效之间的内在关系，设计本体绩效指标体系，应用 ANP 计算指标权重，并进一步选用模糊积分方法对黑龙江省 12 家大中型企业的成果转化知识管理本体绩效进行实证。

第六章进行科技成果转化知识管理绩效的本旨评价。分析企业科技成果转化知识管理的短期、中期、长期目标体系，将企业科技成果转化知识管理本旨绩效归纳为经济效益、核心竞争力和持续竞争优势三个构成要素，采用 ELECTRE Ⅰ 方法进行指标筛选，构建成果转化知识管理本旨绩效评价指标体系，进而应用集值迭代法和熵权法相结合的方法确定指标权重，对 12 家样本企业的成果转化知识管理本旨绩效进行实证评价。

第七章评价科技成果转化知识管理绩效的综合评价。从"合力"的视角定义科技成果转化知识管理综合绩效，总结知识管理综合绩效评价的基本思路，进而界定知识管理综合绩效评价的论域，构建综合绩效的合成模型、协调模型和聚类模型，在此基础上分别进行实证分析，并通过样本企业综合绩效评价结果的分析概括我国企业实施科技成果转化知识管理的优势、劣势以及对其规律进行总结。

第八章系统提出科技成果转化知识管理绩效提升的对策。从提高员工绩效、加大投入力度、加强信息化管理和开发外部知识网络等方面提出科技成果转化知识管理本源开拓的对策；从提高知识对接能力、知识学习能力、知识共享水平、知识整合程度和知识创新能力等方面提出本体优化的对策；从提高收益水平、建立核心竞争力培育机制、培育持续竞争优势等方面提出本旨提升的对策；还从本源、本体和本旨协同互动的视角提出了提高科技成果转化知识管理绩效的一些对策建议。

综上所述，本书从本源、本体、本旨的三维视角对科技成果转化知识管理绩效进行评价，构建了系统的成果转化知识管理绩效评价指标体系、评价模型，并通过敏感性分析、一致性分析等进行了评价结果的科学性检验，充分反映了评价方法和评价指标选择的科学性与适用性，为我国企业开展科技成果转化知识管理绩效评价提供了科学、系统的思路，具有重要的理论价值和应用价值。

目　录

第一章
绪　论

一、研究背景、目的和意义

（一）研究背景

目前，发达国家科技成果转化为现实生产力并取得实效的比例在 60% ~ 80%，而我国为 10% ~ 15%，发达国家科技成果转化率如此之高，固然与其社会制度、国情和生产力发展水平有关（钟卫和陈彦，2019），但科技成果转化过程本身缺乏知识要素的投入与管理也是其重要原因。自1996 年经济合作与发展组织认为以知识为基础的经济即将改变全球经济发展形态，知识就已成为生产力提升与经济成长的主要驱动力（董小英等，2019）。科技成果转化组织最大的变革是开始引入知识管理，建立全新的知识价值观并落实知识共享文化。实践证明，在快速发展的知识经济时代，知识将取代土地、资本、劳动而成为科技成果转化组织最重要的生产要素，知识转化是组织获得持续竞争优势的源泉（郭润萍等，2019）。

　　知识管理在科技成果转化组织中的重要作用已毋庸置疑，但科技成果转化组织无法有效评估、控制、反馈组织的知识管理活动与奖励知识员工，是很多科技成果转化组织知识管理实践难以推行的症结所在。建立一套完善的科技成果转化知识管理绩效评价体系，辅助科技成果转化组织实施知识管理，提高科技成果转化率，已经成为摆在我们面前的重要课题。

　　1. 现有研究成果不能为科技成果转化组织提供完善的知识管理绩效评价体系

　　自20世纪60年代知识管理兴起以来，经过德鲁克（1999）、野中郁次郎（2012）、达文波特（2015）、巴斯等（2004）的研究，其理论框架已经基本成熟，但知识管理在实践中的具体应用仍有待于进一步深入与完善（韩永进和陈士俊，2007）。我国的科技成果转化研究始于80年代，尤其是高校科技成果转化与农业科技成果转化的研究，更是受到学术界的高度重视，但检索相关文献可以发现，科技成果转化的研究其实并未深入，如对科技成果转化的各种转化模式没有深入研究，对新兴管理思想和科技成果转化理论相结合的研究没有紧密跟进。知识管理与科技成果转化有着本质的联系，实践证明，知识的有效管理能推进科技成果转化进程，提高科技成果转化率。但相关研究成果的缺失不仅不能为科技成果转化组织实施知识管理提供专业的理论指导，就更不要说提供完善的知识管理绩效评价体系了。

　　2. 促进科技成果转化组织实施知识管理要求构建完善的绩效评价体系

　　科技成果是知识的集合，科技成果转化的本质是知识流的运动（周荣等，2015），在这样一个知识密集的领域，知识管理是天然的需求。但国内外对知识管理在科技成果转化组织中应用的研究成果少之又少，这就限制了知识管理在科技成果转化组织中的推广与应用。知识管理活动的实施有几个必要的环节，其中最重要的环节之一就是对知识管理绩效进行评价，以控制和监督知识管理行为，奖励知识管理绩效高的个人和团体，因此，构建完善的科技成果转化知识管理绩效评价体系是促进科技成果转化组织实施知识管理的第一步。第一步迈不出去，随后的整个知识管理推行计划将都受阻。

3. 提升科技成果转化组织核心竞争力要求构建完善的知识管理绩效评价体系

知识是科技成果转化组织核心竞争力的关键构成要素，科技成果转化组织的核心产品是知识产品，科技成果转化组织的核心竞争力处处显现出知识管理的特征。我国科技成果转化率低一直是困扰我国科技成果转化组织的问题，但商业化成功的产品在市场上并未得到客户的忠诚、持久的认可，更不能形成产业化规模，这更是我国大部分科技成果转化组织的软肋，而其根本原因就在于科技成果转化的产品没有注入足够的知识附加值，从而缺少含金量，产品不具有竞争力，更不能形成竞争对手难以模仿的核心产品甚至打造组织的品牌（郑建阳，2017）。因此，科技成果转化组织如何提升知识管理能力、提高产品知识含量、培育转化组织的核心竞争力、成为科技成果转化组织的首要问题，而构建完善的知识管理绩效评价体系则是科技成果转化组织有效实施知识管理的开始，更是科技成果转化组织实施知识管理取得效益的保证。

（二）研究目的和意义

1. 研究目的

科技成果转化和知识管理的理论研究成果为科技成果转化知识管理的研究奠定了理论基础，随着我国科技成果转化组织中知识管理工作的深入开展，科技成果转化与知识管理的现有研究成果并不能满足科技成果转化知识管理的需求，推行知识管理的科技成果转化组织亟须一套完善的知识管理绩效评价体系，以评估知识管理组织、部门、个人的绩效，对科技成果转化知识管理活动进行监督与控制，对取得良好绩效的个人和团队进行奖励，以及筛选长期知识型合作伙伴等。科技成果转化知识管理绩效评价体系是科技成果转化组织成功实施知识管理的基础，具有重要的理论和现实意义。

本书旨在构建一套完善的、实用的、专业的科技成果转化组织知识管理绩效评价体系，研究合理的知识管理绩效评价的综合思路，构建完备的科技成果转化知识管理绩效评价指标体系，提出一系列科学的知识管理绩效评价方法，并在此基础上设计可操作性强的科技成果转化知识管理绩效评价系统，为科技成果转化组织提供一种有效的知识管理工具。

2. 研究意义

（1）对丰富与发展科技成果转化知识管理绩效评价的理论与方法具有重要意义。科技成果转化作为知识活动密集的领域，但引入知识管理尚处于刚刚起步阶段，本书目的就是为科技成果转化组织提供一套完善的知识管理绩效评价体系，以辅助科技成果转化组织推行知识管理。科技成果转化和知识管理具有知识密集的共性。本书基于科技成果转化组织的目标，将知识管理绩效评价的思想引入科技成果转化组织，为科技成果转化组织提供一套专业的、标准的知识管理绩效评价体系。在构建体系的过程中，研究将从科技成果转化组织知识管理绩效的本体、本源、战略的三维立体视角为科技成果转化知识管理绩效评价开发出一系列的方法与指标体系，丰富和科技成果转化知识管理绩效评价的理论与方法。

（2）对知识管理在我国科技成果转化组织中的推行具有重要意义。知识管理是一种管理理念，需要诸多工具和制度加以辅助才能顺利实施，科技成果转化知识管理绩效评价体系既是科技成果转化组织实施知识管理绩效评价的一套标准流程，更是组织实施知识管理的主要工具之一。科技成果转化知识管理评价体系的开发为科技成果转化组织实施知识管理带来了福音，是成果转化组织保障知识管理绩效、控制管理过程风险的重要手段。科技成果转化组织若没有完善的知识管理绩效评价体系做保证，其知识管理的实施就会如履薄冰，很多风险都不能及时发现，成功实施知识管理的部门和个人的经验得不到推广。完善的科技成果转化知识管理评价体系是科技成果转化组织推行知识管理的必要保证。

（3）对提升我国科技成果转化水平具有重要意义。科技成果转化知识管理绩效评价体系的提出，使知识管理能被更多的科技成果转化组织接受与推行，并强化知识管理对科技成果转化的辅助功能，提升科技成果转化能力。我国科技成果转化率一直较低，并远远低于西方发达国家水平，其主要原因之一就是科技成果转化组织研发能力以及研发管理能力不及发达国家，管理水平不足是我国大部分科技成果转化组织的共同缺陷。科技成果转化知识管理绩效评价体系为知识管理在科技成果转化组织的成功实施奠定了基础，而知识管理的引入给科技成果转化组织带来了一场管理变革，有效提高科技成果转化组织的管理水平，最终提升我国的科技成果转化水平，促进经济增长，刺激技术进步，有利于社会发展。

二、科技成果转化知识管理绩效评价的现状与问题

（一）我国科技成果转化知识管理绩效评价的现状

由于科技活动及其成果表达形式的复杂性和多样性，至今未形成较为公认的专门的科技成果转化知识管理绩效评估体系，许多国家和地区仅有对科技活动绩效的评估指标。美国国会在 1993 年通过《政府绩效与结果法》（*Government Performance and Results Act*，GPRA），成为美国当前科技计划及政府部门绩效评价的重要政策。根据 GPRA 的规定，多数的美国联邦政府所属机构都必须定期提出长期策略规划（Strategic Plans）、年度绩效规划（Annual Performance Plans）以及年度绩效成果报告（Annual Performance Reports）三种报告（Kravchuk & Schack，1996）。2001 年 9 月欧盟委员会发表了国家科学研究基准评价指标，以研究人员占劳动力（从业人员）总人口的比例、青年博士占同龄人的比例等 14 项指标作为科技评价指标，在指标设置中充分重视了科技人才绩效问题（林涛，2012）。

目前，我国在开展科技成果转化活动方面已经取得了显著的成绩，但

知识管理在科技成果转化过程中的应用却还处于探索阶段，很少有企业将知识管理思想用于指导科技成果转化活动。在中国，政府对人才的绩效评估比对科技成果本身的评估更为重视，而人才的绩效评估往往是和各种科技奖励联系在一起的。1996年，《中华人民共和国促进科技成果转化法》通过，其中明确规定科技成果转化活动应当有利于提高经济效益、社会效益和保护环境与资源，有利于促进经济建设、社会发展和国防建设，这为科技成果转化知识管理绩效评价提出了根本的方针与目标（杨东占，2015）。我国在1993年就颁布了《中华人民共和国自然科学奖励条例》、《中华人民共和国发明奖励条例》和《中华人民共和国科学技术进步奖励条例》，对优秀科技人员的绩效进行评估与肯定，并给予相应的奖励（王鉴非，1996）。2001年，上述三项条例废止，改为《国家科学技术奖励条例》，其中包括国家最高科学技术奖、国家自然科学奖、国家技术发明奖、国家科学技术进步奖、中华人民共和国国际科学技术合作奖等奖项，同时，各种地方性科学技术奖励和社会科技奖励（如何梁何利奖）也纷纷开设，但评价的标准和目标、领域都各有不同（王婷等，2016）。国家最高科学技术奖评价指标包括科学思想品德、重要科技贡献、社会科技威望和专家系数，其中重要科技贡献权重最大，包括重大发现、成果转化与应用推广程度、推动科技进步与取得社会经济效益等。国家自然科学奖的评价指标包括科学发现程度、主要学术思想被认可程度、论文与专著的影响、对推动科学发展或满足国家发展需求的作用。技术发明奖的评价指标包括新颖性和创造性、技术先进性、成熟完备性与转化应用情况、发展前景及促进科技进步的作用等。而国家科学技术进步奖则包括技术开发类、社会公益类、国家安全类、重大工程类和科普类五个小奖项，分别有自身的评价标准。国际科学技术合作奖的评价指标包括中外合作情况、重要科技贡献和国内外影响等。

对于企业在科技成果转化知识管理方面的评估与奖励，则不同企业有不同重点。中国石油化工集团科学技术奖注重评审项目的科技水平、自主创新、竞争能力及取得的经济和社会效益；中国铁路工程总公司科学技术奖则贯彻"尊重知识、尊重人才"的方针，主要对桥梁、隧道、电气化等方面的成果进行奖励；中华预防医学会科学技术奖设立了基础研究类、技术发明类、应用研究类和国际科学技术合作类，奖励公共卫生和预防医学领域的成果和人选；中国汽车工业科学技术奖包括中国汽车工业科学技术进步奖、中国汽车工业优秀科技人才奖和中国汽车工业优秀青年科技人才奖三个奖项，主要评价标准是技术含量高、经济效益好。

无论是政府还是企业，绩效评估的步骤一般都是先形式审核，再专家组讨论、同行评议或匿名外审，确定绩效评估分数的方法一般都是直接的加权法。例如，中国铁路工程总公司科学技术奖的评审顺序为：每个参评项目设主审、副审各 1 名，提出推荐意见，其他评委在此基础上给出意见和意愿，之后利用软件对专家评审意见进行综合计算，形成所有参评项目的得分表（软件设置时考虑了项目类别不同所反映的技术难点和创新点的差异以及评委对不同专业熟悉程度的差异，分别设置了权重），然后参考得分情况，投票决定最终评价结果。

综上所述，我国在科技成果转化知识管理绩效评价方面还没有成体系的评价标准和评价方法，而且该方面的研究成果也较少出版，有待于进一步的深入探究和实践中的长期摸索。

（二）我国科技成果转化知识管理绩效评价的问题

1. 评价视角单一片面

由于知识管理在科技成果转化过程中起指导作用的理念在中国很多企业都没有具体实施，因此，知识管理的绩效评价更是无从谈起。目前，我国大多数企业能做到的是对知识型员工的绩效进行评价或对某项科技成果进行评价，而很少能对某一个过程多产生的绩效进行评价，对能力、核心竞争力等一些过程性的绩效更是没有具有可操作性的手段进行。评价视角的单一片面使一些企业、部门和个人只重视眼前利益，而忽视企业的可持续发展。

2. 评价方法简单失准

我国大多数企业进行部门绩效、人员绩效、岗位绩效评价时，采用的大多是加权平均法，也就是将经济效益、出勤率、领导赏识等各方面的因素采用统一的权重加总综合，即使部门特征不同也可能采用相似的方法，而且人员绩效和部门绩效的评价往往是分开的，造成评价结果的不准确，引起员工和部门的不满。如果采用复杂的方法，一是可操作性可能会稍差，二是员工很难理解，三是科学性与可靠性有待论证。因此，评价方法过于简单也是我国企业面临的极大困难，却也是必要的选择。

3. 评价体系孤立静态

企业为了保证绩效评价体系对员工能起激励作用，使知识型员工在成果转化过程中有法可依，就要保持评价体系的相对连续性，不能朝令夕改。但这同时又影响了评价体系的动态性，孤立、静态的评价体系往往不能满足最新的企业发展需求，也不能适应外部环境的变化，因此，建立一种动态、能自我调整的评价体系非常必要。

4. 评价目标模糊低级

由于竞争日益激励，企业要生存与发展，必须先得保证眼前利益，这使很多成果转化组织的绩效评价目标只包括经济效益等一些财务型指标，而这将造成知识型员工科技创新领域的偏好改变与误导，不利于企业长期的技术创新战略实现。建立高级化、层次化的评价目标，建立明确的目标战略，是现代企业应该具有的能力。

（三）我国科技成果转化知识管理绩效评价出现问题的成因

1. 我国科技成果转化组织刚进入知识管理的起步阶段

根据蓝凌公司的调查显示，中国企业的知识管理实践总体还处于起步阶段，在知识管理建设方面，处于萌芽和启动状态的占39%，尚有19%的机构在知识管理方面"暂时没有计划"（马勤和袁凌，2006）。尚处于起步阶段的知识管理为企业科技成果转化带来的绩效还非常有限，而且即使实施了知识管理的科技成果转化组织也不一定能制定出完善的知识管理绩效评价体系，这需要专家学者和企业共同完成，需要经过长期讨论与实践检验的，因此出现问题也在所难免，需要在未来的时间逐渐改进完善。

2. 我国科技成果转化组织的知识管理目标不明确

同样地，依据蓝凌公司调查显示，在知识管理建设动机方面，对于"提高干部员工能力"、"加速创新"、"增强沟通和协作"、"沉淀知识，降低风险"和"提高质量"这五个方面的认同度最高；从知识管理实践所取得的效果来看，主要体现在"提高员工技能和知识"、"提高员工工作效率和生产率"、"改善知识沉淀和储存"、"帮助避免作重复工作"以及"协作机制和流程改进"等方面；表示取得明显的财务收益的有23.48%，但也有11.46%表示其知识管理实践没有取得明显的收益（马勤和袁凌，2006）。知识管理自身的管理者、推行者和组织者都对实施知识管理的目标和可能取得的绩效不明确，这是企业不能制定出有效的知识管理绩效评估体系的根本原因。

3. 我国科技成果转化组织对知识管理绩效评价的重视不够

由于知识管理活动本身就是对科技成果转化所实施的一种辅助管理活动，其绩效具有因果模糊性等特点，很难从科技成果转化绩效中加以分辨（Singh & Kant，2007），而且很多企业认为知识管理绩效并不像员工绩效评价一样必须为薪酬等服务，是可有可无的一种活动，在管理活动中不能得到应有的重视，因此，对知识管理绩效评价重视不足是成果转化组织没有建立完善评价系统并加以落实的主要原因。

4. 我国科技成果转化组织缺乏有效的知识管理绩效评价方法

在科技成果转化绩效评价现状、知识管理绩效评价现状中已经显示，虽然关于科技成果转化知识管理绩效评价方面有一些学者开展过研究，但由于该领域的研究本身就是一个系统而又新兴的事物，很少有学者能提出具有战略高度的观点，或具有可操作性、实践性的绩效评价体系与方法，而企业在开发绩效评价方法方面又处于弱势，因此，没有公认的科学评价方法是我国科技成果转化组织评价知识管理绩效缺乏系统思维的局限所在。

三、总体思路与研究框架

（一）总体思路

本书以科技成果转化和知识管理的相关研究成果为基础，研究科技成果转化与知识管理的耦合关系，分析科技成果转化知识管理绩效形成的机理与过程，界定科技成果转化转化知识管理绩效的内涵并分析其属性，并以此为据设计本体、本源、本旨三维立体的科技成果转化知识管理绩效评价体系框架，进而通过结构方程模型检验科技成果转化知识管理绩效的本体、本源、本旨绩效评价三者之间的联系。综合集成 ANP、ISM、ELEC-TRE Ⅰ等方法分别确定科技成果转化知识管理绩效的本体评价、本源评价、战略评价的指标体系，并采用熵权法、AHP、ANP、集值迭代法等进行指标权重的确定，以及分别利用证据推理、模糊综合评判和模糊积分等方法对样本企业科技成果转化知识管理绩效进行实证评价。最后，进行科技成果转化知识管理综合绩效评价，并提出提升科技成果转化组织知识管理绩效的对策与建议。

（二）研究框架

本书研究主体共分为四大部分：第一部分，科技成果转化知识管理绩效形成机理与科技成果转化知识管理绩效评价体系框架设计；第二部分，科技成果转化知识管理绩效的本源、本体和本旨评价；第三部分，科技成果转化知识管理综合绩效评价；第四部分，科技成果转化知识管理绩效提升对策。本书的研究框架如图1.1所示。

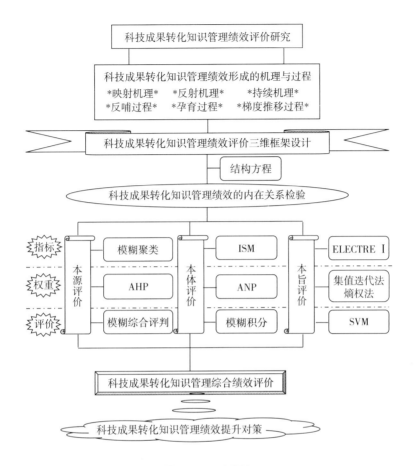

图 1.1 研究框架

四、研究方法与创新之处

（一）研究方法

科技成果转化知识管理绩效评价的研究是一个全新的研究领域，需要综合运用多种研究方法才能做到既具有理论高度，又能满足科技成果转化组织知识管理实践的需求。

1. 多学科、多方法集成的综合研究法

在研究过程中，综合运用运筹学、系统工程、模糊数学、管理学、情报学等多种学科的最新研究成果，通过综合集成开发科技成果转化知识管理绩效评价方法，实现对科技成果转化组织知识管理绩效评价的科学性、全面性、系统性、创新性。而且，在构建完善的科技成果转化知识管理绩效评价体系过程中，将结构方程、ISM、ANP、证据推理等多种较新的统计学和评价学方法加以综合，各种方法优势互补，能有效评价科技成果转化知识管理绩效。

2. 规范分析与实证分析相结合的方法

规范分析和实证分析都是科学研究中广泛运用的方法，一般地，前者强调对于研究对象的理性判断，后者偏重研究对象的客观描述。我们阅读大量国内外相关文献，对科技成果转化和知识管理研究的理论基础有充分的了解，梳理出清晰的脉络，为科技成果转化知识管理的研究工作做出合理的判断，整理出科学的思路；然后通过典型科技成果转化组织的问卷调查，对科技成果转化组织的知识管理绩效进行评价实证分析，从而使本书所构建的科技成果转化知识管理绩效评价体系经得起实践的检验，具有科学性和实用性。

3. 定性分析与定量分析相结合的方法

定性分析主要是在界定科技成果转化知识管理内涵的基础上，分析科技成果转化和知识管理的耦合关系，研究科技成果转化知识管理绩效的特征与属性，从本体、本源和本旨三维立体视角构建科技成果转化知识管理绩效评价体系。而且，在评价指标体系设计中，也体现了定性指标与定量指标相结合的特点。定量方法主要是通过一系列方法的综合集成开发出适合于科技成果转化知识管理绩效评价的方法，分别进行科技成果转化知识管理绩效的本体评价、本源评价和本旨评价。

4. 理论研究与实践需求相结合的方法

科技成果转化知识管理绩效评价体系是在充分吸收科技成果转化与知

识管理的理论研究成果的基础上构建的，它充分反映了知识管理在科技成果转化组织中的作用过程与作用机理，具有一定的理论研究高度。同时，科技成果转化知识管理绩效评价系统的设计又为科技成果转化组织知识管理绩效评价提供了工具，满足科技成果转化组织的实践需求，具有一定的应用价值。

（二）创新之处

1. 研究了科技成果转化知识管理绩效形成的机理与过程

分析科技成果转化与知识管理的耦合关系，构建成果转化知识管理的超三维知识空间模型，剖析成果转化知识管理绩效形成的映射、反射与持续机理，进而分析成果转化知识管理投入绩效形成的反哺过程、运行绩效形成的孕育过程和产出绩效形成的梯度推进过程。

2. 设计了科技成果转化知识管理绩效评价体系框架

界定科技成果转化知识管理的内涵及特征，研究科技成果转化知识管理绩效评价的动态属性，在明晰科技成果转化知识管理绩效评价的基本原则、对象与目标的基础上，设计本源评价、本体评价、本旨评价三维的科技成果转化知识管理绩效评价体系框架。

3. 验证了科技成果转化知识管理绩效的本源、本体和本旨评价三者之间的内在关系

定性分析科技成果转化知识管理绩效的本源、本体与本旨评价三者之间的内在关系，并做出合理假设，在对数据进行信度和效度检验的基础上，构建验证性结构方程模型，对科技成果转化知识管理绩效的本源、本体与本旨评价三者之间的关联关系和因果关系进行验证分析。

4. 实证评价了科技成果转化知识管理的本源、本体和本旨绩效

在界定科技成果转化知识管理绩效的本源的构成要素的基础上，选择模糊聚类、ISM、ELECTRE Ⅰ等方法进行本源、本体、本旨绩效评价指标筛选，选择 AHP、ANP、集值迭代和熵权法计算指标权重，选用改进的模糊综合评判、模糊积分和证据推理方法进行实证评价，构建系统的成果转

化知识管理三维绩效评价模型。

5. 评价了科技成果转化知识管理综合绩效

分析成果转化知识管理综合绩效的力学特征，界定成果转化知识管理综合绩效评价的论域，构建成果转化知识管理综合绩效评价的合成模型、协调模型和聚类模型，并以 12 家大中型企业为样本进行实证分析。

第二章

科技成果转化知识管理绩效形成的
机理与过程

一、科技成果转化知识管理绩效的内涵与特征

（一）科技成果转化与知识管理的耦合关系

耦合是一个相对于两个或两个以上主体之间物理关系衍生而来的概念，是指两个或两个以上的体系或两种运动形式之间通过各种相互作用而彼此影响以至联合起来的现象（张利飞，2009）。科技成果转化与知识管理的耦合关系是指科技成果转化与知识管理两个运行系统之间，以及系统要素之间存在内在的本质联系，由此形成新的系统功能并协同作用于系统目标的复杂互动关系（李玥和刘希宋，2011）。通过对科技成果转化知识管理全过程的考察，可将两者的耦合分解为基于目标的耦合、基于要素的耦合和基于过程的耦合三种耦合关系。

1. 基于目标的耦合

科技成果转化是指为提高生产力水平而对科学研究与技术开发所产生的具有实用价值的科技成果所进行的后续试验、开发、应用、推广直至形成新产品、新工艺、新材料，发展新产业等活动（吴国林，2000）。科技成果转化的目标是形成新产品、新工艺、新材料或新产业，其特征就体现为"新"。对于企业而言，就是要创造一个新的、与竞争对手不同的、竞争对手短期内无法模仿与进入的市场领域。从这个意义上分析，企业科技成果转化的目标是培育企业的核心竞争力，其实施手段就是开发新产品、新工艺或新材料、新产业，也就是开发核心知识与核心产品，这些产品或工艺由于其具有"新"的知识属性而产生出实用价值。

知识管理，即管理知识的活动，具体包括知识的获取、学习、共享、整合、创新、利用等（Remus & Schub，2003）。但知识管理的目标绝不是简单地使企业内部的知识有序化，而是通过管理知识达到扩散知识、创新知识和利用知识的目的。知识管理的核心活动是知识创新，通过创造新的知识更新企业的知识体系，为企业持续经营和发展带来新的推动力。因此，知识管理的特征最终也归结为"新"，新知识的创造就意味着产品、工艺有了新的价值内涵，即通过知识创新实现了技术创新，通过知识管理推动了科技成果转化。

科技成果转化的知识管理，具有更加明确的目标和实施内容，其管理活动的实施就是为了促进企业的科技成果转化而开展的。科技成果转化需要新的知识，也需要企业内部形成知识流转、知识共享的文化氛围，需要组织内部具有孕育新知识的环境条件，知识管理由于恰能满足其需求而成为科技成果转化推动的有效管理手段。因此，科技成果转化与知识管理具有一个耦合域，即新知识创造（王玉梅等，2009）。通过耦合域的运行，科技成果转化和知识管理实现共同的目标，即提升科技成果转化能力从而创造企业的核心竞争力。

2. 基于要素的耦合

知识管理是一种管理知识的方式，同时是一个知识投入产出的运行过程。科技成果转化作为一个开发新产品、新工艺、新材料或新产业的过程，其本质是通过知识转化活动将知识嵌入产品中增加产品的知识价值。就一定意义上而言，知识管理与科技成果转化都是知识的加工创造过程，两者的内在联系就在于两者具有相同的劳动对象，即知识。知识管理负责知识的组织与流转，并实现知识的整合与创新，其输入是旧知识，而输出是新知识；科技成果转化负责将知识产品化、商品化和产业化，是新知识的进一步加工与应用。因此，科技成果转化与知识管理是一种知识要素的传承关系，两者的耦合关系通过知识要素维系。

科技成果转化知识管理的对象是一种广义的知识，包括显性知识和隐性知识。显性知识包括鉴定成果、专利及与成果直接相关技术文献、论文、专著等；隐性知识包括嵌入于人力资源头脑中的人才知识和嵌入于科技成果转化活动的过程知识，其形态包括成果源知识、样品小试知识、样品中试知识、工艺设备知识、市场运行与融资知识等（曹霞等，2010）。因此，科技成果转化与知识管理基于要素的耦合关系可进一步分解为基于显性知识的耦合、基于人才知识的耦合和基于过程知识的耦合，而其中基于人才知识的耦合又是要素耦合的主体形态（吴成锋，2009）。

人才是科技成果转化的执行主体，人才头脑中的知识是科技成果转化实施的关键投入要素。由于人才具有主观能动性，人才知识不是静态的知识库存，而是动态的知识系统，能随着科技成果转化活动的开展不断进行知识的自我更新和创造。知识管理是基于人才、技术和组织制度的管理，其主要目标就是通过制定有效的组织制度和开发科学的技术平台实现对知识体系的梳理与动态补充。因此，人才是知识管理的行为主体。与此同时，人才知识又是其劳动对象。人才知识是科技成果转化与知识管理共同的关键投入要素，人才知识的管理与开发形成两者的耦合域。

3. 基于过程的耦合

科技成果转化的一个完整生命周期主要包括成果对接、样品试制、批量生产、商业化产业化等阶段，各个阶段的知识具有不同的形态，分别为成果源知识、样品知识、产品知识和商品知识（李玲娟等，2014），因此，其各阶段的知识管理活动的重点也应该有所区别。

在成果对接阶段，成果转化组织对成果源知识是一个充分吸收的状态，企业的知识经历的是一个从无到有、从外到内的对接转移过程，该阶段的知识管理重点是知识的对接与学习。在样品试制阶段，考察的是企业内的少数精英人才在吸收成果源知识的基础上结合自身的知识设计开发样品的能力，该阶段知识管理的重点是知识的整合与创新。在批量生产阶段，样品试制已经完成，产品的雏形也已经显现，此时知识管理的重点就是将新产品、新工艺的理念和相关技术知识向企业内更多的员工输送传播，以取得更为广泛的认同和支持，提高产品生产的动力，该阶段知识管理的重点是知识共享。在商业化产业化阶段，企业的知识是一个由内到外溢出扩散的过程，企业通过营销人员的媒介作用向客户、市场宣传产品知识，使客户对嵌入在产品商品中的知识的价值有充分的了解和信任，该阶段知识管理的重点是知识的扩散和推介。

科技成果转化的全过程及其各阶段都与知识管理过程具有耦合关系，且不同的阶段与知识管理活动耦合的作用域不同，即科技成果转化过程与知识管理过程的关键耦合域是动态变化的（王辉坡，2007）。科技成果转化知识管理的运行过程就是科技成果转化与知识管理通过知识的耦合而互相促进、互为因果的知识螺旋行进过程，在知识螺旋运行中实现科技成果转化能力的提升。

（二）科技成果转化知识管理绩效的内涵

绩效，简言之，指目标的达成程度，它既是一种衡量效益产出状况的静态指标，又是组织运行过程的动态参数（高小平等，2011）。在关于绩效的理论中存在两种观点：一种观点认为，绩效就是结果或产出，持这种观点的绩效分析活动强调的是衡量和评估企业活动或个人行为的产出或结果，而不是行动过程中的投入或努力；另一种观点认为，绩效就是行为或过程，持这种观点的绩效分析活动强调的是行为活动过程中的投入、方法、效率等方面（王东强和田书芹，2007）。把绩效当作过程或行为具有战略性意义。换言之，过程或行为是反映企业经营和长期发展状况的重要预报器。把绩效当作结果或产出则更具有战术性，能够及时快速反映企业活动或个人行为的效率和有效性。综合行为导向和结果产出两种绩效观的优缺点，过程行为和结果产出是两个不可分割、密切结合的方面，它们之间有明显的动态关系和互补关系。在界定和分析科技成果转化知识管理绩效的时候，既要考虑到知识管理本身的具体实施过程的绩效，同时也要考虑到知识管理的直接产出以及对组织产生的效应。达到过程和结果的平衡，这是分析科技成果转化知识管理绩效必须强调的原则。

据此，将科技成果转化知识管理绩效界定为：科技成果转化组织在运行过程中将知识管理与科技成果转化实现基于目标、要素、过程的耦合的结果，是知识管理对科技成果转化的促进作用，是科技成果转化与知识管理的共同目标的实现程度，综合体现为通过知识管理提升的组织科技成果转化水平，主要包含素质提高、能力提升、效益增长三个方面。

1. 素质提高

科技成果转化与知识管理的耦合对科技成果转化组织带来的不是简单的技术水平提高或市场机会增多，而是对科技成果转化组织的管理变革。通过知识管理，科技成果转化组织及其员工个人的知识素质、能力素质都能有所提升，实现科技成果转化组织整体素质水平的提高。

2. 能力提升

科技成果转化与知识管理的耦合是一个过程、一种机制，通过机制与过程的实施，科技成果转化组织及其员工的知识学习能力、知识共享能力、知识整合能力、知识创新能力和知识应用能力都能超越原有水平，上一个新的层次。

3. 效益增长

效益增长是科技成果转化组织实施知识管理的最终目标。知识管理为科技成果转化组织带来了新的组织管理模式，对科技成果转化组织的素质和能力提升具有重要的意义，而素质与能力提升的直接结果就是效率提高和效益增长。科技成果转化组织通过知识管理带来的效益增长是通过知识的生产与嵌入实现的，知识嵌入产品使产品更具知识价值为客户带来更多的效用，从而使科技成果转化组织更具核心竞争力，获取持续竞争优势。

（三）科技成果转化知识管理绩效的特征

1. 嵌入性

科技成果转化与知识管理的耦合是一个非线性复杂过程，作为过程，就具备实施主体、实施对象和实施步骤等基本属性。科技成果转化知识管理的实施主体是科技成果转化组织的人才，实施对象是知识产品，实施步骤是知识管理流程。科技成果转化知识管理的绩效不但体现为经济效益，更体现为嵌入于人才、产品、流程中知识的价值的提升。即科技成果转化知识管理绩效包含两部分：形成商业价值的显性绩效和嵌入组织流程的隐性绩效。隐性绩效是未来显性绩效产生的基础，是科技成果转化知识管理绩效实现可持续性和加速效应的源泉。

2. 融合性

科技成果转化与知识管理的耦合是一个多方位、多要素、多阶段的复杂过程，科技成果转化知识管理的绩效产生也是一个非线性跨阶段的要素融合与转化的过程。知识管理的目标是促进科技成果转化，知识管理的绩效通过科技成果转化绩效提升来反映。即科技成果转化绩效是绩效的原始积累，而知识管理绩效是绩效的增量反映。当科技成果转化与知识管理耦合时，科技成果转化的绩效与科技成果转化知识管理的绩效很难进行拆分与界定，科技成果转化绩效的提升与科技成果转化知识管理绩效之间具有因果模糊性，知识管理绩效与科技成果转化绩效已经融为一体。

3. 反馈性

科技成果转化知识管理的实施是周期性的，前一周期的知识管理绩效产出是后一周期的知识管理投入，也是后一周期的科技成果转化绩效提升的基础。但这种周期又是很难清晰界定的，周期之间没有明确的起始标志和稳定的周期长度，周期的划分只是描述科技成果转化知识管理流程的抽象手段。确切地说，科技成果转化知识管理是一个不断反馈、螺旋提升的知识运行过程，在螺旋提升过程中，知识管理绩效通过反馈路径变成知识管理的投入，加速科技成果转化知识管理绩效的增长，实现知识管理对科技成果转化水平提升的乘数效应。

4. 多维性

科技成果转化知识管理绩效既包括过程型绩效又包括结果型绩效，既包括收益型绩效又包括能力型绩效，既包括投入绩效和组织绩效又包括运行绩效。从不同的侧面、不同的视角，对科技成果转化知识管理绩效可以作出不同的划分，因此，科技成果转化知识管理绩效是多维的，不同维度的科技成果转化知识管理绩效具有各自不同的特征，特征的不同决定研究方法、研究体系也将有所区别。科技成果转化知识管理绩效的多维性是科技成果转化知识管理绩效评价复杂性产生的源泉。

5. 增量性

科技成果转化知识管理的绩效与科技成果转化知识管理的绩效既有联系又有区别：联系在于知识管理的绩效要通过科技成果转化绩效的提升加以体现；区别在于知识管理绩效是增量，科技成果转化绩效是存量，两者之间是增量与存量之间的关系。测量科技成果转化知识管理的绩效，要突出知识管理对科技成果转化目标实现的辅助作用，其基本手段是强调知识管理促进科技成果转化效率的提升，而非侧重计量科技成果转化效益的产出多少。

二、科技成果转化知识管理绩效形成的机理

由于科技成果转化知识管理绩效不仅包括效益产出，而且还包括能力和素质的提高，因此科技成果转化知识管理绩效形成的过程不是科技成果转化效率提高和产出增加的过程，而是科技成果转化知识管理的全过程，

在整个过程中，都蕴含着科技成果转化知识管理的绩效。分析科技成果转化知识管理绩效形成的机理，就是要剖析科技成果转化知识管理投入、运行、产出全过程上的绩效产生机制。

（一）科技成果转化知识管理过程的超三维结构

科技成果转化与知识管理都是一种科学活动。关于科学是什么以及科学活动意味着什么，科学哲学界百家争鸣。著名科学计量学家 Leydesdorff "将科学之研究看作一个多维问题"，提出了一个科学家、认知、文本组成的三维模型，"沿着各个轴以及各轴之间所发生的动态过程有本质方面的差异"，科学家—认知之间的动态过程为科学知识社会学，认知—文本之间为信息和交流理论，科学家—文本之间是科学计量学。科学家是科学研究活动的主体，自然界的奥秘和人类社会的本质是科学研究的客体，对客体的客观陈述构成科学或科学知识体系（Leydesdorff & Etzkowitz，1996）。这种"客观陈述"是人类探索科学的终极理想，人类的认知必然受到自身条件与周围环境的限制，而使对科学的认知与表达趋于真理。科学家在探索过程中要不断交流、发表自己的观点和主张，这些主张由一定的交流媒介来传载。交流媒介中传载的信息有机组合则构成一个语言文字或符号系统即科学话语。这些科学话语即代表着科学知识体系。

科学活动的三维模型有几点不足：①将科学行为单纯理解为一种个人行为，而没有探讨科学的群体行为特性；②将科学活动运行简化为认知与交流，而缺少对学习、整合与创新等更为高级的科学活动的探索；③只构建了纯理论科学活动的从知识到知识的知识深化过程，而没有考虑知识的应用和价值转换过程。但科学活动的三维模型也为研究科技成果转化知识管理提供了一些思路启示：①科技成果转化知识管理作为一种具体的科学活动，其本质是科学人才或人才群体的行为，人才及其群体特征是科技成果转化知识管理的核心所在；②科技成果转化知识管理应该强调知识交流与共享，只有通过科学活动的群体互动与流通才能产生实现知识的扩散与创新，即知识流转是科技成果转化知识管理的本体所在；③科技成果转化知识管理的行为结果必然以新知识和价值两种形式体现，而且新的知识将再次进入知识管理本体循环，实现知识体系的动态更新。

综上所述，依据科技成果转化知识管理投入、运行、产出的过程，构建科技成果转化知识管理的超三维结构过程模型如图2.1所示。对于超三维结构过程模型可从以下几方面进行理解：①科技成果转化知识管理由投入、运行、产出三个维度的循环流转共同决定；②科技成果转化知识管理的投入是人才、组织和知识的三维度知识生产空间，人才是生产者，组织是生产工具与生产环境，知识是生产要素与生产对象；③由于投入是三维度空间，由投入空间映射的运行空间也应该是三维度空间，运行空间的三个维度分别执行投入三维度要素的转化功能；④科技成果转化知识管理作为一种科学活动，具有循环反馈特性，投入与产出都具有知识特性，产出也应该是三维空间结构，投入与产出的区别在于产出不仅体现为知识，更强调知识所带来的价值。即科技成果转化知识管理全过程是两个三维度空间复合而成的超三维知识活动空间。

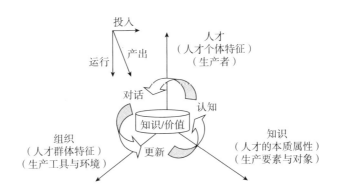

图2.1 科技成果转化知识管理过程的超三维结构空间

（二）超三维结构知识空间的绩效形成机理

科技成果转化知识管理过程的绩效形成过程是超三维结构的知识空间

进行维度转换的过程，绩效的产生是各个维度相互交流与共同作用的结果（王毅和喻登科，2009）。科技成果转化知识管理的绩效形成包括：正向流转和反馈两个过程。在正向流转过程中，组织通过进行科技成果转化知识管理的投入与运行，获得知识管理的产出，实现知识向价值的转化；在反馈过程中，组织的价值实现和价值转化过程又使组织的人才及其知识结构不断更新提升，组织运行能力不断增强。因此，科技成果转化知识管理的绩效形成机理包括映射机理和反射机理两部分，映射机理是从正向流转的角度研究科技成果转化知识管理的投入、运行、产出过程中的绩效形成机理，反射机理研究的是产出能力的提升对投入能力和运行能力的有利影响。

1. 映射机理

科技成果转化知识管理作为一项科学活动，也遵循着投入、运行、产出的序列过程。科技成果转化知识管理的投入主要包括人才投入、组织投入和知识投入三方面，但其本质都是知识，三种投入要素只是知识的不同表现形式。人才是科技成果转化知识管理的主体，在管理过程中充当着劳动者的角色，决定着其他投入要素的组织和运行方式；组织投入是人才投入的群体特征，也是科技成果转化知识管理的环境与工具；知识投入是介于个体知识和群体知识的其他知识的综合，主要是显性知识，如专利、技术秘密、资料文件、客户档案等。科技成果转化知识管理的运行主要包括知识对接、知识学习、知识管理、知识整合和知识创新五个方面，但其本质都是知识的流转，通过知识的认知、对话与更新促进知识的自创生、自适应和自复制，实现知识向知识的转化和知识向价值的转化。科技成果转化知识管理的产出过程是将组织内部的知识与价值向组织外部推广，使组织与外部环境进行知识、价值的交流，引入外部的负熵流，促进组织的有序发展。

在科技成果转化知识管理的知识正向流转过程中，科技成果转化知识管理的投入和运行都是以产出为目标的，组织的目标是通过有限的资源投入和尽可能优化的运行机制实现最大限度的知识增长和价值增值。此时，科技成果转化知识管理的投入和运行都是产出创造的中间过程，是组织要

素的消耗过程，并不能产生有利于组织目标实现的绩效；而科技成果转化
知识管理的产出是企业的目标所在，知识的价值只有在流向企业外部时才
能以效益的形式体现，知识的价值越大，企业实现的经济效益也就越多。
在知识正向流转过程中，科技成果转化知识管理绩效表现为知识管理促进
科技成果转化的经济效益增长。即科技成果转化知识管理绩效形成的映射机
理的核心思想可表述为：通过科技成果转化知识管理的投入、运行和产出过
程，实现企业知识空间向价值空间和效益空间的映射，如图2.2所示。

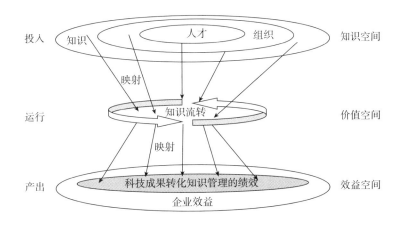

图 2.2　科技成果转化知识管理绩效形成的映射机理

2. 反射机理

科技成果转化知识管理绩效形成的反馈过程实际上是科技成果转化知
识管理效益产出对投入和运行的反哺和孕育（郎益夫等，2010）。当知识
管理活动提升科技成果转化效率，促进科技成果转化效益增长时，科技成
果转化知识管理就取得了正向流转过程的绩效，因为在这个过程中知识管
理实现了企业的赢利目标。而科技成果转化知识管理经济效益的增长，又能
进一步激励企业对科技成果转化知识管理的投入，如引进人才、加强培训、
建设学习网络、促进交流、引入新的成果源等，而且效益的增长为企业加大
投入提供了资金保障。效益产出增加促进投入增长就是一个"反哺"过程。

科技成果转化知识管理过程同时是人才与群体和知识库对话的知识交流过程及人才进行知识的加工整合与创新的过程，知识管理过程中的知识流转不仅会反过来更新人才和知识库的知识存量，而且还会积累知识管理经验并遗传嫁接到企业的其他科技成果转化项目或下一阶段的科技成果转化知识管理过程，提升科技成果转化组织的知识管理运行能力。效益产出增加促进运行能力的提升就是一个孕育过程。

综上所述，科技成果转化知识管理过程除了能产生效益产出外，还能逆向促进企业的人才、组织、知识的更新优化和提升企业的知识运行能力，企业人才与组织的素质提升和能力增强都应视为科技成果转化知识管理绩效的组成要素。即在科技成果转化知识管理的反馈过程中，科技成果转化知识管理实现了组织的素质提高和能力增强。

由于"反哺"过程是前一阶段的科技成果转化知识管理效益产出对后一阶段的投入的影响，两者在时间上是对称的；而孕育过程是同一阶段的科技成果转化知识管理效益产出与知识运行之间的相互作用，两者在时间上是同步与并联的。时间上的对称与同步关系类似镜面反射中的发射作用，因此，将该过程总结为科技成果转化知识管理绩效形成的反射机理，其核心思想可表述为：通过科技成果转化知识管理产出过程的"反哺"和孕育，实现科技成果转化知识管理产出向投入、运行的反馈，从而促进企业素质的提升与能力的增强，如图2.3所示。

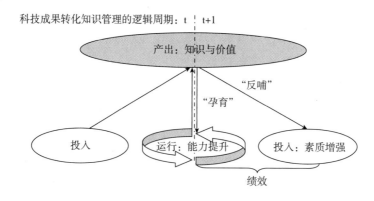

图2.3　科技成果转化知识管理绩效形成的反射机理

3. 持续机理

（1）科技成果转化知识管理绩效形成的持续性。科技成果转化知识管理是一个动态持续的过程，其绩效的形成既源于知识管理的产出，又源于科技成果转化知识管理的投入和运行，每一次知识管理的投入、运行与产出都是科技成果转化知识管理的一个逻辑周期。在一个逻辑周期内，完成一次知识向价值、效益转化的全过程；在两次逻辑周期之间，完成一次知识向能力和素质转化的过程。随着时间的推移，知识在知识空间内不断地进行转化，从而不断地创造效益；同时知识又不断地转化为能力与素质，而能力与素质是创造新知识的原动力；通过知识的创造与转化，形成持续的科技成果转化知识管理绩效。应该强调的是，在一个科技成果转化组织或一个科技成果转化项目中，任何一个时刻并不是只存在一个知识管理逻辑周期，而有可能存在多个并行的逻辑周期，而且不同逻辑周期的知识管理活动甚至能发生交叉、合并和分解。不同逻辑周期的知识管理活动的交融，将有利于知识管理绩效形成的持续性、多样性和加速性。

科技成果转化知识管理绩效形成的持续路径如图2.4所示，由图2.4可知，一个完整的绩效形成单元跨越两个连续的科技成果转化知识管理逻辑周期。当科技成果转化知识管理活动实施时，知识管理对人才和组织素质的提升以及对知识运行能力的加强是有时滞的，知识管理对科技成果转化效率的提升作用更大程度上来源于它的持续性。即从某种程度上而言，知识管理本身并不能带来科技成果转化的效率提升，只是在科技成果转化知识管理实施过程中为企业的员工带来更多的知识交流和知识创新，为企业科技成果转化的知识流转畅通提供通道，从而提升员工的知识素质和加强企业的知识运行能力，确保在未来的科技成果转化活动中提高效率，产生科技成果转化知识管理的绩效。从人才与组织的视角解决科技成果转化效率的提高问题，这正是知识管理相对于其他管理模式的优越性之一所在；优越性之二则是在人才的创造性劳动下，知识通过时空变换能实现自复制和自创生，而且由于知识具有边际收益递增的特点，保证了科技成果转化效率的持续提升。也就是说，知识管理抓住了科技成果转化价值的根本来源。

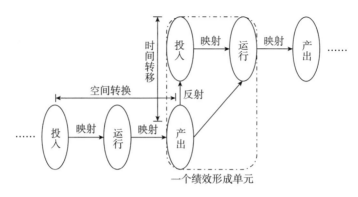

图2.4 科技成果转化知识管理绩效形成的持续路径

（2）科技成果转化知识管理绩效形成的本质——知识的时空变换。综上可知，科技成果转化知识管理绩效的形成过程是知识活动的超三维结构空间中的知识维度变换和知识在时间上的复制过程。知识管理之所以能促进科技成果转化，提高科技成果转化效率，其基本原理就是利用了知识的自复制、自创生和多重形态特性，当知识不断进行复制和创生并不断转变成价值形态时，科技成果转化知识管理的绩效也就不断生成。在一定意义上可以认为科技成果转化知识管理的本质就是一个知识时空，而知识时空的持续变换就产生了科技成果转化知识管理绩效。简言之，科技成果转化知识管理绩效形成的本质来源就是通过组织持续地将知识转化为价值。

三、科技成果转化知识管理绩效形成的过程

（一）科技成果转化知识管理投入的绩效形成过程

1. 科技成果转化知识管理的投入

科技成果转化知识管理的投入要素可分为人才投入、组织投入和知识

投入三个组成部分，其中人才是知识的管理者，组织是知识的管理环境，知识是知识管理的对象。科技成果转化知识管理可以界定为人才在一定的知识型组织中对知识进行管理的行为活动。

（1）人才投入。科技成果转化知识管理是一项全员参与的管理活动，其主要的功能是促进知识的生产和扩散，并实现知识的价值转换。知识生产的行为主体是人才，人才投入是科技成果转化知识管理的最关键投入要素，人才的创造性、能动性和人才知识的异质性是知识管理之所以能促进科技成果转化、提升产品价值的根本原因。

科技成果转化知识管理的人才投入主要包括管理人才投入、技术人才投入和营销人才投入，如果将科技成果转化组织的知识价值链进一步延伸，人才投入还包括成果来源企业的人才投入、先导型客户和成果转化组织的合作者甚至其他一些外部知识参与网络等。其中，技术人才在科技成果转化中是知识转化为价值的行为主体，是科技成果转化知识管理的核心管理对象。

科技成果转化知识管理在不同阶段有不同的人才参与，但不同的阶段又总有一些关键人才在传承知识。在科技成果转化的成果对接阶段，组织的技术人才和成果来源企业的人才产生知识沟通交流，发生知识融合；在小试中试阶段，技术人才和先导型客户进行需求引导型设计，如果科技成果转化组织自身技术能力不足，还可能有合作者参与加入，或向外部知识网络进行咨询求助；在生产阶段，技术人才和管理人才精诚合作，提高生产效率；在营销阶段，营销人才承接嵌入在产品中的知识，并将知识向市场推广，实现知识产品的市场价值。

（2）组织投入。科技成果转化知识管理是一项以人为本而复杂性较大的管理行为，需要企业有与之相适应的组织结构、组织文化、组织制度和技术平台作基础和保障才能成功施行。

1）组织结构。在科技成果转化知识管理中，除了全员参与式的知识管理活动重要外，更关键的是要组成一个专门从事知识管理的层次性结构体系，各种知识型人才都要通过专门的知识管理人才和部门结构进行专业组织以实现人才知识的沟通交流。知识主管是整个科技成果转化组织的知识管理决策者，负责沟通与成果源企业和外部知识网络的联系以及创造良好的知识环境；知识项目管理者负责具体指挥，协调信息的交流与合作；知识员工是知识的实际开发者、传播者和应用者，负责管理成果转化各阶段需求的具体知识。科技成果转化知识管理组织应该注意柔性化、扁平化和网络化的特点，以利于知识的共享与创新。

2）组织文化。组织文化对科技成果转化组织知识管理活动有至关重要的影响，培育一个知识导向型文化是知识管理最重要的成功要素。知识导向型文化是指将知识视为组织最重要的资源，能够支持有效地获取、创造、交流和利用知识的文化，在这种文化环境中，知识学习和共享受到高度评价，等级制度让位于经验、专业知识和快速创新。知识导向型文化主要包括：①相互信任，知识学习与共享的基础；开放式交流，知识员工都要为组织知识库作为共享；②学习，个人有义务将学习作为一项任务和工作方式，有义务汲取最好、最多的知识；③共享与开发组织的知识运行机制；④享受知识管理过程；⑤对待知识型员工持积极态度，鼓励其知识创造行为。

3）组织制度。科学的制度建设是引导科技成果转化知识管理成功实施的保证。科技成果转化知识管理要求的组织制度必须坚持知识流转与创造高于一切的原则，视知识等同于价值与财富。科技成果转化知识管理组织制度的投入是知识运行通畅的基础前提。具体而言，组织制度包括：①激励制度，主要是激励员工进行知识的学习、共享与创新；②考核评估制度，主要是对知识型员工、转化部门进行知识贡献评估，以此作为员工与部门的考核指标；③知识存储与使用制度，主要是对员工的知识进行收集整理、专利申请、技术秘密保管、专利授权与购买等。

4）技术平台。随着知识经济的发展，原始的档案管理已经不能满足人们的知识需求了，同时信息量的增加，对知识加工能力的要求也越来越高，信息技术平台是科技成果转化知识管理的必要工具，为知识的存储与积累、学习与交流、检索与评估，以及促进知识的整合与创新提供便捷的知识支持。现代化的技术平台主要包括内网、外网和知识门户三种类型，内网是企业内部进行知识交流的主要工具，企业的知识型员工以此进行经验沟通和业务培训；外网是企业与外部进行信息连通的窗口，员工以此获取外部知识支持和识别有效的成果源知识；知识门户则是企业让客户和社会了解自身（包括产品与企业文化）的平台，通过知识门户的知识推介服务促进知识价值向可视化的经济效益的转化。

（3）知识投入。开放式的知识投入模式是企业进行知识学习、共享、整合与创新的基础，是转化组织保持知识库的动态更新的保证。在开放的知识投入模式下，企业的边界可以相互渗透，企业不仅可以使用那些自身所拥有的资源，也可以使用外部环境中的外部知识资源：用户、供应商、竞争对手、其他企业、大学、科研机构、技术中介组织、政府、行业协会、期刊、研讨会、媒体等都是企业重要的技术知识来源和其他知识资源来源（吴波，2011），如图2.5所示。

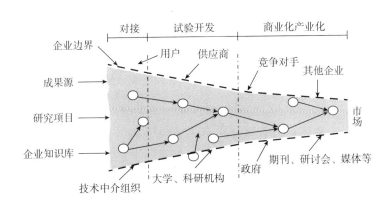

图2.5　开放知识投入模式下的知识源

1）内部知识源。面对外部丰富的知识源泉，企业需要通过内部的研发活动来确认、理解、选择以及联结外部的知识，填充外部没有开发的知识片断，整合内外部的知识以形成更复杂的知识组合，从而创造新的知识系统和体系结构。

2）用户。对于以技术为基础的企业来说，来自市场和用户的知识比其他任何信息都重要，因为它深刻地反映了人们对商品和服务的认识。许多跨国公司首先考虑将研发设置在动态的、前瞻性的市场中，他们强调通过设点，向领先市场学习，适应高级客户的需求，从而推动企业的科技成果转化过程。市场和用户的信息是研发创意和技术学习的重要源泉，与市场和用户的交互作用是产生新知识以及最后创造新产品所必需的。

3）供应商。供应商被视为是企业维持可持续竞争优势的源泉。供应商与转化企业互补的技术知识和能力可以相互结合，尤其是在企业科技成果转化的早期阶段对多种思想的评估，能大大减少开发时间，缩短转化周期，提高科技成果转化效率。企业与技术领先，具有创新意识的供应商合作，有利于市场信息资源和技术资源的获取。

4）竞争者。与竞争对手的合作是一个相互学习和获取自身所没有的技术、知识的很重要途径。竞争性的信息对成功的创新非常重要，可以触发创新性的新思想。随着技术迅猛发展带来的企业之间的分工，也使同行业的竞争对手之间有进行广泛合作的可能，具有互补技术资源的企业相互合作，有利于形成技术组合优势，发挥知识资源的协同效应和规模效应。

5）其他企业。其他企业也可以是企业知识资源的重要来源。由于多数企业无法在企业内部拥有转化所需要的全部知识，拥有不同稀缺知识的企业就可以通过各种联盟途径实现知识资源的组合优势。科技成果转化组织可以通过不同的战略途径获得互补知识或获得互补知识的使用权以促进科技成果转化；成熟企业能利用其所拥有的转化所需要的互补知识来与创新者合作，以能适应技术创新带来的变革。

6）大学、科研机构。与大学、科研机构的知识合作是外部技术能力获取的一种有效途径。大学、科研机构可以为企业的成果转化和技术学习提供平台，获取前沿的科学知识。同时，由于大学、科研机构与企业之间没有直接的竞争关系，所以在知识产权分享方面的冲突较小。

7）技术中介组织。技术中介组织是技术交易、技术投资、技术咨询服务活动中的主要组织者与参与者。具有强大信息功能的技术中介组织，以其特有的方式在促进科技成果转化过程中发挥着越来越重要的作用。它能有效地解决市场中的信息不对称问题，及时为企业提供有效的技术市场分析知识和国内外同行的技术创新动态等重要知识，优化调配众多企业的比较优势，加快企业内部及内外知识资源的重新整合，降低科技成果转化运作成本与风险，是企业知识学习源中的新生力量。

8）政府。政府以其特殊的身份，不仅为企业提供有利于创新和学习的政策支持环境，提供直接的资金资助，还可以搭建有利于知识交流和知识转移的科技交流平台，促进企业与科研机构以及企业之间的知识和信息交流；扶植企业形成知识联盟，并在大学、科研机构之间建立一个高效、协调的知识服务网络；加强对科技成果转化产学研联合活动的中介服务体系的建设，促进高新技术产业化；促进科研机构、大学和企业之间的人才流动。

9）各类期刊、研讨会、媒体等公开知识源。这也是知识学习的源泉，是最便捷、最廉价的知识与信息源，企业应该建立相应渠道，配备专门人员，收集、检索和分析国内外可以利用的公共知识；积极参加各种学术交流与研讨会，获取相对先进的技术信息，这是比较适合中国现状的低成本的技术知识源。

2. 投入绩效形成的反哺过程

（1）"反哺"过程模型的构建。"反哺"，顾名思义，就是输出对输入的正向反馈，使生产环节产生放大效应。科技成果转化知识管理的产出对科技成果转化知识管理的投入产生正向影响，使科技成果转化知识管理具有重要的实践价值。需要强调的是，本书所研究的"反哺"，并不包括科技成果转化知识管理的产出对外界环境的有利影响，如知识的转移与溢出，而仅包括科技成果转化知识管理的产出对未来的科技成果转化知识管理实施所起的促进作用。

1）"反哺"的基础：科技成果转化本质是知识生产。科技成果转化是指形成新产品、新工艺、新材料，发展新产业的活动，其目标是使企业获得竞争对手难以模仿的核心竞争力。而核心竞争力的来源是核心产品，核心产品的来源是核心知识。科技成果转化的本质就是要利用知识的自创生特点，利用现有知识生产新知识，也就是知识生产的内部增长模式。而知识管理作为科技成果转化的辅助管理模式，目的只是使知识生产过程更具有效率。

另外，科技成果转化获得成功的标准不是生产了大量的知识，而是要通过市场化和产业化率作为检验标尺，市场的通用标尺是货币。或者说，价值与使用价值。科技成果转化企业要取得效益，需要将知识嵌入产品转变为价值，当然，其逆过程就是能将价值转变为知识。知识与价值形态之间的相互转变是知识生产的衍生模式，即知识生产的外部引进模式。

一个科技成果转化项目由成果源对接直至产业化完成的全过程，就是一个知识生产和知识体系完善的过程，知识生产是科技成果转化的本质。当知识生产使企业的知识库不断扩充时，就印证了科技成果转化知识管理绩效形成的"反哺"过程。知识生产的内部增长模式与外部引进模式都是科技成果转化知识管理产出对投入的"反哺"。

2）"反哺"的机制：知识的再投资。科技成果转化企业为了获得持续的竞争优势，就必须进行持续的知识生产，知识生产与产品生产遵循同样的规则，那就是需要进行投资。知识的再投资就是利用科技成果转化知识管理的收益或知识产出，引进、交换、使用、再生产各种不同类型与形态的新知识，使企业的知识库得到突变式创新发展，保持知识体系的核心地位。

开放式的知识投入模式不是企业组织自动能维持的，需要消耗能量以引进外界的负熵流，这些能量都是前期科技成果转化知识管理的成果。当企业通过科技成果转化知识管理获得价值增值时，才有了进一步优化组织结构和组织制度、营造知识型文化、建设信息技术平台、引进人才、进行员工培训、加强外部合作与交流的动力。知识的再投资是科技成果转化知识管理取得持续绩效，维持动态核心竞争力的动力系统。

3）"反哺"的过程：知识空间的逆向转换与知识固化。科技成果转化知识管理的产出分为价值和知识两种形式。价值将进入市场领域，当其取得顾客的认同时，就能为企业带来效益；知识则直接沉淀、固化进入组织的知识库，对知识库进行更新，使组织知识体系保持先进状态。企业为了使未来的科技成果转化更具效率，就有动力进行知识的再投资，如引进人才等，因此，会让企业获得的部分收益重新进入生产流通领域，即由价值空间向知识空间进行逆向转换，以补充知识空间仅依赖内部增长模式（知识固化）难以取得突变式创新成就的不足。

另外，如果企业在科技成果转化知识管理投入过程中引入了外部知识源，而在获得产出时又能公正、公平地与外部知识源共同分配收益，则合理的分配关系能稳定与巩固企业与外部知识源之间的合作交易关系，使企业获得一个稳定的外部知识来源，这也等同于企业实现了知识库的扩充。即企业获得外部知识源（价值空间向知识空间的逆向转换）有两种方式：一是直接交易方式；二是间接交易方式。间接交易方式是通过维持企业与外部知识源之间的合作关系实现的。

科技成果转化知识管理投入绩效形成的反哺过程（郎益夫等，2010）如图2.6所示。图2.6中同时还反映了一个重要的事实：只有流动的知识才能转变为价值。因此，企业要想提高科技成果转化率，不仅要提高科技成果转化知识管理的投入水平，更要提高科技成果转化知识管理的运行能力，只有让知识流动起来，才可能创造科技成果转化的收益。

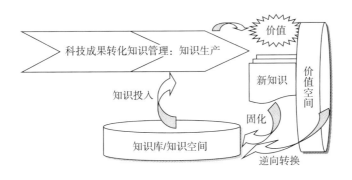

图2.6　科技成果转化知识管理投入绩效形成的"反哺"过程

（2）"反哺"过程产生的投入绩效。科技成果转化知识管理"反哺"过程形成的投入绩效是科技成果转化知识管理持续优化的基础，是企业步入自组织良性循环发展模式的内在原因。科技成果转化知识管理"反哺"过程产生的投入绩效主要包括人才引进及其要素提升、组织建设与优化、知识库扩充与知识更新等，是长期持续的科技成果转化效率提升的知识基础与来源。

1）人才引进及其素质提升。科技成果转化知识管理"反哺"过程引发的人才引进主要体现为：①引进更多的核心技术人才、管理人才和营销人才；②加大企业核心知识人才的比重；③重视知识管理，加大知识管理专门人才的引入。素质提升主要体现为：①进行更多的岗位培训与业务培训；②增加核心知识人才的留学与其他交流机会；③增加企业内部员工的经验交流力度；④成果转化过程中师徒模式下学徒的素质提高；⑤增加员工的自学机会与动力等。其中，前者主要是价值空间向知识空间的逆向转换，后者则是流动知识向组织知识库的沉淀固化。

当科技成果转化知识管理持续实施时，企业的人才不断得到补充，综合素质不断提升，解决科技成果转化难题的能力不断增强，科技成果转化知识管理的投入水平越来越高。投入水平的提升是企业未来科技成果转化效率提升潜力的体现，能促进企业科技成果转化目标的实现，因此，它应该计入科技成果转化知识管理绩效的范畴。

2）组织建设与优化。科技成果转化知识管理"反哺"过程对组织建设与优化的影响主要体现在：①对组织结构的完善，如知识管理专业部门的建设、组织柔性化增强、组织网络化增强和组织扁平化趋势明显；②对组织文化的优化，如由于知识交流使企业更加利于共享和学习知识、企业更加和谐和具有凝聚力、企业具有积极创新氛围等；③对组织制度的完善，如企业激励制度的健全、考评体系的完善、知识保护制度的完善等；④对技术平台的建设与改善，如建设新的内网外网体系、建设科学的知识门户平台等。其中，前三者都是知识固化引起组织形态发生变化的结果，后者是价值向知识逆向转换的结果。

组织的建设与优化能改善科技成果转化知识管理的知识环境，为未来的知识管理活动开展提供工具与环境支持，能对未来的科技成果转化效率提升形成一个良好的预期。

3）知识库扩充与知识更新。知识库的扩充与知识更新主要体现在两个方面：一是企业显性知识的增加，如专利技术的授权、技术秘密的增加、知识经验报告的增多等；二是与外部知识源的关系巩固，如先导型客户的增多，与大学科研院所、其他企业、竞争对手、政府、中介结构等组织的知识联系的增强，企业掌握更多的公开知识源等。知识库的竞争能力直接决定了科技成果转化的产品的竞争能力，是科技成果转化效率提升的保证。

（二）科技成果转化知识管理运行的绩效形成过程

1. 科技成果转化知识管理的运行

（1）科技成果转化知识管理运行的逻辑框架。科技成果转化的本质是知识生产，知识管理是知识生产过程中的管理辅助措施，因此，科技成果转化知识管理就应该"顺势而为"，这里的"势"是指知识流动。科技成果转化知识管理更为具体和明确的界定应该是知识流管理。知识的流动和江河入海流的河流流动具有相同的规律，逻辑上都应该经历由河入海的汇集过程、海洋里的扩散过程。不过由于知识不同海水，知识流动还要增加一个碰撞后重组与创新的知识深化过程。科技成果转化知识管理运行的知识海洋模型（郎益夫等，2010）如图2.7所示。图2.7中知识对接与知识的外部学习是知识的汇集过程，知识内部学习与知识共享是知识的内部扩散过程，知识整合与知识创新是知识的深化过程。知识的汇集、扩散、深化构成了科技成果转化知识管理运行的全周期过程。

（2）科技成果转化知识管理运行的过程。根据科技成果转化知识管理运行的逻辑框架，为了更好地体现知识运行各动作的特点以更有针对性地管理知识运行，我们将知识管理运行过程概括为知识对接、知识学习、知识共享、知识整合与知识创新五个阶段，各阶段的管理范畴界定如下：

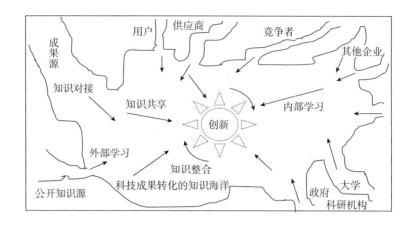

图 2.7　科技成果转化知识管理运行的知识海洋模型

1）知识对接。科技成果在转让活动中，需要对成果水平、应用前景、转化投入、应用条件、应用环境、预期效果等知识在供需双方取得共识；对成果拥有方提供的成果源知识满足成果转化需求的程度、受让方对成果源知识消化吸收能力，以及后续开发阶段实现成果转化的知识创新能力等做出判断，这种供需双方在成果转化知识、成果转化知识消化吸收能力和知识创新能力的预期估价、分析判断和达成共识的过程，就是科技成果转化的知识对接。

2）知识学习。在科技成果转化过程中，个人或组织利用各种途径和方式，汲取组织内部知识，搜寻组织外部知识，通过知识的获取、消化、吸收与利用，增强个人和组织的知识创新能力，适应组织内外环境的变化，有效提高科技成果转化效率的活动。知识学习既可以分为个人学习与组织学习，又可以分为内部学习与外部学习，是各种学习方式以获取组织竞争优势为核心的交叉融合过程。

3）知识共享。在科技成果转化过程中，以提高科技成果转化效率为指向，在转化主体内部或参与主体之间所进行的相互知识交流，使知识由个人的知识资本扩散为组织知识资本，或由个别组织知识资本向多个组织知识资本扩散的活动。它包括两种基本形式：一是为向特定的稀缺知识拥有者获取科技成果转化的核心知识，在转化主体内部或主体之间进行的知识共享活动；二是通过建立知识共享网络，利用各种正式与非正式交流手段，促进组织之间或内部团队或个人之间的知识转化，以激活组织知识存量的活动。

4）知识整合。科技成果转化的知识整合，是指组织或个人在科技成果转化过程中，通过集中和集聚不同层次、不同门类的知识，使它们相互作用和相互融合，形成优化的知识体系，以满足科技成果转化知识需求的知识管理过程和活动。科技成果转化知识整合包含知识扩张整合、目标与知识概念的整合和知识门类的整合三方面的内容。

5）知识创新。科技成果转化的知识创新是指以科技成果转化战略目标为导向，通过个人、团队、组织、跨组织的创新活动，在知识的对接、学习、共享、整合基础上创造新知识、探索新的规律，并将知识应用到成果转化全过程并最终完成新产品、新技术开发及实现产业化的活动。知识创新的功能是提升转化产品知识含量和附加价值，增强转化组织核心竞争力，谋求转化组织持续竞争优势。科技成果转化知识创新主要包括技术知识创新、市场知识创新与管理知识创新三方面的创新内容。

2. 运行绩效形成的孕育过程

（1）"孕育"过程模型的构建。"孕育"，即同步、交互与内含，指科技成果转化知识管理的效益产出过程同时也是运行绩效的形成过程（郎益夫等，2010）。当科技成果转化知识管理的效益产出提升时，企业的知识管理经验逐渐丰富，知识管理运行能力也将同步增长。能力的提高对提升潜在的科技成果转化效率具有重要意义，因此，科技成果转化知识管理产生的绩效并不能仅仅观察产出情况，还应该衡量科技成果转化知识管理过程中的经验、教训和能力的积累状况，而且对于大多数失败的科技成果转化项目而言，后者反而是更重要的。

1）"孕育"的理论基础：知识管理"内容"观与"过程"观的统一。达文波特和普鲁萨克把知识定义为："知识是结构性经验、价值观念、关联信息及专家见识的流动组合知识，为评估和吸纳新的经验和信息提供了一种构架。知识产生并运用于知者的大脑里。在组织机构里知识不仅存在于文件或文库中，也根植于组织机构的日常工作、程序、惯例及规范之中"。知识如同一件事物一样，具有行为或过程的特性；知识产生于信息，如果信息要转变为知识必须经过比较、推论、联系和谈话这一转变过程。从知识管理过程的视角来看，可分为内容观和过程观两类。

知识管理的内容观主要关注不同类型知识的分类和可转移性问题，影响最为深远的是关于隐性知识和显性知识的区分（Wiig，1997）。隐性知识可以看成是难以用言辞表达的、直觉的、难明晰的知识，是还没有从实践中抽象出来的知识。显性知识是指可以用正式的、系统化的语言或者明确的事实、公理、符号来有效传递的知识。知识经济时代，企业的主要价值都嵌入其自身的知识资产中，有效的知识管理被看作企业竞争优势（能力）的主要来源之一。那些能够高效率地在内部开发、发展、扩散组织知识，保护知识不被竞争对手掠夺和模仿，并能在组织中积累和部署知识的企业，能够有效地获得竞争优势。

知识管理的过程观，较早见于组织理论中关于组织学习的论述（Fink & Ploder，2009）。在日趋复杂的全球化市场环境下，在提高组织绩效的努力中，普遍认为企业的竞争优势常常与组织的学习能力和适应能力联系在一起。企业把知识看作一种战略性资产，并且都关注知识相关能力的积累和内化流程的提升。因此，在对企业吸收能力的研究中，普遍强调外部新知识及对其吸收的重要价值，并在智力资本的管理中把人力资本作为一种重要的战略资产进行管理。

综上所述，科技成果转化知识管理既是一种对知识对象的内容性管理又是对知识管理运行的过程性管理，科技成果转化知识管理同时具备内容与过程的特性。内容体现的是知识，过程体现的是能力，即科技成果转化知识管理其实是知识与能力共同进化的过程。知识管理内容观与过程观的统一为科技成果转化知识管理提升企业运行能力奠定了理论基础，也就意味着科技成果转化知识管理的知识生产过程孕育着企业能力的提升过程。

2）"孕育"的机制：学习效应。学习曲线（Learning Curve），又称为经验曲线（Experience Curve），表示的是产品单位成本或单位生产时间随着产量的增加而有所下降（Yelle，2010）。Hutt（1979）认为，学习曲线造成产品成本的连续下降主要因为三个原因：工作中的学习、技术进步和规模经济的影响。其中，工作中的学习是指重复劳动提高技能和灵巧度。而且，通过调查，85%的效益提高来自工作中的学习。科技成果转化的本质是知识生产，而知识学习在知识生产中的关键作用不言而喻，因此，科技成果转化知识管理过程中的学习效应对于绩效提升的作用应该更为明显。科技成果转化知识管理的效益产出过程本身就是一个在学习机制牵引下的能力提升过程。只有知识管理的能力得到提升，知识管理对于科技成果转化效率提升的意义才能体现。

科技成果转化知识管理整个过程（包括知识对接、知识学习、知识共享、知识整合与知识创新）的本质都是一种广义上的知识学习：知识对接与知识外部学习是企业向组织外知识源进行学习；知识内部学习和知识共享分别是向组织内的知识库与其他人才进行学习；知识整合与知识创新是员工的自我学习，是对自身知识的超越。因此，当科技成果转化的效率有所提升时，就说明企业知识学习取得了成效，也就意味着企业的能力有所提高。企业进行知识学习并不是无目标的，但又绝不是为了学习而学习，或为了增强知识积累而进行知识创造，企业的知识管理运行是围绕着科技成果转化效率提升的目标而进行的。知识管理运行能力的提升就蕴含在科技成果转化效率提升的过程中。

3）"孕育"的过程：知识与能力的互动。纳尔逊按知识在企业能力中的作用对知识进行分类，企业的能力包含具体性知识、整合性知识以及配置性知识三种知识（Wright et al.，2008）。具体性知识是指企业所具有的关于某个领域的知识，如技术或科学原理；企业需要同时将许多领域的特殊性知识整合起来的整合性知识；开采、使用以上两种知识的知识就是配置性知识。除以上三类知识外，科技成果转化知识管理还应该有一种应用性的知识，通过把一个或几个学科领域的具体知识应用到具体的科技成果转化过程，形成科技成果转化价值链中各阶段的具体知识管理能力（如对

接能力、学习能力、共享能力、整合能力和创新能力），再由企业的整合
性知识把这些具体的能力整合成科技成果转化更高层次的业务能力，可以
表现为某一科技成果转化项目的核心能力，再由企业的配置性知识将企业
的这些能力经营好，形成科技成果转化知识管理的运行惯例，并渗透到企
业的文化和制度中。

科技成果转化组织提升知识管理能力，是知识管理持续运行的知识创
造与积累的结果。当科技成果转化企业的知识需求不能得到满足时，就需
要进行知识管理的运行；科技成果转化知识管理的运行过程，就是企业追
求新知识的过程，新的知识体系的形成就体现为企业的能力提升。

企业科技成果转化知识管理的能力"孕育"过程如图2.8所示。

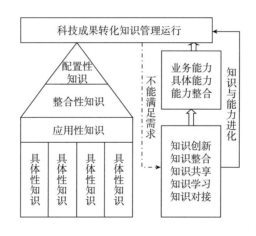

图2.8 科技成果转化知识管理的能力"孕育"

（2）"孕育"过程产生的运行绩效。科技成果转化知识管理"孕育"
过程产生的运行绩效主要是指科技成果转化知识管理运行能力的提高。能
力的提升是企业潜在能力的基础，是科技成果转化知识管理绩效的组成部
分。"孕育"过程提升的知识管理能力包括业务能力和具体能力两部分，
但业务能力是由具体能力整合而成，科技成果转化知识管理具体能力的提
升是科技成果转化知识管理"孕育"过程产生的运行绩效，主要包括知识

对接能力、知识学习能力、知识共享能力、知识整合能力和知识创新能力五大能力的提升。

1）知识对接能力提升。科技成果转化知识管理的知识对接能力主要体现为知识源搜寻能力、知识源对接谈判能力、知识源知识吸收能力和知识源知识消化能力等。通过科技成果转化知识管理的持续运行，企业内部积累起大量进行知识源检索、谈判与转移的知识，能力的提升保证未来的其他科技成果转化项目能迅速实现科技成果转化的知识对接。

2）知识学习能力提升。科技成果转化知识管理的知识学习能力主要体现为客户知识的收集与整理能力、供应商知识收集与整理能力、公开知识源的检索能力、与大学和科研院所的沟通交流能力、通过中介组织获得知识供给的能力、竞争情报获取能力、新技术和前沿知识的获取能力、员工向专家或专家系统学习知识的能力等。通过知识管理的运行，企业积累了大量的外部和内部知识源资源，保证在有知识需求时能迅速方便地获取知识。

3）知识共享能力提升。科技成果转化知识管理的知识共享能力主要包括组织知识共享能力、员工知识共享能力和跨组织的知识共享能力三个层面。在科技成果转化知识管理运行中，知识管理的文化氛围逐渐形成，通过科学的制度安排和激励设计，组织、员工都能认识到知识共享的重要性并自觉组织知识共享活动，因此，知识共享的能力便自然得到提升。

4）知识整合能力提升。科技成果转化知识管理的知识整合能力主要包括不同种类的知识进行整合的能力和不同载体的知识进行整合的能力。不同种类的知识整合需要有一个知识结构合理的科技成果转化团队；不同载体的知识进行整合需要有一个交互性能良好的知识交流、存储平台。在知识管理运行中，基于科技成果转化的知识需求，科技成果转化团队的知识结构将渐趋合理，管理人员、技术人员和营销人员以及外部知识援助人员的参与比例将逐步科学配置；同样出于科技成果转化知识整合的需要，企业将对知识整合的各种配置设施进行完善，使未来的科技成果转化知识整合能有条不紊、潜移默化地进行。

5）知识创新能力提升。科技成果转化知识管理的知识创新能力主要包括自主型知识创新能力、消化吸收型知识创新能力和集成整合型知识创新能力三大部分。其中，自主型开发能力是企业科技成果转化知识管理运行后组织心智提升的结果，表明企业有了自主思考的能力；消化吸收型知识创新能力是企业知识管理运行后组织记忆强化的结果，表明企业将现有知识和新知识进行融合的能力得以提升；集成整合型知识创新能力是企业组织知识库扩充的结果，组织知识库扩充后不同的知识进行碰撞，就能进行知识的重组，并逐渐演变成集成整合型的知识创新能力。

（三）科技成果转化知识管理产出的绩效形成过程

1. 科技成果转化知识管理的产出

（1）效益产出模型：产出与投入、运行的关系。科技成果转化知识管理的产出是通过提高科技成果转化的效益体现的，效益产出反映了科技成果转化知识管理的短期获利能力，是科技成果转化知识管理的显在绩效。科技成果转化知识管理作为一个过程，其产出也是投入和运行共同作用的结果。当科技成果转化组织在引进人才、完善组织、扩充知识库的基础上实施知识对接、知识学习、知识共享、知识整合、知识创新等一系列运行活动时，企业内的知识就被充分激活，由静态知识变为动态知识，在企业组织内形成知识的循环流转和形态转换，并重组、创新从而形成新的知识结构体系。当知识的投入与运行活动配合科技成果转化各阶段的活动进行知识生产和知识供给时，知识就能转变为价值，并嵌入产品、商品中，最终这种价值并客户认可和接受，为企业带来科技成果转化的效益增量。

在科技成果转化知识管理的效益产出过程中，投入是效益产出的动力，运行是效益产出的机制。在人才、组织和知识的充分投入供应下，科技成果转化知识管理才能高速运行。只有经过科技成果转化知识管理的运行，知识才能自复制和自创生，动态知识才能向价值进行转化。科技成果转化知识管理的效益产出与投入、运行之间的关系可用公式表述如下：

$$\text{Benefit} = (T + O + K)^{KJ \times KL \times KS \times KC \times KI} \qquad (2-1)$$

其中，Benefit 表示效益产出；T 表示人才，O 表示组织，K 表示知识；

KJ、KL、KS、KC、KI 分别表示知识对接、知识学习、知识共享、知识整合、知识创新。

公式表明，在人才、组织和知识投入充分的基础上，高效的知识运行能使科技成果转化知识管理的效益产出成指数级提升。据此，可构建科技成果转化知识管理效益产出的知识之轮模型（夏敬华，2006）如图2.9所示。

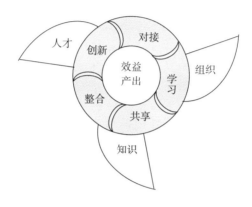

图2.9 知识之轮：科技成果转化知识管理的效益产出模型

（2）科技成果转化知识管理产出效益与绩效的联系与区别。相对于科技成果转化知识管理的全部绩效，显在绩效只是其"冰山一角"，而潜在绩效则更能体现知识管理对科技成果转化企业的重要辅助作用。显在绩效即企业能用效率、价值、竞争位势加以体现的科技成果转化知识管理绩效；潜在绩效包括素质提升、能力提高等。产出效益仅是显在绩效中最容易衡量的部分，是科技成果转化知识管理绩效的子集。明晰产出效益与绩效之间的联系与区别将有助于正确认识科技成果转化知识管理的作用，以及准确评估科技成果转化知识管理的绩效，并据此进行科学决策。

1）产出效益与绩效的联系。产出效益是反映科技成果转化知识管理短期目标实现的程度，是能直接用价值、货币表示的显在绩效。除了短期目标，科技成果转化知识管理还有战略目标，战略目标的实现才是科技成果转化知识管理的价值诉求。科技成果转化知识管理的战略目标是通过知识管理辅助科技成果转化组织获取持续竞争优势，维持长期竞争地位。绩效的实现既包括短期目标的实现，也包括与长期目标差距的缩小。因此，产出效益与绩效之间的联系其实就是目标实现的短期与长期之间的联系，长期目标的实现是通过短期目标的一步步实现而达到的。绩效也是产出效益在时间上积累的结果，这与科技成果转化知识管理绩效形成的机理分析是一致的。

2）产出效益与绩效的区别。虽然绩效是产出效益累积实现的结果，但一定时间内的高产出效益并不一定意味着知识管理绩效也高。产出效益能为企业带来短期的利润，但却不一定能持续地推动知识管理投入与运行，从而优化知识管理的投入结构和运行体系，从根本上使企业知识化。而且，从战略目标的实现出发，绩效的形成远比短期高产出效益要重要得多。更进一步，知识管理对科技成果转化的促进作用根本就是见效较慢的，没有形成知识管理运行能力和提高员工的知识素质，很难说是知识管理提高了科技成果转化的效率。总而言之，科技成果转化知识管理的产出效益并不能反映综合绩效的高低，但就逻辑上而言，产出效益和综合绩效在长期的平均水平上是一致的。

2. 产出绩效形成的梯度推进过程

（1）产出过程形成的绩效。科技成果转化知识管理的目标是辅助科技成果转化组织实现企业的短期目标和长期目标，短期目标是通过高效率的科技成果转化创造经济效益，长期目标是通过知识管理优化整个企业的知识结构和能力结构，为企业培育核心竞争力并获取持续竞争优势提供基础。因此，科技成果转化知识管理产出过程形成的绩效包括经济效益、核心竞争力和持续竞争优势三个递进的层次。

1）经济效益。经济效益是用货币衡量的、通过知识管理实现的科技成果转化效率的提升。经济效益的产生是企业持续经营的基础，只有产生持续性的经济效益，企业的投入、运行、产出过程才能进入正常经营轨道，科技成果转化组织才能不断地进行不同项目的成果转化。经济效益的高低是衡量一个项目转化成功程度的标准，经济效益越高，表明商业化产业化的程度越高，科技成果转化越成功。科技成果转化的成功是通过知识管理的知识支持加以实现的，因此，科技成果转化产生的经济效益有一部分是知识管理的产出成果，属于科技成果转化知识管理绩效的范畴。

2）核心竞争力。当一个科技成果转化组织能持续组织科技成果转化项目的运营，并将成果商业化和产业化，使企业具有成果转化需要的异质性资源和能力，这些资源和能力是竞争对手无法模仿的，此时，企业就培育出了核心竞争力。随着企业在持续的科技成果转化过程中不断地进行知识和能力积累，企业的核心竞争力将不断得到提升。核心竞争力也具有价值性，只有能为企业带来潜在价值的能力才是核心竞争力，即核心竞争力的培育与提升有助于企业科技成果转化目标的实现。因此，核心竞争力的提升也是知识管理绩效的范畴。

3）持续竞争优势。竞争优势与核心竞争力的区别在于，核心竞争力是企业的一种内力，而竞争优势是企业的一种外在位势。核心竞争力是企业的一种资源与能力属性，而竞争优势是企业在竞争中与竞争对手较量体现出的特色优势。企业只有获得持续的竞争优势才能保证企业获得稳定的经济效益，持续竞争优势是企业科技成果转化长期目标实现的最终体现，因此，持续竞争优势的提升也是科技成果转化知识管理的绩效。

（2）产出绩效的梯度转化过程。科技成果转化知识管理的产出绩效包括经济效益、核心竞争力和持续竞争优势三个主要构成要素，但三种绩效之间并不是并行的关系，而是存在一个梯度转化过程（喻登科等，2011）。首先，企业在知识管理辅助下实施科技成果转化，从而产生稳定的经济效益，但经济效益只是一种短期产出能力的体现；其次，当科技成果转化知识管理活动持续进行时，知识管理的产出就能形成对投入和运行的反馈，强化企业的资源和能力，使企业培育出与竞争对手异质的核心竞争力；最后，当企业的资源和能力优势在市场竞争中为企业带来持续的领先位势时，持续竞争优势就得到了体现。

由此可见，经济效益与核心竞争力之间存在着一个能力梯度，经济效益的产生并不一定由核心竞争力带来；核心竞争力与持续竞争优势之间存在着一个市场梯度，有核心竞争力不一定能获得持续竞争优势，但持续竞争优势的实现一定是核心竞争力在支撑。而企业通过知识生产与知识营销使科技成果转化知识管理的知识、能力、效益向核心竞争力与持续竞争优势梯度转化，梯度的势能增量是由知识和能力的积累沉淀加以弥补的。科技成果转化知识管理产出绩效的梯度转化过程如图 2.10 所示。

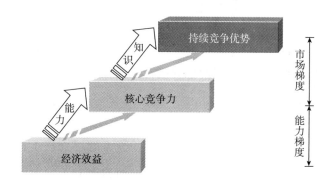

图 2.10　科技成果转化知识管理产出绩效的梯度转化

第三章

科技成果转化知识管理绩效评价
总体框架

一、科技成果转化知识管理绩效评价的
内涵与功能及原则

（一）科技成果转化知识管理绩效评价的内涵

科技成果转化知识管理是指组织通过知识管理投入和运行为科技成果转化效率的提升起辅助作用的行为活动。如前所述，科技成果转化知识管理的绩效既包括效益增长，也包括素质提高和能力提升；科技成果转化知识管理的绩效形成过程既发生在产出阶段，也发生在投入与运行阶段。因此，科技成果转化知识管理绩效评价的内容也应该包括三个方面：①科技成果转化知识管理的投入绩效，即人才素质的提升、组织素质的提高和知识库的扩充；②科技成果转化知识管理的运行绩效，包括知识对接、知识学习、知识共享、知识整合、知识创新等五个方面的能力提高；③科技成

果转化知识管理的产出绩效，包括经济效益、知识能力、核心竞争力和持续竞争优势四梯度的提升（喻登科等，2011）。

据此，本书将科技成果转化知识管理绩效评价的内涵界定如下：以知识管理促进科技成果转化短期和长期目标的实现为准则，以评估考察知识管理是否能提升人才和组织素质、增强组织的知识运行流转能力和促进组织获得核心竞争力及持续竞争优势为主要内容，以理论模型和数学方法相结合的测评工具为手段，对企业在一定逻辑周期内的知识管理实施效果进行定量化测量的科学行为。

（二）科技成果转化知识管理绩效评价的功能

1. 考核评估功能

科技成果转化知识管理的绩效评价的基本功能就是考核评估功能，即为企业对了解自身一定周期内的知识管理实施效果的测评提供工具，并进一步为企业对知识管理实施部门和其他相关部门的奖惩提供依据。在一些时候，企业不仅要对当期的知识管理绩效有所了解，还要对企业前若干周期甚而其他关联企业、竞争对手的知识管理绩效有所掌控，此时，知识管理绩效评价还应具有横向评估和纵向评估的结果对比功能。

2. 管理导向功能

科技成果转化知识管理绩效的评价不仅要为企业了解自身的知识管理实施效果提供一个定量化结果，更要从评价中为企业发现目前知识管理实施的优势和弱势所在，以此为企业继续发挥优势、弥补弱势提供指向性建议。在一些时候，通过对时间序列上的知识管理绩效评价结果能反映出企业知识管理实施效果的变化趋势，是提升还是恶化？在哪些指标提升？在哪些指标出现恶化？以及某些关键指标发展趋势的分析都为企业未来转变管理重点起重要导向作用。

3. 决策预测功能

科技成果转化知识管理绩效的评价不仅要对企业前期和现阶段的知识管理实施效果进行定量评估，还要能对企业未来的知识管理绩效进行预测，以引导企业对科技成果转化知识管理实施的科学决策。决策预测是科技成果转化知识管理绩效评价功能的外延。但对企业而言，在一些特殊时期，如知识管理实施恶化时期，准确的预测能为企业提出预警，帮助企业及时调整决策方向，扭转衰局。

（三）科技成果转化知识管理绩效评价的原则

1. 一般原则

科技成果转化知识管理绩效评价要遵循绩效评价的一般原则，它们是绩效评价结果准确可靠的保证，是科技成果转化知识管理绩效评价功能实现的前提。

（1）科学性。评价内容、评价方法、评价指标、评价标准的选择都要具有科学性，评价体系要能反映科技成果转化知识管理绩效的本质特征与内在规律，要求结合必要的调研与取证，将定性与定量相结合，得到科学、合理、动态可行的绩效评价结果。

（2）客观性。评价过程要尽可能以客观的数据资料为依据，以原始数据的内在信息规律为标准，尽量减少评判的主观性，以保证评价结果的真实性与精确性。

（3）系统性。评价体系的构建要建立在系统思考的基础上，能从整体上反映绩效的综合特性，基本反映了科技成果转化知识管理绩效的各个方面，不存在重大偏颇或遗漏。

（4）可行性。评价指标的数据获取、评价方法与模型具有可操作性，计算过程简洁清晰，对企业管理人员的操作能力和数学水平不具有非常高的要求。

2. 特殊原则

除了一般原则外，由于科技成果转化知识管理绩效评价对象的特殊性，为了更加准确地反映科技成果转化知识管理绩效的特点，绩效评价还应遵循以下四个特殊原则：

（1）关联性。科技成果转化知识管理的绩效评价要能反映不同层面的绩效之间、不同绩效评价指标之间的多重关联特性，对关联性的认识与反映是准确衡量绩效的关键。

（2）模糊性。要充分考虑到科技成果转化知识管理绩效形成的时滞性、潜在性、因果模糊性和主观性。即绩效评价时不仅要考虑当期的实施效果，也要考虑知识管理实施对未来科技成果转化效率提升的影响；不仅要通过定量指标进行衡量，更要体现定性指标及专家主观认同的重要性。

（3）立体多维性。要从科技成果转化知识管理绩效的多个维度进行评估，既要反映各个维度的特色，又要对各维度的绩效进行准确科学地综合，体现科技成果转化知识管理绩效形成的立体空间变换过程。

（4）复杂性。这是由关联性、模糊性和立体多维性派生出来的原则。科技成果转化知识管理绩效的复杂结构使绩效评价的方法复杂、指标复杂、过程复杂，只有通过相对复杂的评价手段才能准确衡量科技成果转化知识管理的绩效时空。需要注意的是，复杂性与可行性并不矛盾，复杂性体现在绩效评价体系构建的机理与思路复杂，而可行性则体现为具体操作过程的相对简单。

二、科技成果转化知识管理绩效评价的视角

（一）科技成果转化知识管理绩效评价的属性

科技成果转化知识管理绩效评价作为知识管理活动中的一个实施环节，具有活动过程的基本属性，即5W1H。换言之，要科学地评价科技成果转化知识管理的绩效，有必要明晰评价的对象（What）、时间（When）、地点（Where）、主体（Who）、过程（How）以及目标（Why）（喻登科，2010）。其中，对象、时间、地点是科技成果转化知识管理绩效评价的静

态属性，与评价过程没有太大关联；但主体、目标和过程则是科技成果转化知识管理绩效评价的动态属性，清晰界定并体现这些属性是科技成果转化知识管理绩效评价有效实施的前提。

1. 主体

我们可以不太关注是谁将实施科技成果转化知识管理的绩效评价，但必须清楚地知道是谁创造了科技成果转化知识管理的绩效，以及科技成果转化知识管理绩效中的潜在绩效最终又落实在谁的头上。很显然，在科技成果转化及其知识管理的全过程中，都是知识型员工（人才）在推动知识流转与知识创新，知识人才是科技成果转化知识管理绩效形成与评价的双重主体。在科技成果转化知识管理绩效评价的实施过程中，必须将知识型人才及其群体特征（知识型组织）的素质提升纳入绩效评价体系。

2. 过程

要科学地评价科技成果转化知识管理绩效，剖析和梳理整个绩效评价过程非常重要，但更为重要的是要明确科技成果转化知识管理绩效形成的过程，并将形成过程与评价体系相融合，进而分析科技成果转化知识管理绩效最终是如何嵌入知识管理过程以及嵌入在什么载体中的。同样，依据科技成果转化知识管理绩效形成的机理与过程的分析，我们可以知道绩效的形成是通过知识管理的运行过程实现的，两个过程是一体的。科技成果转化知识管理的绩效有一部分就是通过知识管理运行以能力的形态嵌入在组织中。因此，在绩效评价体系中，应着力于体现知识管理的运行能力，而绩效评价指标体系的设计，则应着重于与知识管理绩效的嵌入载体相一致。

3. 目标

要有效实施科技成果转化知识管理的绩效评价，仅清楚绩效评价应具有的功能是不够的，功能只能为绩效评价体系设计提供一个准则，但不能提供指导。科技成果转化知识管理绩效评价作为一种工具，其目标也就是科技成果转化知识管理的目标，工具的目标应该服从于对象的目标。显然，科技成果转化知识管理的目标是培育核心竞争力与获取持续竞争优势，这是科技成果转化组织实施知识管理的根本动力所在。科技成果转化知识管理绩效评价不是为了评价而评价，其最终目标也应该是培育核心竞争力与获取持续竞争优势。因此，科技成果转化知识管理绩效评价还应该把核心能力和竞争优势的获取纳入评价范畴，以利于组织依据评价结果指导管理决策。

（二）基于内涵、过程与属性契合的评价视角选择

1. 内涵、过程与属性的契合

科技成果转化知识管理绩效的主要内容包括素质提升、能力提高和效益增长三方面的内容；科技成果转化知识管理的绩效形成过程包括投入过程的绩效形成、运行过程的绩效形成和产出过程的绩效形成；科技成果转化知识管理绩效评价的动态属性包括绩效评价的主体、过程和目标。如何将三者的关系融为一体并高度概括，是科学选择评价视角的基础，是构建科技成果转化知识管理绩效评价体系的理论基础。

（1）内涵与过程的契合。在科技成果转化知识管理绩效形成机理与过程的分析中不难发现，绩效主要内容的三方面与绩效形成过程的三阶段存在着逻辑上的对应关系。在科技成果转化知识管理投入过程的绩效形成阶段，主要体现为知识人才、知识型组织的素质提升；在运行过程的绩效形成阶段，主要体现为知识管理运行产生能力的积累与组织记忆，使知识与能力嵌入组织，获得能力的提高；在产出过程的绩效形成阶段，主要体现为经济效益以及长期潜在经济效益的表征——核心竞争力与持续竞争优势。内涵与过程的契合是科技成果转化知识管理绩效形成过程的逻辑周期科学划分的必然结果。

（2）过程与属性的契合。科技成果转化知识管理绩效的形成过程与评价的动态属性之间也存在微妙的契合关系。首先，在科技成果转化知识管理的投入绩效形成过程，无论是投入还是绩效，其表现形式或者是载体都是知识型员工或知识型组织，而人才与组织正是绩效评价的主体；其次，科技成果转化知识管理绩效评价的过程属性强调的其实就是要在评价时考

察知识管理运行过程的能力提升而非仅包含结果；最后，科技成果转化知识管理绩效评价的目标与知识管理的目标是合二为一的，而科技成果转化知识管理的最终目标都要通过产出过程的绩效形成来体现。过程与属性的契合是由科技成果转化知识管理绩效评价的内在机理决定的。

（3）三者的契合关系。综上可知，科技成果转化知识管理的绩效形成过程、绩效的内涵和绩效评价的动态属性之间存在多重契合关系，如图 3.1 所示。由图 3.1 可知，内涵、过程与属性三者的契合将构成三个契合域，每个契合域都基于相似的机理、具有相同的功能与目标，最终都形成科技成果转化知识管理绩效的一个组成部分。由于主体、投入、素质提升构成的契合域都是基于人才与组织的知识契合的，人才与组织是知识的根本来源，也是知识管理绩效的来源，因此，将此契合域命名为绩效的本源；同理，过程、能力提高与运行构成的契合域是基于知识的本体运行，将其记为绩效的本体；目标、效益产出和产出过程的契合域是科技成果转化知识管理的终极目标所在，将其记为绩效的本旨。本源、本体和本旨构成了科技成果转化知识管理绩效的完整架构。

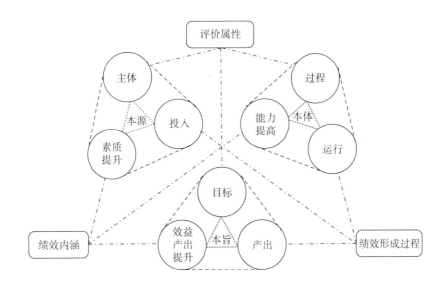

图 3.1 科技成果转化知识管理绩效的内涵、过程与属性的契合关系

2. 新的评价视角：绩效的本源、本体与本旨评价

依据契合关系，提出一个评价科技成果转化知识管理绩效的全新的视角：科技成果转化知识管理绩效评价体系可由绩效的本源评价、本体评价和本旨评价三部分构成。绩效的本源评价是对科技成果转化知识管理投入过程中的人才、组织与知识的闭路正反馈循环的知识创造带来的绩效进行评价，体现为人才和组织的素质提升和知识库的知识扩充；绩效的本体评价是对科技成果转化知识管理运行过程中的能力循环累积带来的绩效进行评价，体现为知识对接能力、知识学习能力、知识共享能力、知识整合能力和知识创新能力的提升；绩效的本旨评价是对科技成果转化知识管理产出过程中的效益提升的循环效应进行评价，体现为效益的持续增长以及核心竞争力和持续竞争优势的形成与获得（曹霞和喻登科，2010）。

与契合关系相对应的是，绩效本源评价、本体评价和本旨评价都有一个相对清晰的域，它们分别是组织与人才的闭路循环、运行能力提升的循环和效益产出的循环。绩效评价，其实就是对某一段逻辑周期内各循环实现的素质提升、能力提高和效益增长状况进行定量评估。三者的评价域界定如图 3.2 所示。

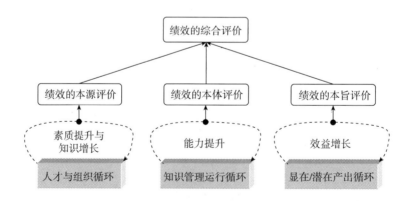

图 3.2 科技成果转化知识管理绩效评价的新视角

三、科技成果转化知识管理绩效评价的三维框架

（一）科技成果转化知识管理绩效的本源评价

科技成果转化知识管理绩效的本源来自知识创新，而知识创新的真正本源又是知识型人才。因此，对科技成果转化知识管理绩效的本源进行评价，就是要抓住知识的来源与归宿，对知识的来源——人才、知识产生的环境——组织、知识的基础投入——知识库在科技成果转化知识管理过程中发生的状况优化与素质提升进行评估，以明确知识管理对科技成果转化潜在效益的影响程度。科技成果转化知识管理绩效的本源评价包括人才绩效评价、组织绩效评价和知识绩效评价三方面（喻登科等，2012）。

1. 人才绩效评价

人才绩效评价的侧重点是对人才在科技成果转化知识管理实施后的素质提升与知识增长进行评价，主要包括人才的数量增长、人才的素质提升及人才的知识结构优化三个方面。人才的数量增长是指通过有效的科技成果转化知识管理运行使组织的知识型员工数量增加和知识型员工占员工的比例增大；人才的素质提升是指在科技成果转化知识管理过程中，人才的技能、经验、知识、受教育或培训程度的增强；人才的知识结构优化是指科技成果转化团队中各种人才的比例或各种知识的比例发生结构性优化，使团队更能满足科技成果转化的知识需求。

2. 组织绩效评价

组织绩效评价的侧重点是对组织发展有利于未来的科技成果转化的改变的评价，主要包括组织结构的优化、知识导向型文化的形成与强化、知

识管理制度的完善、知识技术平台的建设与科学化。组织结构的优化是指企业中知识型团队、知识型社区的形成，知识型组织的结构柔性化、扁平化和网络化等；知识导向型文化的形成与强化是指通过科技成果转化知识管理的投入与运行使企业内部形成以知识创造、共享、创新为导向的企业文化，使组织开放、和谐、活跃、积极、团结；知识管理制度的完善是指通过知识管理实践引导企业进行知识管理相关制度的完善，如激励制度、考核制度等；知识技术平台的建设与科学化是指通过搭建科学的信息技术平台为组织实施知识管理服务，同时也为企业未来的科技成果转化高效益打下基础。

3. 知识绩效评价

知识绩效评价的侧重点是对科技成果转化知识管理实施后组织拥有的知识或组织能利用的知识与知识管理实施前的知识库状况进行对比。知识生产是科技成果转化的本质，知识投入是科技成果转化效益的保证。知识绩效评价包括两方面的内容：企业内部拥有的知识增加；企业外部知识网络可利用的知识增多。其中，企业外部知识网络的知识增多又可分为三种形式：一是企业与更多的外部知识组织建立了共享联盟关系；二是企业与外部知识组织知识组织的知识协作关系更加巩固与增强；三是在互助联盟性的科技成果转化知识管理中外部知识组织也在不断强大。

（二）科技成果转化知识管理绩效的本体评价

科技成果转化知识管理绩效的本体是知识管理的运行，知识管理运行能力的提升将最终体现为科技成果转化效益的增强。因此，对科技成果转化知识管理绩效进行本体评价，就是要抓住知识管理活动的本体所在，对知识管理全过程的能力提升进行评估，主要包括知识对接能力评价、知识学习能力评价、知识共享能力评价、知识整合能力评价和知识创新能力评价（喻登科等，2010）。

1. 知识对接能力评价

当企业进行多次的科技成果转化项目对接以后，企业中就能积累知识对接的经验和教训，增强企业在未来的科技成果转化项目对接过程中的知识对接能力，使企业对知识源的知识能更好地吸收与消化。知识对接能力评价的主要内容包括知识源搜索与辨识能力增强、知识对接谈判能力增强、知识复制转移和吸收能力增强、知识消化能力增强等。

2. 知识学习能力评价

在企业实施科技成果转化知识管理一段时间后，企业内部形成一种学习型文化，内部成员之间互相学习、内部成员向外部学习、企业内部组织系统性培训学习等，通过不断的学习型实践，组织不仅获得了知识，更重要的是获得了更有效的学习经验和学习方法，使企业有更好的知识学习能力。知识学习能力评价的主要内容包括组织和接受培训能力、外部知识学习能力（如从文献资料中吸取知识的能力）、内部知识学习能力（如通过技术平台从组织知识库中检索并学习知识的能力）等。

3. 知识共享能力评价

企业内部长期的科技成果转化知识管理活动将在企业内部构造出一个虚拟的知识共享网络，成员之间和成员与外部知识组织之间存在稳定和谐的知识共享关系，而且随着知识管理实践的不断实施，企业内部的知识共享关系将不断拓宽和动态变化，知识共享能力不断增强。知识共享能力的评价内容主要包括共享网络节点数的增多（知识共享通道的增多）和节点间联系的增强（知识共享关系的强化）。

4. 知识整合能力评价

科技成果转化过程中需要将不同种类的知识（如生产知识、技术知识、营销知识等）、不同形式的知识（如显性知识和隐性知识）等进行整合，以满足成果转化需要不同知识相融合的需求。知识整合需要企业内部不同知识结构的人才聚在一起（或者构成虚拟团队）进行知识的交流与融合，在这个过程中，不同知识结构的人才将达成某种默契，这种默契将为未来的科技成果转化知识整合提高效率。知识整合能力评价的主要内容包括新旧知识整合能力、显隐知识整合能力、内外知识整合能力、个组知识整合能力等。

5. 知识创新能力评价

知识创新能力的提升是科技成果转化知识管理绩效本体中最重要的构成要素。当科技成果转化知识管理实践持续实施时，组织内不仅能塑造知识创新型环境和文化，更能增强成员的创新意识和创新能力。科技成果转化知识创新能力评价的主要内容将通过新知识的数量和质量提升、专利、技术秘密等形式体现。

（三）科技成果转化知识管理绩效的本旨评价

科技成果转化知识管理绩效的本旨，要通过科技成果转化的显在效益和潜在效益加以体现，效益是企业的目标，是科技成果转化的持久动力。因此，科技成果转化知识管理绩效的本旨评价，要从显在效益和潜在效益两方面出发，循着知识管理促进科技成果转化效益产生的脉络，对潜在效益和显在效益的逻辑周期增量进行评价（喻登科，2009）。其中，显在效益主要从财务优化角度进行评价；潜在效益主要从核心竞争力和持续竞争优势角度进行评价。

1. 经济效益评价

经济效益的产生是科技成果转化运营和持续的动力，是科技成果转化知识管理的直接目标。对经济效益进行评价一般都是从财务数据优化的角度进行衡量，可采用盈利能力、保值增值能力、财务结构、偿债能力、经营效率等指标进行综合评估。值得注意的是，科技成果转化知识管理的经济效益是一个逻辑周期内的效益增量，该增量不仅是通过财务数据或比率就能直接反映的，还需要通过专家的识别以重点体现知识管理的科技成果转化的促进作用。

2. 核心竞争力评价

知识管理促进科技成果转化核心竞争力的培育与提升的评价，应从知识管理与核心竞争力特征耦合的路径出发，评估知识管理对科技成果转化组织核心竞争力的价值性、异质性、不可模仿性和延展性等特征的强化，明晰知识管理对企业核心竞争力位势的提升作用。对科技成果转化知识管理的核心竞争力进行评价，其主要内容应与绩效的本源和本体加以区分，而重点体现各种能力的合力与核力，即核心竞争力评价要从一个更为综合、更为宏观的高度进行整体测评。

3. 持续竞争优势评价

持续竞争优势是科技成果转化知识管理的最终目标，评价科技成果转化知识管理的持续竞争优势，要重点体现知识管理对竞争优势可持续性获取的促进作用。在持续竞争优势评价中，应强调投入绩效、运行绩效的反哺和孕育在产出——市场化过程中对竞争优势可持续性的体现。从总体上而言，对企业可持续竞争优势的评价，要反映投入可持续、运行可持续、产出可持续在市场竞争过程中的优势体现。

（四）科技成果转化知识管理绩效评价的总体架构

综上所述，可以将科技成果转化知识管理绩效分为三个维度进行评价：第一个维度是科技成果转化知识管理绩效的本源评价，通过评价人才、组织、知识等投入性资源要素在知识管理运行后的素质提升来说明知识管理产出反哺投入的绩效形成关系。其特点是绩效评价指标都是无法定量化的，具有模糊性。第二个维度是科技成果转化知识管理绩效的本体评价，通过对知识对接、知识学习、知识共享、知识整合和知识创新能力的增量评估，反映知识管理对科技成果转化组织的能力提升状况。其特点是五个层面的指标之间的界限难以完全清晰界定，不同的能力之间存在着非线性相关关系。第三个维度是科技成果转化知识管理绩效的本旨评价，通过对经济效益、核心竞争力和持续竞争优势的培育与提升状况的评估，反映知识管理对科技成果转化目标实现的促进作用。其特点是核心竞争力和持续竞争优势两个指标存在很大的不确定性，需要专家进行不确定性评价才能得出结果。三个维度之间既是并列关系，也是递进关系，递进是指三维度绩效之间存在一定程度的因果关联关系，是一种"一荣俱荣、一损俱损"的格局。据此，本书构建科技成果转化知识管理绩效评价的三维框架如图3.3所示。

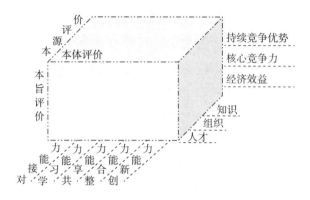

图 3.3　科技成果转化知识管理绩效评价的三维框架

四、绩效评价三维框架的内在关系实证

（一）研究假设与模型构建

1. 研究假设

科技成果转化知识管理绩效评价的三维框架内三个维度之间的复杂关联关系是由科技成果转化知识管理绩效的形成机理和形成过程决定的；当绩效评价循着绩效形成的脉络科学地施行时，绩效评价的内部关系就应该能体现绩效本身的内在属性。绩效评价三维框架的内部关系与绩效形成的机理过程存在非严格对应的关联，这种关联影响着绩效评价体系框架的科学性和准确性。而清晰界定并有效消除三维框架内部关系的影响，是科技成果转化知识管理绩效综合评价的根基。

（1）绩效本源与绩效本体的关联。科技成果转化知识管理绩效的本源是绩效本体的基础：通过知识管理的人才、组织和知识的投入，科技成果转化组织才能进行正常的知识管理运行，也才能在运行过程中积累知识和经验，提高企业进行转化过程中的知识管理能力；如果人才、组织和知识任何一方面不能满足科技成果转化的需求，知识管理运行将难以持续，也就不能通过知识管理运行提高企业的能力。

科技成果转化知识管理绩效本体是绩效本源的根本来源：绩效的本源，体现为科技成果转化知识管理人才、组织和知识等方面的素质提高与知识增长，而且归根结底是知识的增长。知识从何而来？显然是从实践中总结得到的。知识的实践也就是知识管理的本体运行。人才、组织、知识库的实质是不同类型和形态的知识载体，而创造知识的只能是实践。

据此，做出第一个假设：

H_1：科技成果转化知识管理绩效的本体与本源之间存在关联关系。

（2）绩效本体与绩效本旨的关联。科技成果转化知识管理绩效本旨是绩效本体的市场体现：绩效的本旨，也就是经济效益、核心竞争力与持续竞争优势，其实质是企业能力在市场竞争中表现强势的体现。企业能在同行竞争中不断获得经济效益和获取持续竞争优势，关键在于企业具有能将知识持续转化为价值的能力。市场是外部环境检验企业内部能力的通用标尺，不同的企业在市场检验下取得的成绩是内在能力外在化的结果。

科技成果转化知识管理绩效本体是绩效本旨的源泉：只有以良好的知识管理运行为基础才能实现促进科技成果转化的目标，即科技成果转化知识管理绩效的本体与本旨是相伴相生的，且总体来说，两者之间存在一种模糊的因果关系。知识生产能力和价值转化能力是绩效本旨实现的原动力，知识管理的高效运行过程是绩效本旨实现的动力源。

据此，做出第二个假设：

H_2：科技成果转化知识管理绩效的本体与本旨之间存在关联关系。

（3）绩效本旨与绩效本源的关联。科技成果转化知识管理绩效本源是绩效本旨的归因：首先，从生产过程的逻辑关系上来说，没有投入就没有产出，因此，理应先有知识管理的绩效本源后产生知识管理绩效本旨；其次，科技成果转化知识管理绩效本旨是科技成果转化目标的实现能力提高的体现，这种体现是在知识管理过程完成之后综合市场体现的结果，而绩效本源正是绩效本旨产生的主要原因。

科技成果转化知识管理绩效本源是绩效本旨的反馈：虽然逻辑上两者之间存在发生的先后顺序，但是，科技成果转化知识管理是一个持续循环过程，且存在反馈路径，因此，就长期的视角而言，不存在严格的因果而是相互嵌入的。在同一逻辑周期内，绩效本源是绩效本旨的归因，但在两个连续的逻辑周期间，后一周期的绩效本源正是前一周期绩效本旨对转化组织反哺的结果。

据此，做出第三个假设：

H₃：科技成果转化知识管理绩效的本旨与本源之间存在关联关系。

2. 模型构建与变量设计

（1）模型构建。研究集中于科技成果转化企业知识管理绩效的三维度关系分析，各种可知与不可知的潜变量大量存在，并且所用到的原始数据基本上是被调查企业专家的主观回答，难免存在较大的测量误差。鉴于此，本书选择使用面宽的结构方程模型作为建模的主要手段，并运用AMOS软件对模型进行分析处理。结构方程模型是用来检验观测变量和潜变量、潜变量和潜变量之间关系的一种多元统计方法，并且可以通过因子分析、路径分析等方法来验证所提出的理论模型与数据的吻合情况（吴明隆，2010）。因此，结构方程模型可以满足研究的需要。本书的结构方程模型由上述 3 个假设组成，如图 3.4 所示。

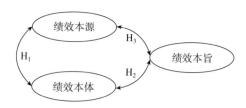

图 3.4　科技成果转化知识管理绩效三维框架内在关系的结构方程模型

（2）变量设计。由于科技成果转化知识管理绩效三维框架内在关系具有模糊性、不可测性等特点，而且过于精确的测量有时反而不如专家的判断对企业的宏观状况有更好的掌握和反映，因为绩效本身就存在显在和潜在之分，而潜在绩效往往是财务数据和统计资料所不能体现的。因此，选用定性指标并采用专家判断法对科技成果转化知识管理绩效三维框架内在关系进行测量，具有科学可取之处，并且能使数据获取、模型设计和计算相对简化。

以绩效形成机理和过程为理论基础，经过讨论，我们为科技成果转化知识管理绩效本源、本体和本旨 3 个因子设计了 11 个测量指标，采用七级尺度度量。测量指标及其问卷调查的问题、标准如表 3.1 所示。

表 3.1　测量指标、问题与标准

潜变量	测量指标	问题	标准（七级尺度）
科技成果转化知识管理绩效本源 ξ_1	人才素质提升 x_1	贵单位人才素质结构是否有整体性的提升	①没有，反而下降幅度较大；②没有，反而有所下降；③没有，维持原状；④有，但提升很少；⑤有一定幅度的提升；⑥提升幅度明显；⑦有非常大的提升
	组织优化 x_2	贵单位的组织结构和组织基础平台建设是否改善	①没有，反而大不如前；②没有，反而有所恶化；③没有，维持原状；④有，但基本改善不多；⑤有一定的改善；⑥改善幅度明显；⑦有非常大的改善
	知识库扩充 x_3	贵单位的知识库是否有更新和扩充	①没有，反而知识流失严重；②没有，反而有知识流失；③没有，基本没有变化；④有，但变化很少；⑤有一定的更新和扩充；⑥更新和扩充速度较快；⑦知识库更新和完善非常快
科技成果转化知识管理绩效本体 ξ_2	知识对接能力提升 x_4	贵单位在知识对接方面的能力是否有所提升	①没有，反而大不如前；②没有，反而有所下降；③没有，基本维持不变；④有，但迹象不明显；⑤有一定的提升；⑥知识对接能力提升较快；⑦知识对接能力大幅度提升
	知识学习能力提升 x_5	贵单位在知识学习方面的能力是否有所提升	①没有，反而大不如前；②没有，反而有所下降；③没有，基本维持不变；④有，但迹象不明显；⑤有一定的提升；⑥知识学习能力提升较快；⑦知识学习能力大幅度提升

潜变量	测量指标	问题	标准（七级尺度）
科技成果转化知识管理绩效本体 ξ_2	知识共享能力提升 x_6	贵单位在知识共享方面的能力是否有所提升	①没有，反而大不如前；②没有，反而有所下降；③没有，基本维持不变；④有，但迹象不明显；⑤有一定的提升；⑥知识共享能力提升较快；⑦知识共享能力大幅度提升
	知识整合能力提升 x_7	贵单位在知识整合方面的能力是否有所提升	①没有，反而大不如前；②没有，反而有所下降；③没有，基本维持不变；④有，但迹象不明显；⑤有一定的提升；⑥知识整合能力提升较快；⑦知识整合能力大幅度提升
	知识创新能力提升 x_8	贵单位在知识创新方面的能力是否有所提升	①没有，反而大不如前；②没有，反而有所下降；③没有，基本维持不变；④有，但迹象不明显；⑤有一定的提升；⑥知识创新能力提升较快；⑦知识创新能力大幅度提升
科技成果转化知识管理绩效本旨 η_1	经济效益状况 y_1	贵单位的经济效益是否有所提高	①没有，反而迅速萎缩；②没有，反而有所下滑；③没有，基本维持原状；④有，但提高很少；⑤有一定的提高；⑥有较大幅度提高；⑦提高幅度非常大且迅速
	核心竞争力提升 y_2	贵单位的核心竞争力是否有所提升	①没有，反而正快速消失；②没有，反而有所下降；③没有，基本原样；④有一点提升，但很不明显；⑤有一定的提升；⑥有较大幅度提升；⑦有很大幅度的提升，核心竞争力迅速增强
	持续竞争优势获取 y_3	贵单位是否能维持甚至增强竞争优势	①不能，竞争优势迅速消失；②不能，竞争优势逐渐消失；③较短时间内能维持，但也不能增强；④较短时间内能维持，且有增强迹象；⑤竞争优势有一定程度的增强；⑥竞争优势增强明显；⑦单位赢得竞争优势，且迅速增强

根据大量基于结构方程模型的研究得出，模型可识别的要求包括：①一个指标只从属于一个因子；②若因子间有相关，每个因子有两个或两个以上的指标；③若因子间无相关，则每个因子有三个或三个以上的指标

（侯杰泰等，2004）。本书的因子间可能存在相关性，但每个因子有三个或三个以上指标，模型是可识别的。

（二）模型识别与参数评鉴

1. 数据收集与模型识别

（1）研究对象确立。研究对象为我国 30 家具有代表性行业的典型企业，这些企业目前都实施了知识管理或与知识管理相关性较强的管理手段，且取得了相应的绩效。样本企业的特征描述如表 3.2 所示。

表 3.2　内在关系识别模型的样本企业特征描述

特征	描述
企业性质	上市公司或子公司含上市公司的 16 家，有限责任公司 5 家，家庭式或合伙企业 3 家，国有企业 6 家
行业性质	3 家属于国防工业，其余大部分为高科技领域企业
企业地理位置	4 家为南方企业，7 家位处北京、上海，其余为东北地区企业，其中 6 家地处哈尔滨
销售总额	最高的年平均销售总额约 150 亿元人民币，最低 350 万元，平均 3000 万元人民币
员工人数	最多的约为 5 万人，最少的员工人数为 30 人，其中知识型员工比例都在 65% 以上
专利申请状况	最多的每年申请近 300 项，最少的为 0 项，但有一定的内部创新
是否有研发机构	26 家有专门的研发机构，另外有 3 家有专门研发人员，其中 1 家无专门研发人员
知识管理实施状况	5 家组建了专门的知识管理推介部门，7 家建设了学习型组织，还有若干组建了创新型团队
新产品销售额比率	比率最高的企业达到 60%，最低的也有 30%，平均在 40% 水平

（2）数据收集。在经过 2 个月的问卷发放与回收之后，30 家企业的问卷全部得以回收，问卷回收率 100%，实际有效率 100%，单维度变量数据缺失率范围在 9% ~ 27%（最多的有三个题没有填写答案或答案明显不

符合逻辑）。30 家企业的原始数据如表 3.3 所示。

表 3.3　30 家企业的内在关系识别模型原始数据

企业＼题项	x_1	x_2	x_3	x_4	x_5	x_6	x_7	x_8	y_1	y_2	y_3	企业＼题项	x_1	x_2	x_3	x_4	x_5	x_6	x_7	x_8	y_1	y_2	y_3
1	6	5	5	4	3	6	—	5	7	5	6	16	5	5	6	6	5	5	5	5	5	6	6
2	5	5	4	4	4	5	6	7	5	6	6	17	6	5	5	2	6	6	6	6	7	6	5
3	3	5	7	5	5	5	6	6	6	6	5	18	5	5	5	6	5	5	5	5	7	5	4
4	4	4	5	5	5	5	7	5	5	5	5	19	5	5	5	6	6	6	—	7	7	7	6
5	6	7	5	5	5	5	4	4	4	4	5	20	6	5	5	5	2	5	6	6	7	4	5
6	5	5	5	5	5	5	6	6	7	6	4	21	5	5	5	5	5	5	5	5	5	5	5
7	5	5	6	4	5	5	5	6	7	5	4	22	5	5	6	5	4	2	6	4	5	5	5
8	3	3	5	5	5	5	5	5	5	5	6	23	5	5	5	5	5	5	5	5	5	5	6
9	5	5	5	5	—	—	4	5	4	5	6	24	5	5	—	4	—	4	5	5	5	5	6
10	4	5	5	5	5	5	5	5	6	5	7	25	5	5	5	5	5	5	5	5	5	5	6
11	5	5	5	5	5	5	5	5	5	5	7	26	6	5	5	5	4	5	6	6	5	5	6
12	5	5	5	5	5	5	5	5	5	5	7	27	5	5	6	5	5	7	5	4	5	5	6
13	2	2	5	—	4	4	5	4	3	3	5	28	5	5	5	6	5	6	6	6	6	5	4
14	2	2	5	5	4	4	5	5	5	5	3	29	5	5	6	5	5	4	6	4	5	4	5
15	5	5	5	5	5	—	6	4	5	6	6	30	5	5	5	5	6	6	6	6	7	5	6

注：符号"—"表示该题项答案缺失。

（3）模型识别。将原始数据输入 SPSS11.5 软件，得到 11 个题项的皮尔逊关联系数矩阵如表 3.4 所示，并进行了双尾检验。检验结果发现：①人才、组织与知识提升状况之间存在较大的关联关系；②人才素质提升水平与经济效益状况具有较大关联关系，知识学习能力与核心竞争力水平有较大相关关系，经济效益状况与核心竞争力水平有较大相关关系。

将关联系数矩阵导入 AMOS 软件，按照图 3.4 设置路径，得到结构方程模型通径如图 3.5 所示。依据 Hair 等（1998）的建议，检验模型估计的时候需要首先检验模型是否产生违犯估计的现象：①有无负的误差变异数

表 3.4　关联系数矩阵

题项		x_1	x_2	x_3	x_4	x_5	x_6	x_7	x_8	y_1	y_2	y_3
x_1	Pearson Correlation	1	0.600^{**}	0.443^{*}	-0.044	0.119	0.351	-0.084	0.011	0.508^{**}	0.234	0.235
	Sig. (2 – tailed)	0.0	0.000	0.014	0.819	0.532	0.057	0.659	0.955	0.004	0.214	0.212
x_2	Pearson Correlation	0.600^{**}	1	0.411^{*}	0.126	0.375^{*}	0.316	-0.148	-0.109	0.251	0.278	0.077
	Sig. (2 – tailed)	0.000	0.0	0.024	0.505	0.041	0.089	0.436	0.565	0.182	0.137	0.688
x_3	Pearson Correlation	0.443^{*}	0.411^{*}	1	0.246	0.237	0.176	-0.188	0.529	0.288	0.350	0.268
	Sig. (2 – tailed)	0.014	0.024	0.0	0.191	0.207	0.352	0.321	0.120	0.123	0.058	0.152
x_4	Pearson Correlation	-0.044	0.126	0.246	1	0.177	-0.394^{*}	0.014	0.269	0.123	0.000	-0.133
	Sig. (2 – tailed)	0.819	0.505	0.191	0.0	0.350	0.031	0.942	0.150	0.518	1.000	0.484
x_5	Pearson Correlation	0.119	0.375^{*}	0.237	0.177	1	0.142	-0.067	0.217	0.224	0.405^{*}	0.113
	Sig. (2 – tailed)	0.532	0.041	0.207	0.350	0.0	0.454	0.725	0.249	0.233	0.026	0.551
x_6	Pearson Correlation	0.351	0.316	0.176	-0.394^{*}	0.142	1	0.022	-0.152	0.294	0.241	0.026
	Sig. (2 – tailed)	0.057	0.089	0.352	0.031	0.454	0.0	0.910	0.421	0.115	0.199	0.893
x_7	Pearson Correlation	-0.084	-0.148	-0.188	0.014	-0.067	0.022	1	0.123	0.355	0.246	-0.023
	Sig. (2 – tailed)	0.659	0.436	0.321	0.942	0.725	0.910	0.0	0.517	0.054	0.190	0.906
x_8	Pearson Correlation	0.011	-0.109	0.529	0.269	0.217	-0.152	0.123	1	0.340	0.225	0.130
	Sig. (2 – tailed)	0.955	0.565	0.120	0.150	0.249	0.421	0.517	0.0	0.066	0.233	0.493
y_1	Pearson Correlation	0.508^{**}	0.251	0.288	0.123	0.224	0.294	0.355	0.340	1	0.373^{*}	-0.045
	Sig. (2 – tailed)	0.004	0.182	0.123	0.518	0.233	0.115	0.054	0.066	0.0	0.042	0.814
y_2	Pearson Correlation	0.234	0.278	0.350	0.000	0.405^{*}	0.241	0.246	0.225	0.373^{*}	1	0.305
	Sig. (2 – tailed)	0.214	0.137	0.058	1.000	0.026	0.199	0.190	0.233	0.042	0.0	0.102
y_3	Pearson Correlation	0.235	0.077	0.268	-0.133	0.113	0.026	-0.023	0.130	-0.045	0.305	1
	Sig. (2 – tailed)	0.212	0.688	0.152	0.484	0.551	0.893	0.906	0.493	0.814	0.102	0.0

注：** 表示在 1% 的水平上显著（双尾）；* 表示在 5% 的水平上显著（双尾）。

存在；②标准化系数是否超过 1；③是否有太大的标准误差。从 AMOS 软件得出的指标标准化路径系数中我们发现，没有路径参数产生违犯估计现象，模型拟合良好。由软件给出的数据可知，所有指标的信度（R^2）均通过 0.5 的标准，通过率 100％，模型不需修正。

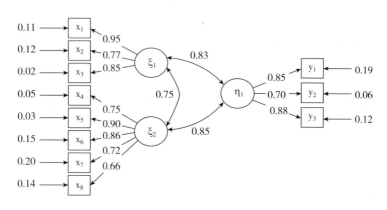

图 3.5　内在关系识别模型通径

2. 效度与信度评鉴

（1）效度评鉴。对模型整体效度检验可以考察绝对适配量测指标、增值适配量测指标、简效适配量测指标三类指标（郑文智和吴文毅，2014）。表 3.5 显示增值适配量测指标和简效适配量测指标都通过了检验，只有绝对适配量测指标中的 AGFI 指标未通过检验。AGFI 是对 GFI 指标的调整，出现这个现象的主要原因是样本数不够。整体而言，该结果表示修正模型可以接受，测验具有整体的建构效度。

另外，所有观察变项对内生变量的标准化估计参数皆具有显著水准（t 值 > 2），显示这些观察变项皆可以有效地反映其所对应的潜在因素。潜在内生因素对潜在外生因素的标准化参数估计也具有显著水准，显示潜在外生因素可以有效地反映潜在内生因素。另外，所有标准化测量误差也达到显著水准，符合理论假设的建构。由此可见，整个模型的个别变项具有效度。

（2）信度评鉴。信度评鉴方面需要检验单一观察变项的信度及潜在变项的信度。从图 3.5 可以看出，所有观察变项的 R^2 都通过了 0.5 的标准，所有潜在变项的信度也都通过了 0.6 的标准，从整体看，结构方程模型通过了信度评鉴。

表 3.5　模型适配度检验指标

绝对适配指标	
（1）GFI = 0.93	建议 GFI > 0.9，通过检验
（2）SRMR = 0.042	建议 SRMR < 0.05，通过检验
（3）RMSEA = 0.086 P = 0.048	建议 RMSEA < 0.05，模型中度适配
（4）ECVI = 0.66	建议 ECVI 小于独立模式（8.80）和饱和模式（0.66）下的 ECVI，通过检验
（5）NGFI = 0.86	建议 NGFI > 0.9，未通过检验
增值适配指标	
（6）NFI = 0.97	建议 NFI > 0.9，通过检验
（7）NNFI = 0.96	建议 NNFI > 0.9，通过检验
（8）CFI = 0.98	建议 CFI > 0.9，通过检验
（9）IFI = 0.98	建议 IFI > 0.9，通过检验
（10）RFI = 0.94	建议 RFI > 0.9，通过检验
简效适配指标	
（11）PNFI = 0.64	建议 PNFI > 0.5，通过检验
（12）PGFI = 0.49	建议 PGFI > 0.5，可以通过检验
（13）Model AIC = 90.47	建议 Model AIC 小于饱和模式（90.00）和独立模式（1206.05），通过检验
（14）CN = 121.66	建议 CN > 200，未通过检验
（15）Normed Chi - square = 2.02	该值约等于 2，可以通过检验

（三）内在关系分析与讨论

依据结构方程模型的验证结果可知，科技成果转化知识管理绩效的本源评价、本体评价和本旨评价之间确实存在关联关系，且关联度较为显著。因此，得出以下结论：

（1）在绩效的三个维度之间，绩效的本源与本旨之间的相关关系最强，其次是绩效本体与本旨之间的相关关系，最弱的是绩效本源与本体之间的相关关系。这说明：①科技成果转化知识管理的高产出必须要有高投入作为保证，尤其是人才投入；②科技成果转化知识管理的产出同时需要有高效率的知识管理实施过程；③科技成果转化知识管理的高投入与高效率实施之间存在一定的互动关系；④三个维度之间并不是完全相关关系，在评价科技成果转化知识管理综合绩效时，不能以偏概全，用过程型绩效评价（本源或本体）或结果型绩效（本旨）评价代替综合评价。

（2）绩效评价三个维度之间存在互相关关系，这种关系将产生两种结果：①在科技成果转化知识管理实践中，互相关关系是有利的，通过引导与强化这种关系，可以达到事半功倍的效果；②但在科技成果转化知识管理绩效评价时，为了准确评价组织的综合绩效，不能将三维绩效线性加总，而应该剔除三者之间的相关效果。

（3）由于结构方程模型的识别结果是30家企业真实状况的综合反映，且30家企业具有典型性，模型识别也100%通过，因此可以认为，绩效本源评价、本体评价与本旨评价三个维度之间的关联关系在一定程度上代表我国目前组织科技成果转化知识管理的内在关系现状，用三维度之间的相关系数作为综合绩效评价的辅助手段，是剔除三维度自相关性的最佳方法。

五、科技成果转化知识管理绩效评价的流程及其优势

（一）科技成果转化知识管理绩效评价的流程设计

根据科技成果转化知识管理绩效评价的三维框架，科技成果转化知识管理的绩效评价应包括本源评价、本体评价、本旨评价和综合评价四部

分，其中，前三部分是并列、相关关系，最后一部分是对前三部分评价结果的综合处理，全面反映组织的科技成果转化知识管理水平。

在本源评价、本体评价和本旨评价中，由于各个评价部分具有各自不同的特点，因此，在构建评价模型、设计评价指标体系、选择评价方法等方面都应能具体问题具体分析，科学思考，系统设计，从而构造出一整套完善的科技成果转化知识管理绩效评价流程，为组织未来的绩效评价提供指导与借鉴。

而在任何一个完整的绩效评价模型中都应该包含一些共同的要素，具体包括：①评价指标体系设计；②评价方法选择；③数据收集（包括调查问卷）；④权重确立；⑤实证分析；⑥结果讨论（河北省财政厅政府采购办公室课题组，2015）。另外，为了使评价指标体系科学合理，有时还要对指标进行筛选和效度、信度检验；为了科学确立权重，还要选择有效的权重确定方法和对权重进行敏感性分析。基于此，科学完整的绩效评价模型应包括八个组成要素，对这八个要素科学的选择与实施是科技成果转化知识管理绩效评价准确可靠的保证。而科学选择的基本原则是遵循三个绩效评价维度的特征，并能使三者具有统一性，以便能进行综合评价。

据此，本书结合科技成果转化知识管理三维度绩效评价各自的特征，对绩效评价模型的各个组成要素选择设计如表3.6所示。

根据评价模型各个组成要素选择的结果，再考虑科技成果转化知识管理绩效综合评价模型对三维度绩效评价结果的综合处理，本书设计科技成果转化知识管理绩效评价的流程如图3.6所示。

（二）科技成果转化知识管理绩效评价流程的优势

本书设计的科技成果转化知识管理绩效评价的流程以绩效评价的内涵为基础、功能实现为目标、原则为基本准则，对科技成果转化知识管理的绩效评价进行了详细的分解与计划，为组织实施科技成果转化知识管理绩效提供了具有可操作性的指导。科技成果转化知识管理绩效评价流程的优势主要体现在：

表3.6 三维度绩效评价的特征与评价模型设计

模型要素	绩效本源评价		绩效本体评价		绩效本旨评价	
	特征	模型设计	特征	模型设计	特征	模型设计
指标体系	以定性（5等级制）为主	3个二级指标	以定性（5等级制）为主	5个二级指标	定性（5等级制）和定量（转化为最高等级）相结合	3个二级指标
指标筛选	通过矩阵运算简化指标体系	模糊聚类	通过路径分析理顺指标间的隶属关系	ISM	确立指标主成分，将其解释为经济效益、核心竞争力和持续竞争优势	主成分分析
数据收集	以问卷调查为主	问卷调查	以问卷调查为主	问卷调查	问卷调查与统计报表分析相结合	问卷调查、统计分析
权重确立	以定性方式确定权重	AHP	通过比较与目标的关联性确定权重	ANP	权重为评价指标值的标准偏差	熵权法
敏感性分析	权重科学性影响评价准确性	微分解析	权重科学性影响评价准确性	变动率计算	由评价对象的指标值偏差决定，不存在敏感性分析的必要性	
评价方法	以定性指标为主	模糊综合评判	指标之间具有自相关性	模糊积分	指标值具有不确定性	证据推理
实证分析	以其中一个对象做实证步骤	Excel	以其中一个对象做实证步骤	Matlab	以其中一个对象做实证步骤	Excel 和 SPSS
结果讨论	多对象	横向对比	多对象	横向对比	多对象	横向对比

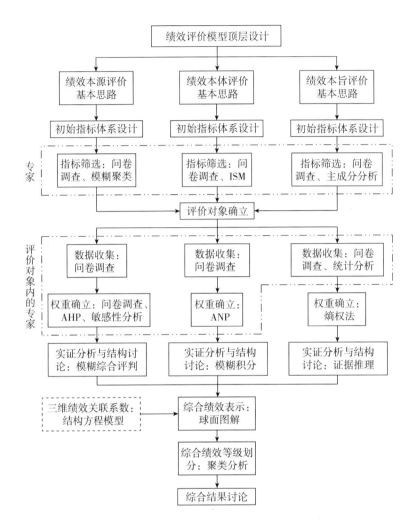

图 3.6　科技成果转化知识管理绩效评价的流程

1. 绩效评价流程具有科学性

①科技成果转化知识管理绩效评价流程将绩效评价过程分为两阶段四部分，能充分反映科技成果转化知识管理各个阶段产生的过程型绩效和结果型绩效，对科技成果转化知识管理产生的绩效进行了全视角的测评；②在绩效评价之前，对科技成果转化知识管理绩效的产生过程进行了详细

的论述，具有科学的理论基础和综合的顶层设计；③各种模型和方法都结合了相应的评价对象、评价样本的特征，能做到方法与目标相一致；④绩效评价将专家判断与统计数据分析相结合，能真实反映组织的知识管理绩效水平。

2. 绩效评价流程具有可操作性

①绩效评价流程设计合理、清晰、详细，对组织的绩效评价实践具有指导价值；②绩效评价方法难度适当，通过 Excel 和简单的 Matlab 编程即可实现，能供具有一定知识的人才使用；③绩效评价指标体系通过专家测评得到，绩效评价数据也大多是通过专家问卷调查获取，另一部分是通过组织的统计报表获取，指标和数据均具有可获取性；④绩效评价能分别得到本源评价、本体评价、本旨评价和综合评价的结果，能为决策者提供充分的信息，以供管理决策借鉴。

3. 绩效评价流程具有动态性

①绩效评价指标是通过在初始指标中经过相关的方法计算得到的，当组织认为绩效评价指标不再适于当前的知识管理发展水平时，可以从初始指标体系中继续运用专家调查法选择更好的指标加以替换，也可以直接对指标体系进行增删修改；②绩效评价的权重是动态变化的，在本源评价中，组织可以运用专家咨询和 AHP 相结合的方法重新确定权重，而在本体评价和本旨评价中，权重本身就处于动态状况，当评价对象发生变化时，权重也相应改变；③各种模型与方法不是绝对不变的，组织可以根据需要适当改变模型或跳过某些非必需的流程，如可以不实施权重的敏感性分析；④组织不仅可以通过绩效评价进行科技成果转化知识管理绩效的横向评价，也能进行绩效的纵向评价，即绩效评价结果可以动态更新。

第四章

科技成果转化知识管理绩效的
本源评价

科技成果转化知识管理绩效本源评价的对象是科技成果转化过程中由知识管理投入部分而产生的绩效增量，就某种程度上而言，考察的就是科技成果转化知识管理投入的能力与效率，而反映的则是被评价对象在科技成果转化过程中实施知识管理的知识基础状况。当被评价对象的本源绩效高时，说明其具备了一定的知识管理投入能力，也能由加大知识管理投入生产出相应的绩效成果。

一、科技成果转化知识管理绩效的本源构成

由科技成果转化知识管理绩效形成的机理可知，科技成果转化知识管理绩效的本源由人才维、组织维和知识维三个维度构成。但当我们要评价一个企业或其他主体的科技成果转化知识管理绩效本源时，就需要对这三个维度的本源构成进行更加深入的探究，以得到更为明细和具有可操作性的评价指标。

（一）科技成果转化知识管理绩效本源的人才维

科技成果转化知识管理绩效本源的人才维主要考察组织人力资源的数量、质量和结构三方面。

（1）人才的数量是一个科技成果转化组织人才的总规模和各种人才的储备量，人才是知识创新的主体，是科技成果转化新思想、新观念的来源。参与科技活动的人才越多，在一定程度上显示出科技成果转化组织的人才实力越强。

（2）人才的质量是企业中进行科技成果转化的人才的学识、经验的积累量，一般可通过学力和技能水平来体现，而经验则是在不断的知识创新实践中增长的。

（3）人才的结构指企业实施科技成果转化知识管理的过程中，各种人才比例搭配的科学与协调，主要包括学历结构、专业结构和年龄结构。一般而言，企业需要较多的从事一线科技成果转化活动和管理服务活动的技术人员，而非一线的管理人员则应适当搭配。在一个转化项目团队中，各种知识结构的人才也要科学合理的配置，以达到既不浪费人力资源又高效完成任务的效果。

基于此，对科技成果转化知识管理绩效本源的人才维进行评价的指标初步确定，如表 4.1 所示，其中，C_{11} 和 C_{12} 反映了知识型人才数量的指标；C_{13} 和 C_{14} 反映了人才的学识积累，C_{15} 和 C_{16} 反映了人才的经验积累；C_{17}、C_{18} 和 C_{19} 分别反映了知识型人才群体的学历结构、年龄结构和专业结构。

表 4.1　人才维评价指标

人才 B_1	R&D 人员占科技活动人员比重	C_{11}
	参加科技项目人员占科技活动人员比重	C_{12}
	高级职称人员占成果转化人员比重	C_{13}
	高级技能人才占科技活动人员比重	C_{14}

	已获省部级科技进步奖二等奖以上的人员比重	C_{15}
	成果转化人员中院士和在国内有影响专家比重	C_{16}
人才 B_1	硕士以上学历人员占成果转化人员比重	C_{17}
	有突出贡献中青年专家比重	C_{18}
	成果转化人员专业结构的合理性	C_{19}

（二）科技成果转化知识管理绩效本源的组织维

科技成果转化知识管理绩效本源的组织维主要考察科技成果转化组织实施知识管理的组织结构与机制、资金支持能力和信息化水平。在实现科技成果转化知识管理绩效本源的过程中，转化组织的科学合理的组织结构和组织机制是必需的，强大的经费支持则是开展活动的基础，而信息化水平的高低则与转化组织能否有效实施知识管理密切相关。

（1）组织结构可从不同层面和正式程度进行区分，主要关注企业层面的组织结构科学性、团队层面的知识共享性和非正式的社区层面的知识流动性等。如果在各个不同层面都能有效地组织起知识管理，则企业内部就建立起一个完善的知识型网络，保证科技成果转化知识管理绩效实现。组织机制是在组织结构基础上促进知识管理的文化氛围、激励措施、配置措施等，是科技成果转化知识管理实施的动力源和原动力，为科技成果转化知识管理提供软环境。

（2）资金支持能力则主要体现为对技术的经费支持、对人才的经费支持和对活动的经费支持三个方面，技术、人才与活动是科技成果转化知识管理的主要要素，为它们提供充足的经费支持是知识管理有效开展并获得绩效的保障。

（3）信息化则主要是辅助知识管理活动的开展，如果企业的信息化水平低，则人员之间不能进行有效的知识共享，也不能及时地获取外部知识，企业将处于"信息孤岛"状态，难以实施高效的知识管理。信息化水平主要通过信息与技术平台的建设与利用水平来反映。

考虑到组织结构与机制、资金支持和信息技术平台分别是从三个不同的大层面提供知识管理的支持，它们的重要性都应该是与人才同一层次的论域问题。基于此，对科技成果转化知识管理绩效本源的组织维进行评价的指标初步确定，如表4.2所示。

表4.2　组织维评价指标

组织 B_2	高层领导对知识管理重视程度	C_{21}
	知识管理组织建设状况	C_{22}
	学习型组织建设状况	C_{23}
	技术创新体制机制完善程度	C_{24}
	科技成果转化组织结构网络化与柔性化程度	C_{25}
	知识型团队建设状况	C_{26}
	职工参与科技创新状况	C_{27}
	创新文化建设状况	C_{28}
	企业技术中心建设状况	C_{29}
	知识产权管理组织建设状况	C_{210}
资金 B_3	新产品开发经费支出占科技活动经费支出比重	C_{31}
	R&D经费占主营业务收入比重	C_{32}
	成果转化人员人均培训费支出占人均工资比重	C_{33}
	人均开展国内科技交流与合作项目经费支出	C_{34}
	人均开展国际科技交流与合作项目经费支出	C_{35}
	人均技术成果成交额	C_{36}
	人均吸纳科技成果金额	C_{37}
	科技成果转化信息平台建设经费支出强度	C_{38}
	科技成果转化公共平台建设经费支出强度	C_{39}
信息化 B_4	内外网建设水平	C_{41}
	知识管理流程信息化水平	C_{42}
	科技成果信息系统建设状况	C_{43}
	互联网使用人数比例	C_{44}
	人均电脑拥有量	C_{45}
	拥有国家级、省市级公共平台数量	C_{46}

（三）科技成果转化知识管理绩效本源的知识维

科技成果转化知识管理绩效本源的知识维主要考察企业的知识积累量和信息存量。企业用于支持科技成果转化的知识主要有三种存在方式：一是以动态知识的方式存储于员工头脑中，表现为人才实力；二是存在于专利、专有技术等企业的技术要素中，表现为对技术的主导和占有能力；三是以静态知识的方式存储于企业知识库中，这部分知识只有通过人力资源知识创新加以激活才能为成果转化服务，但它是最重要的知识来源与基础。其中，第一种存储于人才头脑中的知识已经在人才维中反映，在此不再重复。而信息存量对于成果转化企业而言最重要的莫过于客户信息，因此，获取客户信息的网络对于成果转化企业而言也是一项潜在的知识来源。基于此，对科技成果转化知识管理绩效本源的知识维进行评价的指标初步确定，如表4.3所示。

表4.3 知识维评价指标

	企业拥有有效专利权数	C_{51}
	企业拥有有效发明专利权数	C_{52}
知识 B_5	有效客户、市场信息网络	C_{53}
	主导产品关键技术掌握程度	C_{54}
	知识库建设水平	C_{55}

二、基于模糊聚类的绩效本源评价指标体系设计

（一）科技成果转化知识管理绩效本源评价的预选指标

依据科技成果转化知识管理绩效本源构成的分析结果，可以得到科技

成果转化知识管理绩效本源评价的预选指标体系如图4.1所示。

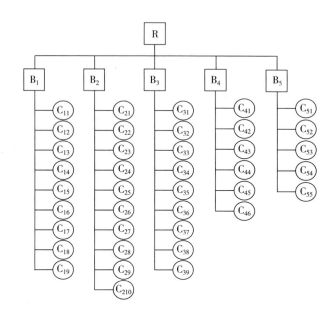

图4.1 本源评价预选指标

预选指标体系的优点体现在：①层次简介清晰，指标分类合理；②指标能系统反映科技成果转化知识管理绩效本源的构成；③定性指标与定量指标相结合，以定量指标为主，数据获取具有可操作性。其有待进一步改进之处体现在：①层次结构过于简单，分类稍显粗糙，可以进一步细化；②底层指标数量过多，应进一步精简；③底层指标隶属于上一层指标的数量过多，需要精简以增加权重的作用；④指标的选择是课题组依据基本原理和逻辑结构得出的，其具体的科学性、合理性等有待通过专家咨询进一步确定。

一般而言，在构建指标体系时要遵循一些基本的准则，包括：①科学性，考虑指标是否符合客观事实，能反映知识管理投入对绩效的贡献；②可比性，考虑指标是否能较好地在不同评价对象间进行对比，反映不同评价对象的差异；③动态持续性，考虑指标是否能反映知识管理发展的动态过程，时间序列上评价结果具有可比性；④可操作性，考虑指标应用于企业与科研院所科技成果转化知识管理绩效评价的可行性和数据的可获取性（郭亚军，2007）。

为此，将指标体系构建准则与专家咨询相结合，利用模糊聚类方法，对初步确定的科技成果转化知识管理绩效本源评价的预选指标体系进一步筛选优化，以保证评价结果的科学与合理。

（二）模糊聚类的基本原理与步骤

聚类分析是数值分类学的一个分支，是研究和处理如何根据观测数据将样本进行分类的数学方法。处理具有模糊性事物的问题，则产生了模糊聚类分析方法。在科技成果转化知识管理绩效本源评价指标体系的筛选中，各专家对评价指标的合理性界定并不是绝对的，具有一定的模糊性，运用模糊数学处理是合理的。应用模糊聚类分析方法的步骤如下：

步骤一：论域表征。

待分类对象作为论域 $U = \{u_1, \cdots, u_i, \cdots, u_m\}$，其中，$u_i$ 由一组专家评分数据来表征，即 $u_i = (x_{i1}, x_{i2}, \cdots, x_{ij}, \cdots, x_{in})$。

步骤二：确定模糊关系。

按照规定的评分标准对各种评价要素指标的合理性进行模糊打分，形成影响因素评分矩阵 $X = (x_{ij})_{m \times n}$。在此基础上，对专家评分矩阵进行数据归一化处理，以计算相关程度系数 U，建立论域 U 上的模糊相似关系矩阵 R。确定相似系数 r_{ij} 的最常用方法是贴近度法。u_i 与 u_j 的贴近度 $r_{ij} = N(x_i, x_j)$。当 N 取距离贴近度时，$r_{ij} = 1 - c \sum_{k=1}^{m} |x_{ik} - x_{jk}|$。

步骤三：计算模糊等价关系矩阵。

该模糊相似关系矩阵 $R = (r_{ij})_{m \times m}$，只满足自反性和对称性而不满足传递性，为了进行模糊聚类分析，对 R 进行布尔乘传递闭包运算，直至 $R^k = R^{2k}(k = 2, 4, \cdots, 2^n)$。取 $R^* = R^k$，为模糊等价关系矩阵，模糊等价关系矩阵 R^* 满足自反性、对称性和传递性。

步骤四：聚类。

对模糊等价关系矩阵 R^* 求其在不同阈值 λ 下的截矩阵，通过 λ 截矩阵分析诸评价指标的相似程度，从而将各评价指标进行聚类。

步骤五：确定最佳阈值 λ。

模糊等价关系矩阵 R^* 在不同阈值 λ 下的截矩阵 $\tilde{R}_λ = λ(r_{ij})$，其中，

$$λ(r_{ij}) = \begin{cases} 1, & 当\ r_{ij} \geqslant λ \\ 0, & 当\ r_{ij} < λ \end{cases} \qquad (4-1)$$

不同的 λ 值会得到不同的截矩阵 $\tilde{R}_λ$，一般情况下，当 λ 由大到小逐渐下降时，分类由细变粗，形成一个动态聚类分析图景（杨保安和张科静，2008）。通过此聚类分析，根据实际问题的需要，选定最佳的 λ 值就可实现对预选指标合理性的主从排序，实现对科技成果转化知识管理绩效本源评价预选指标合理性的评估，进而对预选指标体系进行精简优化。

（三）科技成果转化知识管理绩效本源评价的指标体系确立

1. 预选指标筛选的模糊聚类运算

（1）问题论域的确定。依据科技成果转化知识管理绩效本源评价的预选指标体系，设计预选指标专家筛选的问卷调查如附录所示。问卷中，根据科学性、可比性、动态持续性和可操作性四个准则维度为每个评价指标的反映程度分别设计了"不合理""合理""很合理"三个等级，每一等级相对应的权重分别为3、2、1，请专家按照自身的经验与判断选择其中之一。问卷共发出80份，收回35份，回收率44%，有效问卷30份，有效回收率38%，基本满足调查问卷的回收水平，能用于预选指标体系的筛选。有效问卷的数据形成模糊聚类分析的论域。提供有效问卷的专家来源情况如表4.4所示，专家来源基本能代表各行业、各领域对科技成果转化知识管理绩效本源评价指标的判断，具有一定的普遍性。

（2）模型构造与指标筛选。以科技成果转化知识管理绩效本源评价的人才维指标 B_1 的筛选为例，研究模糊聚类分析模型的构造，科技成果转化知识管理绩效本源评价预选指标的其他维度的分析与此相同。选择科技

成果转化知识管理绩效本源评价预选指标的 9 个指标作为论域 $B_1 = \{C_{11}$, $C_{12}, \cdots, C_{19}\}$，根据调查问卷结果，将每个评价指标中按照科学性、可比性、动态持续性和可操作性四个准则维度，选择"合理程度"各等级进行评分，最后将 30 名专家的打分状况予以累加，即得每个评价指标合理程度的原始评分矩阵，如表 4.5 所示。

表 4.4　专家来源情况

类目	专家情况
所属行业	制造业企业 12 人，采矿业企业 5 人，建筑业企业 3 人，金融业企业 4 人，研究机构 3 人，高校 2 人，服务业企业 1 人
所有制形式	国营单位 11 人，有限公司 15 人，私营企业 3 人，外商合资企业 1 人
所处地域	为保证数据获取的可行性，所选专家全部来源于黑龙江省有关单位
企业规模	大型企业 13 人，中型企业 8 人，小型企业 4 人，科研单位 5 人
是否开展科技成果转化活动	开展科技成果转化活动单位的专家 23 人，没有开展科技成果转化活动单位的专家 7 人
是否开展知识管理活动	开展知识管理活动单位的专家 8 人，没有开展知识管理活动单位的专家 22 人。但经过进一步了解，虽然有些单位没有直接开展知识管理活动，但基本都有研发部门、知识产权管理部门、成果管理部门、人力资源管理部门、培训部门等，具有知识管理活动的相似性质
专家所在部门	行政部门 5 人，研究开发及运营部门 13 人，销售部门 6 人，其他部门 6 人
专家是否了解知识管理	全部（30 名）专家了解知识管理的相关知识

表 4.5　原始评分矩阵

标准 指标	科学性			可比性			动态性			可持续性		
	很合理	合理	不合理	很合理	合理	不合理	很合理	合理	不合理	很合理	合理	不合理
C_{11}	22	7	1	20	8	2	23	7	0	26	3	1
C_{12}	10	12	8	12	11	7	20	5	5	18	10	2
C_{13}	20	6	4	19	10	1	18	10	2	14	6	10
C_{14}	21	7	2	22	8	0	25	5	0	24	5	1

续表

指标\标准	科学性			可比性			动态性			可持续性		
	很合理	合理	不合理	很合理	合理	不合理	很合理	合理	不合理	很合理	合理	不合理
C_{15}	11	10	9	13	6	11	18	8	4	11	11	8
C_{16}	20	9	1	23	6	1	22	5	3	25	3	2
C_{17}	21	5	4	22	4	4	27	3	0	28	1	1
C_{18}	20	5	5	10	10	10	15	10	5	14	8	8
C_{19}	23	7	0	20	6	4	28	2	0	27	1	2

对原始评分矩阵乘上权重矩阵后进行归一化处理，得到标准评分矩阵 $Y = (y_{ij})_{m \times n}$。根据公式 $r_{ij} = 1 - c \sum_{k=1}^{m} |y_{ik} - y_{jk}|$，取 $c = 0.2$，计算论域中元素之间的相似度，再进行标准化即可建立模糊相似关系矩阵 $R = (r_{ij})_{m \times m}$，如式（4 - 2）所示。

对科技成果转化知识管理绩效本源评价人才维度预选指标的模糊相似关系矩阵进行布尔乘传递闭包运算，经过4步传递计算求得模糊等价关系矩阵，结果如式（4 - 3）所示。

$$R = \begin{bmatrix} 1.00 & 0.96 & 0.97 & 0.99 & 0.95 & 0.99 & 0.98 & 0.96 & 0.99 \\ 0.96 & 1.00 & 0.97 & 0.96 & 0.98 & 0.96 & 0.95 & 0.97 & 0.95 \\ 0.97 & 0.97 & 1.00 & 0.97 & 0.97 & 0.97 & 0.96 & 0.98 & 0.96 \\ 0.99 & 0.96 & 0.97 & 1.00 & 0.95 & 0.99 & 0.99 & 0.96 & 0.98 \\ 0.95 & 0.98 & 0.97 & 0.95 & 1.00 & 0.96 & 0.94 & 0.98 & 0.94 \\ 0.99 & 0.96 & 0.97 & 0.99 & 0.96 & 1.00 & 0.96 & 0.96 & 0.98 \\ 0.98 & 0.95 & 0.96 & 0.99 & 0.94 & 0.98 & 1.00 & 0.95 & 0.99 \\ 0.96 & 0.97 & 0.98 & 0.96 & 0.98 & 0.96 & 0.95 & 1.00 & 0.95 \\ 0.99 & 0.95 & 0.96 & 0.98 & 0.94 & 0.98 & 0.99 & 0.95 & 1.00 \end{bmatrix}$$

$$(4 - 2)$$

$$R^* = \begin{bmatrix} 1.00 & 0.97 & 0.97 & 0.99 & 0.97 & 0.99 & 0.99 & 0.97 & 0.99 \\ 0.97 & 1.00 & 0.98 & 0.97 & 0.98 & 0.97 & 0.97 & 0.98 & 0.97 \\ 0.97 & 0.98 & 1.00 & 0.97 & 0.98 & 0.97 & 0.97 & 0.98 & 0.97 \\ 0.99 & 0.97 & 0.97 & 1.00 & 0.97 & 0.99 & 0.99 & 0.97 & 0.99 \\ 0.97 & 0.98 & 0.98 & 0.97 & 1.00 & 0.97 & 0.97 & 0.98 & 0.97 \\ 0.99 & 0.97 & 0.97 & 0.99 & 0.97 & 1.00 & 0.99 & 0.97 & 0.99 \\ 0.99 & 0.97 & 0.97 & 0.99 & 0.97 & 0.99 & 1.00 & 0.97 & 0.99 \\ 0.97 & 0.98 & 0.98 & 0.97 & 0.98 & 0.97 & 0.97 & 1.00 & 0.97 \\ 0.99 & 0.97 & 0.97 & 0.99 & 0.97 & 0.99 & 0.99 & 0.97 & 1.00 \end{bmatrix}$$

$$(4-3)$$

经过 Matlab 程序循环计算,对于 λ 值从 0.97 到 1.00 的不同聚类,可形成动态聚类分析图,如图 4.2 所示。

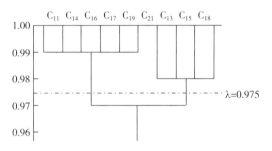

图 4.2 聚类分析

当 λ 值取 0.975 时,人才维的 9 个指标可以分为两类。按照如下公式计算各类的分值:

$$l_i = \frac{\sum\limits_j k_{ij} h_{ij}}{24}, \quad q = \frac{\sum l_i}{n} \tag{4-4}$$

式中,k 为各指标合理性调查的得分;h 为各指标合理性的权重;n 为该类中指标的个数;q 为该类的得分。聚类分析结果如表 4.6 所示,选择 R&D 人员占科技活动人员比重 C_{11}、高级技能人才占科技活动人员比重

C_{14}、成果转化人员中院士和在国内有影响专家比重 C_{16}、硕士以上学历人员占成果转化人员比重 C_{17}、成果转化人员专业结构的合理性 C_{19} 5 个指标作为科技成果转化知识管理绩效本源评价人才维度的最终指标。

表 4.6 人才维度预选指标的筛选结果

维度	分类	指标		l	q	筛选
人才 B_1	第一类	R&D 人员占科技活动人员比重	C_{11}	0.45	0.456	选择
		高级技能人才占科技活动人员比重	C_{14}	0.46		
		成果转化人员中院士和在国内有影响专家比重	C_{16}	0.45		
		硕士以上学历人员占成果转化人员比重	C_{17}	0.46		
		成果转化人员专业结构的合理性	C_{19}	0.46		
	第二类	参加科技项目人员占科技活动人员比重	C_{12}	0.39	0.385	放弃
		高级职称人员占成果转化人员比重	C_{13}	0.41		
		已获省部级科技进步奖二等奖以上的人员比重	C_{15}	0.36		
		有突出贡献中青年专家比重	C_{18}	0.38		

2. 指标体系确定与指标含义分析

按照上述原理和步骤，即可对科技成果转化知识管理绩效本源评价预选指标体系的其他维度指标进行模糊聚类研究，给出其合理性排序，选取聚类结果中合理性得分较大的类别指标作为最终评价指标，科技成果转化知识管理绩效本源评价指标体系如图 4.3 所示。

定量指标的内涵及计算公式如下：

（1）R&D 人员占科技活动人员比重（%）。反映科技活动人员中直接参与研究开发的人员的比例，该比例越大，研发人员投入能力越强，研发效率相对要越高。

$$R\&D \text{ 人员占科技活动人员比重} = \frac{R\&D \text{ 人员数量}}{\text{科技活动人员数量}} \times 100\% \qquad (4-5)$$

（2）高级技能人才占科技活动人员比重（%）。反映科技活动人员中拥有高级技能的人员所占的比例，该比例越大，参与科技成果转化的高级人才越多，实施知识管理的效果将越好。

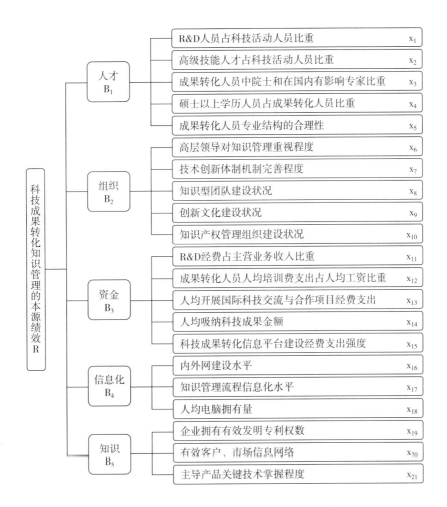

图 4.3　科技成果转化知识管理绩效本源评价指标体系

$$高级技能人才占科技活动人员比重 = \frac{高级技能人才数量}{科技活动人员数量} \times 100\%$$

$$(4-6)$$

（3）成果转化人员中院士和在国内有影响专家比重（％）。反映参与科技成果转化活动的人员中掌握顶尖、高级技术的人才所占的比重，这部分人才对于科技成果转化过程中的技术攻关和团队凝聚具有重要作用，比例越大，成果转化人才投入水平越高。

成果转化人员中院士和国内有影响专家比重 $= \dfrac{院士和国内有影响专家数量}{成果转化人员数量} \times$
100% （4 – 7）

（4）硕士以上学历人员占成果转化人员比重。反映参与科技成果转化活动人员的平均素质，硕士以上学历人员越多，成果转化人员平均素质越高，对科技成果转化知识管理的投入能力越强，科技成果转化知识管理本源绩效越高。

硕士以上学历人员占成果转化人员比重 $= \dfrac{硕士及以上学历人员数量}{成果转化人员数量} \times$
100% （4 – 8）

（5）R&D 经费占主营业务收入比重。主营业务收入中企业用于 R&D 支出的投入比例，反映企业重视与支持 R&D、提升科技成果转化知识管理投入能力的程度。

$$R\&D \ 经费占主营业务收入比重 = \dfrac{R\&D \ 经费}{主营业务收入} \times 100\% \qquad （4 – 9）$$

（6）成果转化人员人均培训费支出占人均工资比重。反映企业支持科技成果转化人员进行再学习、再培训的力度，是科技成果转化人员进行知识更新与创新所需的基本投入。比例越大，说明企业越重视人才的开发与培养。

成果转化人员人均培训费支出占人均工资比重 $= \dfrac{人均培训费支出}{人均工资} \times$
100% （4 – 10）

（7）人均开展国际科技交流与合作项目经费支出（万元/人）。反映企业学习国外先进技术和知识以及进行技术合作的力度，经费支出越多，说明企业技术、知识共享的国际化水平越高，成果转化知识管理的支持力度越强。

人均开展国际科技交流与合作项目经费支出 $= \dfrac{国际科技交流与合作项目经费}{科技活动人员}$
（4 – 11）

（8）人均吸纳科技成果金额（万元/人）。反映企业对技术和知识引进的资金投入力度，人均吸纳科技成果金额越高，科技成果拥有量越多，转化投入能力越强，知识学习与共享能力越强。

$$人均吸纳科技成果金额 = \frac{吸纳科技成果金额}{科技活动人员} \qquad (4-12)$$

（9）科技成果转化信息平台建设经费支出强度。反映企业对信息平台建设的重视程度和投入力度，对成果转化知识管理具有重要的支持作用。强度越大，对成果转化知识管理的支持力度越强。

$$科技成果转化信息平台建设经费支持强度 = \frac{信息平台建设经费}{科技活动经费支出} \times$$

$$100\% \qquad (4-13)$$

（10）人均电脑拥有量（台/人）。反映科技成果转化人员的知识沟通交流与信息化水平，电脑拥有量越多，说明成果转化人员信息化普及率越高，成果转化知识管理投入能力越强。

$$人均电脑拥有量 = \frac{电脑拥有量}{科技活动人员数量} \qquad (4-14)$$

（11）企业拥有有效发明专利权数（项）。反映企业以有效发明专利形式储存的显性知识的数量，有效发明专利越多，企业掌握的先进技术和知识越多，可转化的成果越多，转化能力越强。该项指标数据可直接从企业的统计资料中获得。

定性指标的内涵及评分标准如附录所示。采用五级打分法进行评分，分别对应 0.1、0.3、0.5、0.7、0.9 五个分值等级，这同时也将作为定量指标模糊化和评价结果反模糊化的标准。而在将指标数据标准化后，将标准化数据区间等阶段划分，是符合科学性的。

三、科技成果转化知识管理绩效本源评价的
权重确定

在多属性决策评价中，指标属性在评价问题中并非同等重要，因此需

要确定指标属性的相对重要性。通常，我们采用基数型标度来表示属性的相对重要度，即权重。权重是指标重要性的度量，权重确定或权数分配在评价方案选择过程中是一个重要问题。

（一）确权方法的比较

确定权重的方法很多，但基本上可分为主观赋权法和客观赋权法两类，如表4.7所示。主观赋权法是指依据经验和需求主观确定权重，因此，又被称为功能驱动赋权法。在赋权的过程中充分发挥专家作用，利用专家的经验和知识确定权数。客观赋权法是指通过科学的方法对客观资料进行整理、计算、分析而得到权重，避免人为因素和主观因素的影响。一般而言，客观赋权法的基本思想是"权重系数应当是各个指标在指标总体中的变异程度和对其他指标影响程度的度量，赋权的原始信息应当直接来源于客观环境，可根据各指标所提供的信息量的大小来决定相应指标的权重"，因此，又被称为差异驱动赋权法（郭亚军，2007）。

表 4.7　赋权方法的分类比较

分类	方法	方法举例及特点
主观赋权法	直接赋值法	Direce - Ratio 法。决策者直接比较指标对，并给出相对重要性
	间接赋值法	Trade - off 和 Swing 法。决策者直接比较指标对，并给出相对重要性
	层次法	Satty 的层次分析法、特征向量法和 ANP 等。决策者给出指标的两两比较矩阵，通过特征向量拟合给出相对重要性
	最小二乘法	基于互逆矩阵反映专家判断的重要程度
客观赋权法	多目标优化模型	拉开档次法、逼近理想点法、均方差、极差法等。根据决策矩阵的客观数据确定权重，不考虑决策者的主观判断信息
	熵值法	根据决策矩阵的客观数据，利用信息熵的含量确定权重

注：郭亚军. 综合评价理论、方法及应用［M］. 北京：科学出版社，2007.

对于不同要求的综合评价问题，两大类赋权方法各有优势和劣势：主观赋权法虽然反映了评价者的主观判断和功能需求，但在评价结果或排序中可能产生一定的主观随意性，即可能受到评价者知识或经验缺乏的影响；客观赋权法虽然通常利用比较完善的数学理论与方法，但却忽视了决策者的主观信息，而此信息对于经济管理中的评价问题而言，有时是非常重要的。于是有学者提出，采用主客观相结合的赋权方法，使所确定的权重系数能同时体现主观信息和客观信息，但在结合主客观权重时，要确定主观信息和客观信息的相对重要性问题，这又是一个主观赋权问题，因此，主客观相结合的赋权方法有时不能减少反而增加了主观赋权法的主观性，而且存在操作麻烦的问题（杜栋等，2008）。

在主观赋权方法中，普遍使用的是层次分析法（AHP），相对于直接赋权法和间接赋权法，层次分析法考虑了更多的指标比较信息，能更科学准确地反映专家知识；相对于最小二乘法，层次分析法具有操作简单、理论成熟、可检验一致性等优势（余敬华等，2017）。在客观赋权方法中，常用的是熵值法，利用信息熵伪属性代替原始数据既反映了评价对象指标数据的差异性，又能模糊一些极小差异，使评价结果对权重有一个合适的敏感性区间，适合现实中的排序决策问题，使排序结果稳定但又不失灵敏（喻登科等，2012）。

主观赋权法还是客观赋权法的选择，除了考虑具体评价问题的需求外，有时还要考虑确权方法与所选用的评价方法的匹配性。例如，采用模糊数计算的评价方法由于没有给定一个准确的指标值，不适合采用客观赋权法；而如果已经获取了准确的指标原始数据，如果选用主观评价法，则要进行问卷调查或专家咨询，相对客观赋权法增加大量的工作量。而一旦确定选择某类赋权法，则大多数时候应该选择比较常用的方法，因为该类方法一般而言都是理论成熟、计算简洁，具有科学性和合理性，容易赢得决策者的认可。

由于科技成果转化知识管理绩效本源评价选择模糊综合评判方法实施，运算过程采用模糊数计算，不适合采用客观赋权法计算权重，因此，选择 AHP 方法作为本阶段评价的权重确定方法，是符合逻辑要求的。

（二）AHP 的基本原理与步骤

1. 基本原理

假定有 m 个物体，其质量分别为 w_1，w_2，$\cdots$，w_n（不妨假定 $\sum_{j=1}^{m} w_j = 1$），在没有任何仪器的情况下，可通过如下方法确定出 w_j 的值。将 m 个物体的质量进行两两比较判断，比较判断结果写成矩阵形式如下：

$$A = \begin{bmatrix} \dfrac{w_1}{w_1} & \dfrac{w_1}{w_2} & \cdots & \dfrac{w_1}{w_m} \\[2ex] \dfrac{w_2}{w_1} & \dfrac{w_2}{w_2} & \cdots & \dfrac{w_2}{w_m} \\[1ex] \vdots & \vdots & \vdots & \vdots \\[1ex] \dfrac{w_m}{w_1} & \dfrac{w_m}{w_2} & \cdots & \dfrac{w_m}{w_m} \end{bmatrix} = A(a_{ij}) \qquad (4-15)$$

若用质量向量 $w = (w_1 \quad w_2 \quad \cdots \quad w_m)^T$ 右乘判断矩阵 A，则得矩阵 A 的特征方程 $Aw = mw$，通过求解特征值，即得 m 个物体的质量 w_j。

按照此思路，若将 m 个指标关于某个评价目标的重要性程度做两两比较判断矩阵，求 A 的与特征值 m 相对应的特征向量 w，并将其归一化即为评价指标的权重系数。美国匹兹堡大学教授 Satty（2008）正是基于上述原理，在 20 世纪 70 年代初提出了层次分析法（Analytical Hierarchy Process, AHP）。

2. 主要步骤

（1）标度与问卷的设计。先要确定两两判断矩阵采用的标度，一般采用 9 级标度法，如表 4.8 所示。然后根据分级比例标度设计调查问卷，得到专家的两两判断矩阵。在科技成果转化知识管理绩效本源评价过程中，确权专家即为指标筛选的 30 名专家，有利于保持专家逻辑思路的一致性。问卷调查表见附录。

表4.8 分级比例标度

赋值（x_i / x_j）	说明
1	表示指标 x_i 与指标 x_j 相比，具有同样重要性
3	表示指标 x_i 与指标 x_j 相比，指标 x_i 比指标 x_j 稍微重要
5	表示指标 x_i 与指标 x_j 相比，指标 x_i 比指标 x_j 明显重要
7	表示指标 x_i 与指标 x_j 相比，指标 x_i 比指标 x_j 强烈重要
9	表示指标 x_i 与指标 x_j 相比，指标 x_i 比指标 x_j 极端重要
2，4，6，8	对应以上两相邻判断的中间情况
倒数	若指标 x_i 与指标 x_j 比较需判断 a_{ij}，则指标 x_j 与指标 x_i 比较需判断为 $a_{ji} = 1/a_{ij}$

（2）权重的计算。两两判断矩阵最大特征值对应的特征向量可以直接借助 Matlab 等数学软件求解，也可采用以下两种方法简便地解得，这两种方法的结果在实际应用中权重结果有细微差异（Bhushan & Kanwal，2004）。

1）乘积方根法。设 m 阶判断矩阵为：

$$A = \begin{bmatrix} a_{11} & a_{12} & \cdots & a_{1m} \\ a_{21} & a_{22} & \cdots & a_{2m} \\ \vdots & \vdots & \vdots & \vdots \\ a_{m1} & a_{m2} & \cdots & a_{mm} \end{bmatrix} \tag{4-16}$$

先按行将各元素连乘并开 m 次方，即求各行元素的几何平均值：

$$b_i = \left(\prod_{j=1}^{m} a_{ij} \right)^{\frac{1}{m}} \quad (i=1, 2, \cdots, m) \tag{4-17}$$

再把 b_i 归一化，求得指标 x_i 的权重系数：

$$w_i = \frac{b_i}{\sum_{i=1}^{m} b_i} \quad (i=1, 2, \cdots, m) \tag{4-18}$$

2）列和求逆法。设 m 阶两两判断矩阵如式（4-16）所示，将判断矩阵的第 j 列元素相加，并取倒数：

$$c_j = \frac{1}{\sum\limits_{i=1}^{m} a_{ij}} \quad (j = 1, 2, \cdots, m) \tag{4-19}$$

将 c_j 归一化后即得指标 x_j 的权重系数：

$$w_j = \frac{c_j}{\sum\limits_{j=1}^{m} c_j} \quad (j = 1, 2, \cdots, m) \tag{4-20}$$

（3）最大特征值的近似计算。可采用以下近似的计算找出最大特征值，以进行下一步骤的一致性检验：

$$\lambda_{max} = \frac{1}{m} \sum_{i=1}^{m} \frac{\sum\limits_{j=1}^{m} a_{ij} w_j}{w_i} \tag{4-21}$$

（4）一致性检验。衡量不一致程度的数量指标称为一致性指标 C. I.，平均随机一致性指标 R. I.，如表 4.9 所示。

$$C.I. = \frac{\lambda_{max} - m}{m - 1} \tag{4-22}$$

表 4.9　平均随机一致性指标

m	2	3	4	5	6	7	8	9	10
R. I.	0	0.5149	0.8931	1.1185	1.2494	1.3450	1.4200	1.4616	1.4874

定义随机一致性比率为 C. R.，当 $C.R. = \dfrac{C.I.}{R.I.} < 0.10$ 时，认为两两判断矩阵有可接受的不一致性，否则需要修正判断矩阵。

（5）群组专家的权重综合（Dey，2003）。

1）计算群组综合权向量的几何平均值。计算 W'_{JK} 为 S 位专家对目标层的某个指标赋予的权重的几何平均值：

$$W'_j = \sqrt[S]{\prod_{K=1}^{S} W_{JK}} \tag{4-23}$$

2）对几何平均值进行归一化处理，这样就得到由 W_j 组成的综合权重：

$$W_j = \frac{W'_j}{\sum\limits_{j=1}^{n} W'_j}$$

$(4-24)$

3）计算群组判断的标准差。对于得到的目标层每个指标的专家群组判断，要进行一致性检验，即计算总体标准差。当 $\sigma_j < \varepsilon$（本书设定为10%）时，则认为该群组判断是可以接受的。

$$\sigma_j = \sqrt{\frac{1}{(s-1)} \cdot (W_{jK} - W'_j)^2}$$

$(4-25)$

（三）指标权重的确定

仍以科技成果转化知识管理绩效本源评价的人才维指标为例说明利用 AHP 方法计算指标权重的过程。人才维共含 5 项指标，经过某专家的评判，得到两两判断矩阵如下：

$$
\begin{array}{r}
\\
\text{R\&D 人员占科技人员比重} \ x_1 \\
\text{高级技能人才占科技活动人员比重} \ x_2 \\
\text{成果转化人员中院士与国内有影响专家比重} \ x_3 \\
\text{硕士以上学历人员占成果转化人员比重} \ x_4 \\
\text{成果转化人员专业结构的合理性} \ x_5
\end{array}
\begin{array}{ccccc}
x_1 & x_2 & x_3 & x_4 & x_5 \\
1 & 3 & 4 & 2 & 1/2 \\
1/3 & 1 & 2 & 1/2 & 1/3 \\
1/4 & 1/2 & 1 & 1/3 & 1/4 \\
1/2 & 2 & 3 & 1 & 1/3 \\
2 & 3 & 4 & 3 & 1
\end{array}
$$

$(4-26)$

采用列和求逆法计算权重，先计算行几何平均值：

$$b_1 = \sqrt[5]{1 \times 3 \times 4 \times 2 \times \frac{1}{2}} = 1.64 \; ; \quad b_2 = \sqrt[5]{\frac{1}{3} \times 1 \times 2 \times \frac{1}{2} \times \frac{1}{3}} = 0.64$$

$$b_3 = \sqrt[5]{\frac{1}{4} \times \frac{1}{2} \times 1 \times \frac{1}{3} \times \frac{1}{4}} = 0.40 \; ; \quad b_4 = \sqrt[5]{\frac{1}{2} \times 2 \times 3 \times 1 \times \frac{1}{3}} = 1.00$$

$$b_5 = \sqrt[5]{2 \times 3 \times 4 \times 3 \times 1} = 2.35$$

进而进行归一化，得到某专家对人才维 5 个评价指标判断的权重为：

$$w_1 = \frac{b_1}{\sum\limits_{i=1}^{5} b_i} = \frac{1.64}{6.04} = 0.27 \; ; \; w_2 = \frac{b_2}{\sum\limits_{i=1}^{5} b_i} = \frac{0.64}{6.04} = 0.11$$

$$w_3 = \frac{b_3}{\sum\limits_{i=1}^{5} b_i} = \frac{0.40}{6.04} = 0.07 \; ; \; w_4 = \frac{b_4}{\sum\limits_{i=1}^{5} b_i} = \frac{1.00}{6.04} = 0.17$$

$$w_5 = \frac{b_5}{\sum\limits_{i=1}^{5} b_i} = \frac{2.35}{6.04} = 0.39$$

计算近似最大特征值：$\lambda_{max} = \dfrac{1}{m} \sum\limits_{i=1}^{m} \dfrac{\sum\limits_{j=1}^{m} a_{ij} w_j}{w_i} = 5.11$

一致性指标：$C.I. = \dfrac{\lambda_{max} - m}{m-1} = \dfrac{5.11-5}{5-1} = 0.0275$

随机一致性比率：$C.R. = \dfrac{C.I.}{R.I.} = \dfrac{0.0275}{1.1185} = 0.02 < 0.10$，通过一致性检验。

同样，可依据其他 29 名专家的判断矩阵计算人才维各指标的权重及其一致性指标，如表 4.10 所示。表中显示，所有专家的判断矩阵均通过了一致性检验，可用于群组专家的权重综合。

对 30 名专家的权重求几何平均值，得到各专家人才维各指标的综合权重为 w = [0.268 0.109 0.070 0.168 0.385]。进而可求得各指标在 30 名专家权重的总体标准差向量为 σ = [0.009 0.005 0.003 0.006 0.012]。由此可知，30 名专家在对各指标的两两判断矩阵上的分歧是非常小的，人才维的综合权重可以作为最终权重应用于科技成果转化知识管理绩效本源评价的实证分析。

依照同样步骤，求得科技成果转化知识管理绩效本源评价指标体系中各指标的权重如表 4.11 所示。为了适应绩效本源评价的模糊综合评判方法，表中给出的权重为相对权重，没有进行权重的层次间传递计算，各部分的权重和为 1。

表 4.10　29 名专家人才维指标的权重及一致性指标

专家	权重	最大特征值	C. I.	C. R.
2	[0.28，0.11，0.07，0.17，0.37]	5.17	0.0427	0.04
3	[0.27，0.11，0.07，0.17，0.38]	5.08	0.0209	0.02
4	[0.25，0.11，0.07，0.16，0.41]	5.16	0.0404	0.04
5	[0.27，0.11，0.07，0.17，0.38]	5.14	0.0349	0.03
6	[0.27，0.10，0.07，0.17，0.40]	5.16	0.0396	0.04
7	[0.27，0.12，0.07，0.16，0.38]	5.12	0.0298	0.03
8	[0.28，0.10，0.07，0.16，0.38]	5.10	0.0238	0.02
9	[0.27，0.10，0.06，0.17，0.39]	5.05	0.0126	0.01
10	[0.26，0.11，0.07，0.17，0.40]	5.18	0.0446	0.04
11	[0.26，0.10，0.07，0.17，0.40]	5.09	0.0231	0.02
12	[0.27，0.12，0.07，0.18，0.36]	5.11	0.0278	0.02
13	[0.26，0.12，0.08，0.17，0.37]	5.13	0.0328	0.03
14	[0.27，0.11，0.07，0.17，0.37]	5.05	0.0131	0.01
15	[0.27，0.11，0.07，0.17，0.38]	5.10	0.0258	0.02
16	[0.25，0.11，0.06，0.17，0.41]	5.19	0.0463	0.04
17	[0.27，0.11，0.06，0.16，0.40]	5.15	0.0387	0.03
18	[0.28，0.11，0.07，0.17，0.38]	5.03	0.0066	0.01
19	[0.26，0.11，0.07，0.17，0.38]	5.12	0.0292	0.03
20	[0.27，0.11，0.07，0.16，0.39]	5.09	0.0215	0.02
21	[0.28，0.11，0.07，0.17，0.37]	5.13	0.0331	0.03
22	[0.27，0.11，0.07，0.16，0.38]	5.05	0.0134	0.01
23	[0.28，0.11，0.07，0.16，0.39]	5.07	0.0174	0.02
24	[0.26，0.11，0.07，0.16，0.40]	5.04	0.0099	0.01
25	[0.27，0.10，0.07，0.17，0.39]	5.19	0.0483	0.04
26	[0.28，0.11，0.07，0.16，0.38]	5.03	0.0076	0.01
27	[0.28，0.11，0.07，0.16，0.38]	5.09	0.0225	0.02
28	[0.27，0.11，0.07，0.18，0.37]	5.11	0.0270	0.02
29	[0.26，0.12，0.07，0.18，0.38]	5.10	0.0261	0.02
30	[0.26，0.11，0.07，0.17，0.40]	5.12	0.0289	0.03

表4.11 科技成果转化知识管理绩效本源评价指标体系各指标权重

对应关系	x→B₁						x→B₂					
符号	w_1	w_2	w_3	w_4	w_5	Sum	w_6	w_7	w_8	w_9	w_{10}	Sum
权重	0.268	0.109	0.070	0.168	0.385	1.000	0.301	0.204	0.167	0.256	0.072	1.000

对应关系	x→B₃						x→B₄			
符号	w_{11}	w_{12}	w_{13}	w_{14}	w_{15}	Sum	w_{16}	w_{17}	w_{18}	Sum
权重	0.286	0.172	0.128	0.242	0.172	1.000	0.352	0.447	0.201	1.000

对应关系	x→B₅				B→A					
符号	w_{19}	w_{20}	w_{21}	Sum	$\acute{\omega}_1$	$\acute{\omega}_2$	$\acute{\omega}_3$	$\acute{\omega}_4$	$\acute{\omega}_5$	Sum
权重	0.400	0.300	0.300	1.000	0.278	0.222	0.222	0.111	0.167	1.000

四、基于改进模糊综合评判方法的绩效本源评价

由于科技成果转化知识管理绩效本源评价指标体系中包含11项定量指标和10项定性指标，定性指标占比近50%，如果将定性指标定量化，将出现很大困难而且使评价结果出现较大误差。因此，选用模糊综合评判方法采用模糊数学原理进行指标的综合计算，更具有科学性和精确性。而且，模糊综合评判方法理论成熟、计算简单，相对于其他模糊数学方法更具有优势。

（一）模糊综合评判方法的基本原理及改进

1. 模糊综合评判方法的基本原理

模糊综合评判作为模糊数学的一种具体应用方法，最早由我国学者王培庄（1983）提出。其基本原理是：先确定被评判对象的因素集和评价集；再分别确定各个因素的权重及它们的隶属度向量，获得模糊评判矩

阵；最后把模糊评判矩阵与因素的权向量进行模糊运算并进行归一化，得到模糊评价综合结果。评判过程是由着眼因素和评语构成的二要素系统。其基本步骤包括（张继国，2007）：

（1）确定评价因素和评价等级。$U = \{u_1, u_2, \cdots, u_m\}$ 为刻画被评价对象的 m 个评价指标，$V = \{v_1, v_2, \cdots, v_n\}$ 为刻画每一评价指标所处状态的 n 个评价等级。n 为评语的个数，一般划分为 3 ~ 5 个等级。

（2）构建评判矩阵和确定权重。对单个指标 u_i（$i = 1, 2, \cdots, m$）作单因素评判，从 u_i 着眼该指标对评价等级 v_j（$j = 1, 2, \cdots, n$）的隶属度为 r_{ij}，这样就得到第 i 个指标 u_i 的单因素评判集 $r_i = (r_{i1}, r_{i2}, \cdots, r_{in})$。m 个评价指标就能构造出一个总的评价矩阵 R。即每一个被评价对象确定了从 U 到 V 的模糊关系 R，用矩阵表示为：

$$R = (r_{ij})_{m \times n} = \begin{bmatrix} r_{11} & r_{12} & \cdots & r_{1n} \\ r_{21} & r_{22} & \cdots & r_{2n} \\ \vdots & \vdots & \vdots & \vdots \\ r_{m1} & r_{m2} & \cdots & r_{mn} \end{bmatrix} \qquad (4-27)$$

式中，r_{ij} 表示指标 u_i 能被评为 v_j 的隶属度。具体而言，r_{ij} 表示第 i 个指标在第 j 个评语上的频率分布，一般将其归一化使之满足 $\sum r_{ij} = 1$。

模糊综合评判的权重可通过主观赋权法中的任意一种方法得到，本书选择层次分析法，设权重向量为 $w = (w_1, w_2, \cdots, w_m)$。

（3）进行模糊合成和作出决策。引入 V 上的一个模糊子集 $B = (b_1, b_2, \cdots, b_n)$ 作为决策集。其中，$B = A * R$，$*$ 为模糊算子，该模糊合成过程一般称为模糊变换。如果评判结果 $\sum b_j \neq 1$，应将它归一化。b_j 表示被评价对象具有评语 v_j 的程度。各个评判指标具体反映了评判对象在所评判的特征方面的分布状态，使决策者对评判对象有更深入的了解，并能做各种灵活的处理。一般可选择最大的 b_j 所对应的等级 v_j 作为综合评判的结果。

2. 模糊综合评判方法的改进

传统意义上的模糊综合评判方法只能解决模糊数据合成问题，但科技成果转化知识管理绩效本源评价指标体系中，不仅有定性指标，也有较多定量指标，如何将定量指标转化成模糊数来综合集成，需要做一些改进。又由于本书的目标是实现科技成果转化知识管理绩效的评价，而本源评价只是其中的一个中间过程，其评价结果输出将作为后续综合评价的输入，因此，在本源评价阶段需要能给出各被评价对象的具体评价结果，而非传统模糊综合评判方法中的决策，这就涉及将模糊评价结果转化为精确值的计算。据此，对模糊综合评判方法的改进主要分为以下两个部分：

（1）定量指标的模糊化。基本思路是为各指标找到符合科学根据的满意值和最差值，然后将最差值和满意值之间的区间按平均分为 5 个等份（从小到大的区间依次为 [0, 0.2]、[0.2, 0.4]、[0.4, 0.6]、[0.6, 0.8]、[0.8, 1]，其对应的分值依次为 0.1、0.3、0.5、0.7、0.9），当某评价对象的指标值落在某一等分内时，取该等分的均值作为该指标的等级，其隶属度为 1，其余等级的隶属度为 0。由于本书实施的科技成果转化知识管理绩效评价的主要对象是企业，而各指标的数值随着企业所属行业、规模等不同将呈现出较大差别，很难为各定量指标确定出满意值和最差值的标准。因此，具体实施评价时采取的方案是以被评价对象中定量指标的最大值作为满意值，以被评价对象中该指标的最小值作为最差值，从而实现评语的区间划分，将定量指标值归类到某一评语集下，确定出隶属度。

（2）评价结果的解模糊化。就是将模糊子集 B 按照隶属度和对应等级的分值进行综合。本书将评语分为 5 个等级，评价结果 B = （b_1, b_2, b_3, b_4, b_5），则最终评价结果为：RP = b_1 × 0.1 + b_2 × 0.3 + b_3 × 0.5 + b_4 × 0.7 + b_5 × 0.9，实现了评价结果由模糊数向确定数转化的解模糊化。

（二）科技成果转化知识管理绩效本源评价的实证

1. 样本选择与数据获取

（1）样本选择。在黑龙江省科学技术厅的合作与帮助下，笔者对黑龙江省 12 家大中型进行了调研，这 12 家单位跨越了黑龙江省的主要行业领域，并且基本上都是拥有研究开发部门的单位，在科技成果转化方面取得较大成绩，也开展了一些知识管理活动，对它们实施科技成果转化知识管理绩效本源评价具有一定的普遍性和可比性。12 家企业的名单及其基本情况如表 4.12 所示。

表 4.12　12 家样本企业

企业编号	样本企业	行业	是否开展科技成果转化活动	是否开展知识管理活动
A	黑龙江沃尔德电缆有限公司	制造业	是	是
B	齐齐哈尔二机床（集团）有限责任公司	制造业	是	是
C	哈尔滨电机厂交直流电机有限责任公司	制造业	是	是
D	哈尔滨九州电器股份有限公司	制造业	是	是
E	鸡西煤矿机械有限公司	制造业	是	是
F	东北轻合金有限责任公司	机械加工	是	是
G	汉枫缓释肥料（黑龙江）有限公司	制造业	是	是
H	中粮生化能源（肇东）有限公司	能源	是	是
I	哈尔滨东安发动机（集团）有限公司	航空	否	是
J	牡丹江富通汽车空调有限公司	制造业	是	是
K	七台河宝泰隆煤化工股份有限公司	能源	是	是
L	齐重数控装备股份有限公司	制造业	是	是

（2）数据获取。通过黑龙江省科学技术厅的帮助，2009 年，向 30 家单位下发了调查问卷，见附录。其中有效收回的单位 12 家。对于定量指标，主要是由各样本企业的统计部门和各分管部门共同协调完成。对于 10 个定性指标数据，每家样本企业选出 5 名专家填写完成，这 5 名专家是由样本企业自身决定的。通过对问卷调查的数据进行整理加工，得到 12 家样本企业的科技成果转化知识管理绩效本源评价的指标值见附录 B 表 1 和附录 B 表 2 所示。其中表 1 中的最大值和最小值用于定量指标数据的模糊化处理，表 2 中定性指标的隶属度经过了归一化预处理。

2. 实证计算

（1）确定定量指标的模糊隶属度。根据定量指标的模糊化原理，按照附录 B 表 1 中的定量指标数据和模糊区间，计算得到定量指标的模糊隶属度如附录 C 表 1 所示。

（2）模糊合成。以被评价对象样本企业 A 为例，说明模糊综合评判的模糊合成计算过程。首先，由三级指标向二级指标模糊合成，模糊合成算子采用的是加权平均算子，保证最少地丢失数据信息。

$$B(B_1) = A(B_1) \times w(B_1) = \begin{bmatrix} 0.00 & 1.00 & 0.00 & 0.00 & 0.00 \\ 1.00 & 0.00 & 0.00 & 0.00 & 0.00 \\ 0.00 & 0.00 & 0.00 & 0.00 & 0.20 \\ 0.00 & 0.00 & 0.00 & 0.00 & 0.40 \\ 0.00 & 0.00 & 1.00 & 1.00 & 0.40 \end{bmatrix} \begin{bmatrix} 0.268 \\ 0.109 \\ 0.070 \\ 0.168 \\ 0.385 \end{bmatrix} = \begin{bmatrix} 0.11 \\ 0.27 \\ 0.08 \\ 0.15 \\ 0.39 \end{bmatrix}$$

$$(4-28)$$

$$B(B_2) = A(B_2) \times w(B_2) = \begin{bmatrix} 0.00 & 0.00 & 0.00 & 0.00 & 0.00 \\ 0.20 & 0.20 & 0.20 & 0.40 & 0.00 \\ 0.20 & 0.40 & 0.40 & 0.40 & 0.40 \\ 0.40 & 0.40 & 0.40 & 0.20 & 0.40 \\ 0.20 & 0.00 & 0.00 & 0.00 & 0.20 \end{bmatrix} \begin{bmatrix} 0.301 \\ 0.204 \\ 0.167 \\ 0.256 \\ 0.072 \end{bmatrix} = \begin{bmatrix} 0.00 \\ 0.24 \\ 0.34 \\ 0.35 \\ 0.07 \end{bmatrix}$$

$$(4-29)$$

$$B(B_3) = A(B_3) \times w(B_3) = \begin{bmatrix} 0.00 & 1.00 & 0.00 & 1.00 & 1.00 \\ 0.00 & 0.00 & 0.00 & 0.00 & 0.00 \\ 1.00 & 0.00 & 1.00 & 0.00 & 0.00 \\ 0.00 & 0.00 & 0.00 & 0.00 & 0.00 \\ 0.00 & 0.00 & 0.00 & 0.00 & 0.00 \end{bmatrix} \begin{bmatrix} 0.286 \\ 0.172 \\ 0.128 \\ 0.242 \\ 0.172 \end{bmatrix} = \begin{bmatrix} 0.59 \\ 0.00 \\ 0.41 \\ 0.00 \\ 0.00 \end{bmatrix}$$

$$(4-30)$$

$$B(B_4) = A(B_4) \times w(B_4) = \begin{bmatrix} 0.00 & 0.00 & 1.00 \\ 0.60 & 0.40 & 0.00 \\ 0.40 & 0.60 & 0.00 \\ 0.00 & 0.00 & 0.00 \\ 0.00 & 0.00 & 0.00 \end{bmatrix} \begin{bmatrix} 0.352 \\ 0.447 \\ 0.201 \end{bmatrix} = \begin{bmatrix} 0.20 \\ 0.39 \\ 0.41 \\ 0.00 \\ 0.00 \end{bmatrix}$$

$$(4-31)$$

$$B(B_5) = A(B_5) \times w(B_5) = \begin{bmatrix} 1.00 & 0.00 & 0.00 \\ 0.00 & 0.20 & 0.20 \\ 0.00 & 0.60 & 0.40 \\ 0.00 & 0.20 & 0.40 \\ 0.00 & 0.00 & 0.00 \end{bmatrix} \begin{bmatrix} 0.400 \\ 0.300 \\ 0.300 \end{bmatrix} = \begin{bmatrix} 0.40 \\ 0.12 \\ 0.30 \\ 0.18 \\ 0.00 \end{bmatrix}$$

$$(4 - 32)$$

其次，由二级指标向一级指标合成，得到一级指标的模糊隶属度关系，即为被评价对象的科技成果转化知识管理本源绩效的模糊评价结果。

$$B(A) = A(A) \times \varpi(A) = \begin{bmatrix} 0.11 & 0.00 & 0.59 & 0.20 & 0.40 \\ 0.27 & 0.24 & 0.00 & 0.39 & 0.12 \\ 0.08 & 0.34 & 0.41 & 0.41 & 0.30 \\ 0.15 & 0.35 & 0.00 & 0.00 & 0.18 \\ 0.39 & 0.07 & 0.00 & 0.00 & 0.00 \end{bmatrix} \begin{bmatrix} 0.278 \\ 0.222 \\ 0.222 \\ 0.111 \\ 0.167 \end{bmatrix} = \begin{bmatrix} 0.25 \\ 0.19 \\ 0.28 \\ 0.15 \\ 0.13 \end{bmatrix}$$

$$(4 - 33)$$

同样步骤，可以计算得到其他 11 个被评价对象的模糊综合评价结果，如表 4.13 所示。

表 4.13　样本企业的模糊综合评价结果

	样本 等级	A	B	C	D	E	F	G	H	I	J	K	L
隶属度	很差	0.25	0.29	0.27	0.10	0.41	0.15	0.46	0.33	0.21	0.27	0.27	0.29
	较差	0.19	0.05	0.18	0.07	0.17	0.20	0.19	0.21	0.25	0.13	0.10	0.16
	一般	0.28	0.22	0.22	0.26	0.30	0.12	0.24	0.22	0.32	0.24	0.38	0.20
	较好	0.15	0.30	0.17	0.26	0.12	0.30	0.09	0.23	0.21	0.16	0.20	0.20
	很好	0.13	0.14	0.17	0.31	0.01	0.24	0.02	0.00	0.02	0.20	0.04	0.15
决策等级		一般	较好	很差	很好	很差	较好	很差	很差	一般	很差	一般	很差

（3）评价结果的解模糊化。虽然上述模糊综合评价结果已经能给出各被评价对象的决策等级，但若要直接给出评价对象的知识管理本源绩

效的基数值，并用于排序比较，则需要对模糊结果进行解模糊化处理。依据定性指标的等级标准和定量指标的模糊化处理原则，各等级对应的分值分别应该是 0.1、0.3、0.5、0.7、0.9 分，则解模糊化结果如表 4.14 所示。

表 4.14 解模糊化评价结果

样本企业	A	B	C	D	E	F	G	H	I	J	K	L
本源绩效 R	0.44	0.49	0.46	0.62	0.33	0.55	0.30	0.37	0.42	0.48	0.43	0.45
排序	7	3	5	1	11	2	12	10	9	4	8	6

解模糊化后的排序与直接根据模糊数进行的排序有所变化，J、C、L 和 A、K、I 的顺序有所逆转，但这也正是解模糊化排序与模糊决策相比的优势所在。模糊决策仅依靠最大隶属度确定评价对象的等级，没有考虑模糊隶属度的频率分布，而解模糊化后则考虑了评价结果的隶属度频率分布问题，更加科学合理，避免可能由于细微差别而导致的决策失误问题。

（三）科技成果转化知识管理绩效本源评价结果的分析

1. 评价结果的可靠性分析

为了对评价结果的可靠性进行判断，引入新产品销售收入、全员劳动生产率、专利授权量三个指标与成果转化知识管理本源绩效进行对比分析，研究本源绩效与三个指标的趋势相似性。若 12 家样本企业的本源绩效与三者之间存在相似的趋势，则在一定程度上符合知识管理促进企业经济效益增长和技术进步的基本逻辑，同时也验证了本源绩效评价结果的可靠性。为此，对 12 家样本单位的 KM 本源绩效进行升序排列，将其他三个指标也按照同样顺序进行排列，然后绘制排列曲线的趋势线，若趋势线的斜率相差不大，则说明 KM 本源绩效与其他三个指标存在正相关关系，评价结果科学可靠；反之，则评价结果可靠性需进一步检验。

由图 4.4 中的趋势线分析得知，在同一报告期内，科技成果转化知识管理本源绩效与企业技术进步之间存在着相对较大的关联性，而与企业的经济效益增长并没有显著相似性。但从 4 条趋势线的斜率都为正可知，科技成果转化知识管理本源绩效与新产品销售收入、全员劳动生产率、专利授权量之间还是具有相似的趋势的，说明科技成果转化知识管理绩效本源评价结果具有一定的可靠性。而其与经济效益增长的关联性并不显著恰可说明知识管理的投入效果存在滞后效应，这与科技成果转化知识管理绩效形成的机理相吻合。

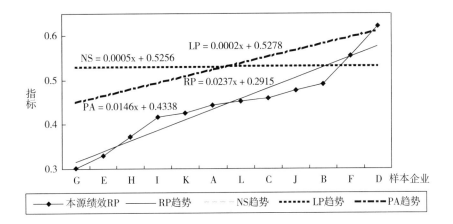

图 4.4　KM 本源绩效与三指标的趋势相似性

注：NS 为新产品销售收入；LP 为全员劳动生产率；PA 为专利授权量。

2. 权重的敏感性分析

假设 B_j 下共有 m 个指标，其中 w_i 变动 Δw_i，则其他 $m-1$ 个指标都变动 $-\dfrac{\Delta w_i}{(m-1)}$，而这个变动过程仅会影响到 B_j 的综合评判环节（王煦逸，2003），从而评价对象综合评判结果在原评判结果的基础上变为：

变化后综合评判结果 = 变化前综合评判结果 +

$$\varpi_j \times [0.1\ 0.3\ 0.5\ 0.7\ 0.9] \times \begin{bmatrix} x_{i,1} & x_{i+1,1} & \cdots & x_{i+m-1,1} \\ x_{i,2} & x_{i+1,2} & \cdots & x_{i+m-1,2} \\ x_{i,3} & x_{i+1,3} & \cdots & x_{i+m-1,3} \\ x_{i,4} & x_{i+1,4} & \cdots & x_{i+m-1,4} \\ x_{i,5} & x_{i+1,5} & \cdots & x_{i+m-1,5} \end{bmatrix} \times \begin{bmatrix} \Delta w_i \\ -\dfrac{\Delta w_i}{m-1} \\ \vdots \\ -\dfrac{\Delta w_i}{m-1} \end{bmatrix}$$

$$(4-34)$$

以指标 x_1 的权重 w_1 为例，绘制其敏感性分析线图如图 4.5 所示。由图 4.5 可知，若要综合评价结果改变被评价对象的排序，w_1 的扩大或缩小都至少要超过 5%，在 −5% ~5% 内模糊综合评价结果对指标 x_1 的权重不敏感，体现出较好的稳定性，也说明 12 家样本单位科技成果转化知识管理绩效本源评价结果具有科学性与适用性。

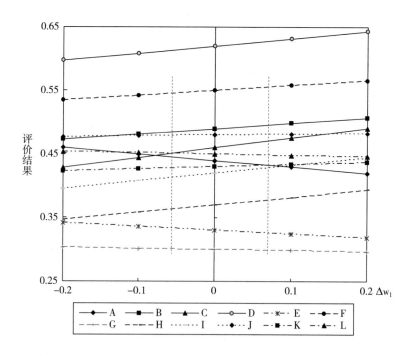

图 4.5　w_1 的敏感性分析线

依照同样道理，可以求得所有指标的权重敏感性稳定区间，如表 4. 15 所示。按照表中稳定区间分析可知，本书得到的科技成果转化知识管理绩效本源评价结果受各指标的权重影响是存在一个较为合理的稳定范围，因此，虽然本书采用的是专家主观确定权重法，但权重的较小变动并不会推翻 12 家样本企业的绩效评价结果所得出的结论。从该角度进行分析，可以得出结论：本书在科技成果转化知识管理绩效本源评价过程中所选用的模糊综合评价方法是科学可行的，依据该方法实施的 12 家样本企业的绩效本源评价的实证结论也是可靠的，科技成果转化知识管理绩效本源评价模型具有科学性。

表 4. 15　指标的权重敏感性稳定区间

指标	x_1	x_2	x_3	x_4	x_5	x_6	x_7
稳定区间	[−5.6% , 7.5%]	[−4.5% , 5.5%]	[−4.8% , 6.0%]	[−5.3% , 4.9%]	[−5.1% , 4.5%]	[−6.5% , 7.5%]	[−5.5% , 6.3%]

指标	x_8	x_9	x_{10}	x_{11}	x_{12}	x_{13}	x_{14}
稳定区间	[−7.6% , 7.3%]	[−4.8% , 6.5%]	[−5.8% , 4.6%]	[−6.3% , 6.4%]	[−5.2% , 4.8%]	[−7.2% , 7.1%]	[−5.4% , 4.3%]

指标	x_{15}	x_{16}	x_{17}	x_{18}	x_{19}	x_{20}	x_{21}
稳定区间	[−8.6% , 6.4%]	[−12.5% , 13.4%]	[−11.4% , 9.1%]	[−13.2% , 12.1%]	[−8.1% , 6.9%]	[−7.5% , 8.8%]	[−6.5% , 6.8%]

科技成果转化知识管理绩效的
本体评价

　　科技成果转化知识管理的本体绩效，是成果转化过程中由知识管理运行带来的能力与效率的提升，表现为组织效率提升、学习能力增强、创新积极性提高等，是知识管理促进科技成果转化组织能力提高的增量。对科技成果转化知识管理本体绩效进行评价，就是要依照知识管理本体运行的环节和机理，考察每一环节的知识管理为成果转化组织带来的能力提升及其协同效果。当科技成果转化知识管理本体绩效越高时，说明通过知识管理为科技成果转化组织和人员带来了新的动力、能力和素质。

一、科技成果转化知识管理本体运行模型及
绩效构成

（一）科技成果转化知识管理本体运行模型

　　本体论（Ontology）最初来源于西方哲学词汇，是对事物本质的概念化描述（Uriah，2019）。后来，本体论逐步应用于计算机领域，进行知识

表示、共享和重用，这些概念和方法就称为本体。本体的定义比较有代表性的是：本体是一个实体，是对某一领域应用本体论的方法分析、建模的结果，即把现实世界中的某个领域抽象成某一组概念和概念之间的关系（Ryan，2019）。因此，科技成果转化知识管理本体运行模型就是要运用本体论的方法将知识管理划分为一组概念，并对概念之间的关系进行分析与建模。目前，对知识管理运行过程进行阶段划分的方式很多，但根据本研究的分析，主要将其划分为知识对接、知识学习、知识共享、知识整合和知识创新 5 个阶段，依照关系系统化的视角，可逐步建立知识链、知识环、知识网、知识螺旋 4 个模型来界定 5 个阶段之间的非线性复杂关系。

1. 知识链模型

对知识链的理解包含两种观点：从主体出发，知识链是不同企业主体间通过知识流转移与扩散而实现知识集成、整合、创新和具有价值增值功能的网链结构模式，知识链构成的基础是不同主体间的知识互动，包括科研机构、高等院校、企业与顾客等其他主体间的相互作用，其实质就是知识流的扩散与转移；从本体出发，知识链是一种知识链条，在这个链条上，企业对内外知识进行对接、学习、共享、整合和创新，形成一个链式流动过程，其主要侧重于企业内部知识从对接到创新与应用的过程，并将这种过程抽象为一个由本体元啮合的链条。

知识链模型（见图 5.1）指出了科技成果转化知识管理 5 个环节（本体元）之间的第一重关系：递进关系。科技成果转化知识管理就是按照这

图 5.1　成果转化知识管理的知识链模型

样一种关系逐层深入而达到将知识成果转化为知识产品的目标的，该过程也是科技成果转化组织知识新陈代谢的逻辑机理。递进关系的明确是成果转化知识管理各部分有效衔接与协调的前提，在知识管理实践中要遵循并引导这一内在规律。

2. 知识环模型

如果科技成果转化知识管理的运行过程只是一个简单的线性单向过程，则永不能形成复杂系统，也就很难自我形成源源不断的生命力，使本体运行过程不能获得持续的绩效。知识环是在知识链模型的基础上加入了另一层丰富的内涵：知识管理系统存在正反馈机制。通过科技成果转化知识管理的知识链运行，成果转化组织的知识库得到极大丰富，组织与外部知识源之间的知识势差缩小，组织更容易理解、接受和传播外来新知识，从而达到提升成果转化组织知识管理的能力，使下一阶段的知识管理过程更具效率，为成果转化知识管理本体运行提供持续动力。

知识环模型（见图5.2）指出了科技成果转化知识管理5个环节（本体元）之间的第二重关系：反馈关系。反馈关系的存在是科技成果转化知识管理系统自组织的基础条件，也正是由于知识管理系统能够自组织，使知识成为科技成果转化组织中继资本、劳动之后的更加重要的资源，是成

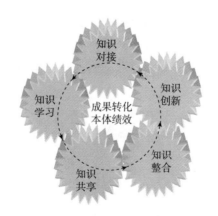

图5.2 成果转化知识管理的知识环模型

果转化组织实现自我优化并获取持续竞争优势的源泉。反馈关系的明晰是成果转化组织推进知识管理的内在动力，是成果转化组织在知识管理本体运行中获得高绩效的成因，在知识管理实践中要注意检查和加强反馈机制的作用。

3. 知识网模型

无论是知识链模型还是知识环模型，都认为科技成果转化知识管理的本体运行是一个串行过程，即各个本体元的发生过程是时间序列上的，而非同时进行，也不能倒序完成，这是不符合科技成果转化知识管理的实践过程的。知识管理的各个本体元之间存在逻辑上的递进关系，在一个逻辑周期内是链式结构，但一个真实时间上是可以同时有很多个并行、串行的逻辑周期的，逻辑时间并不是管理活动真实发生的次序，而是为了原理和机制清楚描述而引入的虚拟时间概念。在成果转化知识管理实践中，知识对接、学习、共享、整合和创新是一个复杂的、并行的知识流动网络关系，知识流的方向几乎可以是任意的。正是这种高度的开放与非线性复杂关系，造就了知识管理系统的耗散结构，为知识管理本体绩效提供自组织动力与机制。

知识网模型（见图 5.3）指出了科技成果转化知识管理 5 个环节（本体元）之间的第三重关系：高度非线性关系。高度非线性关系是科技成果转化知识管理本体运行体系内部关系真实反映，而非抽象意义上的本体建

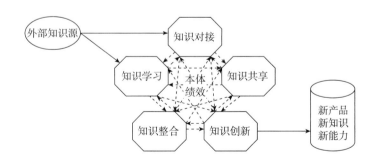

图 5.3　成果转化知识管理的知识网模型

模。认识到这一层关系将有助于知识管理人员把握知识管理的实质是对无所不在的知识流的管理，而只有抓住复杂系统的内在运行规律，才可能通过破译成果转化组织的知识基因来完成组织知识体系的重构，达到事半功倍提升知识管理本体绩效和成果转化效率的预期效果。

4. 知识螺旋模型

科技成果转化知识管理知识管理本体运行并不是一个简单的运动形式，其中还包括知识管理系统发展的内涵。即知识管理本体运行不是维持、被动性的管理活动，而是一种自我提升、主动性的管理手段。知识管理本体运行的目的是谋求发展，通过知识管理达到增加组织知识、强化组织能力、提升组织绩效的目标。在知识管理本体运行过程中，知识对接、学习、共享、整合和创新 5 个本体元是通过知识链、环、网的复杂交互关系实现螺旋提升的，在正反馈机制的作用下，成果转化组织的能力能逐步增强，实现知识管理的本体绩效。

知识螺旋模型（见图 5.4）指出了科技成果转化知识管理 5 个环节（本体元）之间的第四重关系：自组织关系。知识螺旋模型的实质就是知识管理系统的自组织机制。首先，知识螺旋的动力来源是外部知识和内部知识的对接，使知识管理体系的运行处在一个开放性环境下，而且知识管

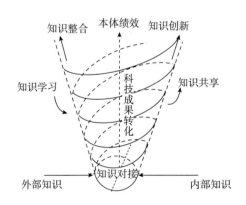

图 5.4　成果转化知识管理的知识螺旋模型

理的 5 个知识元交互作用，形成非线性关系，从而知识螺旋具有耗散结构特征，具有自组织的基础。其次，5 个知识元之间既是一种相互协同又相互竞合促进的关系，使本体运行具有超循环和协同的特征。再次，尽管知识管理系统是逐渐扩充丰富的，但 5 个知识元之间的运行规律是基本保持不变的，各部分与总体之间存在自相似和自仿射特征，因此知识管理系统运行具有分形特征。复次，由于各种非线性关系的作用，知识管理系统的运行轨迹又具有混沌特征。最后，整个知识螺旋过程其实就是知识的自创生、自复制、自适应过程，使成果转化组织更具有柔性，为成果转化提供相应的知识和能力。因此，知识螺旋模型表明，知识管理系统具有自组织特性。

（二）科技成果转化知识管理本体绩效的特征与构成

1. 本体绩效的特征

由科技成果转化知识管理本体运行的链、环、网、螺旋模型可知，知识管理本体运行是一个遵循自组织规律的复杂系统，具有自组织系统的一些特殊特征。本体运行绩效是在知识管理本体运行中实现的能力提升，主要体现为对接能力、学习能力、共享能力、整合能力和创新能力的提升等，而这些能力之间是存在自组织特性的，要进行科学评价，在指标体系设计和方法选择上必须有更多的考虑。

（1）非线性。由于成果转化知识管理主体运行过程是存在非线性关系的，即各种能力的提升并不是彼此独立的，而是相互影响的，如知识学习和共享能力的提升将促进组织知识创新能力的提升等。此时，要单独测量某一项能力的提升而不考虑与其他能力提升的相互促进关系，将漏掉知识管理带来的一项重要绩效，即知识管理主体元运行的协同能力。

（2）模糊性。由于非线性关系的存在，各种知识管理本体运行活动与知识管理本体绩效之间的因果关系是模糊的，很难从管理活动的频次和规模上简单得出某项能力的提升程度。

（3）难以测量性。知识管理本体绩效并不能简单通过产出效益进行测量，本体绩效通过组织能力提升来反映，而组织能力的提升一是需要比较长的时间才能有所体现，二是只能被管理者和知识型员工感知，而不能采用某些定量指标准确衡量。因此，以定性指标为主，辅以定量指标将成为测量知识管理本体绩效的科学方式。

2. 本体绩效的构成

依据科技成果转化知识管理本体绩效的内涵，本体绩效包括知识对接能力、知识学习能力、知识共享能力、知识整合能力和知识创新能力五大要素，但这五大要素并不是直接就能明晰其指标并加以测量的，五大要素指标之间的内在关系需要经过测量论证后才能明确界定。但既然科技成果转化知识管理本体绩效是本体运行过程中形成的能力增长，不妨按照能力的构成对本体绩效进行归类合并，以明确本体运行绩效的主要内容。

科技成果转化知识管理的本体运行其实就可以简单分为两个环节：一是获取外部知识；二是内部知识的处理与创造，将内部知识和外部知识相结合并将其嵌入产品中，就成功地实现了知识向产品的转化。因此，本体运行绩效也可以概括为两个方面的能力，即知识获取能力和知识组织创造能力。知识获取的方式多种多样，如技术购买、知识合作、参展、接受培训、知识交流等；知识组织创造的途径也多种多样，但最终都体现为技术和知识的增长。

综上所述，在明确知识管理绩效 5 大要素内在关系之前，可以将本体绩效分为知识获取能力和知识组织创造能力两大方面，其进一步细分的构成要素如表5.1所示。

表 5.1 科技成果转化知识管理本体绩效构成的初步划分

绩效	构成	划分依据	预选指标	符号
科技成果转化知识管理本体绩效	知识获取能力	向成果供应方获取	技术市场科技成果交易中知识对接的广度与深度	e_1
			成果供给方与转化方的知识合作稳定程度	e_2
			成果供给方参与转化方活动的深度	e_3
		知识交流获取	科技成果转化中全员参与知识学习的状况	e_4
			举办与参加知识讲座、展览、咨询会次数与规模	e_5
			知识共享激励机制建设状况及效果	e_6
			主办、参加国际国内学术会议次数	e_7
			出席国际会议或出国考察参加人数	e_8
			开展国际科技交流次数	e_9
		知识合作获取	开展国际合作项目次数	e_{10}
			与之合作的企业数	e_{11}
			与之合作的研究与开发机构数	e_{12}
			与之合作的高校与研究院所数	e_{13}
		技术与知识购买	与中介结构协作的密切程度	e_{14}
			转化人员人均接受培训时间	e_{15}
	知识组织创造能力	知识组织开发状况	隐性知识开发与学习状况	e_{16}
			成果转化团队知识结构合理状况	e_{17}
			成果转化过程中技术、管理、营销人才参与协作程度	e_{18}
			客户参与成果转化的状况及效果	e_{19}
		隐性成果	技术创新合理化建议数量	e_{20}
			技术秘密和技术诀窍数量	e_{21}
		显性成果	重大科技成果项数	e_{22}
			获得国家级、省部级科技进步奖项目数	e_{23}
			专利申请受理量	e_{24}
			国内外期刊发表科技论文数当量	e_{25}
		知识产品	企业研发新产品数量	e_{26}

二、科技成果转化知识管理绩效本体评价
指标体系设计

科技成果转化知识管理本体绩效的 5 大要素之间存在非常复杂的内在关系，要通过指标将其划分可借助解释结构模型（ISM）通过专家评判加以测量。解释结构模型（Interpretative Structural Modeling）是 1973 年由美国沃菲尔德教授开发，以图论中的关联矩阵原理来分析复杂系统的整体结构，将系统的结构分析转化为同构有向图的拓扑分析，继而转化为代数分析，通过关联矩阵的运算来明确系统的结构特征（Mustafa et al.，2019）。本书利用 ISM 来区分知识对接、学习、共享、整合、创新 5 个本体元的指标并进一步测量 5 个本体元之间的相互作用关系，为科学评价本体绩效做准备。

（一）解释结构模型的原理与实施步骤

1. ISM 原理

解释结构模型主要描述系统各元素间的关联及层次问题，确定系统的分层递阶结构，是概念模型到定量模型的中介（喻登科等，2017）。

（1）关系描述：关联矩阵。解释结构模型的基本思想就是将系统元素的内在关系集合用关联矩阵来确定，用有向弧和图论表述元素之间的三种作用关系：←、→、↔。关联矩阵（又称邻接矩阵）构造如下：

$$A = \begin{bmatrix} a_{11} & a_{12} & \cdots & a_{1n} \\ a_{21} & a_{22} & \cdots & a_{2n} \\ \cdots & \cdots & \cdots & \cdots \\ a_{n1} & a_{n2} & \cdots & a_{nn} \end{bmatrix} \qquad (5-1)$$

其中：$a_{ij} = \begin{cases} 1 & e_i \text{ 对 } e_j \text{ 有关系时} \\ 0 & e_i \text{ 对 } e_j \text{ 无关系时} \\ 1 & i = j \text{ 视为自相关} \end{cases}$

（2）关系整合：可达矩阵。可达矩阵指用矩阵形式来描述关联矩阵中各元素之间，经过一定长度的通路后可以到达的程度。可达矩阵具有一个重要特性，即推移律：当要素 e_i 经过长度为 1 的通路直接到达要素 e_j，而 e_j 经过长度为 1 的通路直接到达 e_k，则 e_i 经过长度为 2 的通路一定可以到达 e_k。因此，由关联矩阵向可达矩阵计算，可实现对元素之间的关系整合。

$$A^{r-2} \neq A^{r-1} = A^r = R, \quad r \leqslant n - 1 \qquad (5 - 2)$$

R 即为可达矩阵，表明各元素经长度不大于 n − 1 的通路的可达情况。

（3）关系析取：集合运算。元素 e_i 的可达集 R（e_i）由可达矩阵中第 i 行所有取值为 1 的元素对应的元素组成。元素 e_i 的前因集 A（e_i）由可达矩阵中第 i 列所有取值为 1 的元素对应的元素组成。如果 $\prod$（e_i）= R（e_i）∩ A（e_i）= A（e_i），则 T = A（e_i）为系统的共同集合；如果 $\prod$（e_i）= R（e_i）∩ A（e_i）= R（e_i），则 T = R（e_i）为系统的最高级元素集。找出共同集合和最高级元素集后，将其从可达矩阵 R 中划去相应的行和列，然后再从剩下的可达矩阵中继续寻找新的共同集合，直到找出各个级别所包含的元素集。通过集合运算，可以建立起整个系统的层次结构。

2. 实施步骤

解释结构模型的基本工作步骤包括：①组织实施小组，组员包括方法技术专家、协调人和参与人；②设定问题，在讨论之前要明确要讨论的问题，明确目标与任务；③讨论系统的构成要素以及它们之间的关系，对问题进行深入的探讨，从中找出重要的因素，在充分协商一致的情况下确定各要素之间的关系；④建立邻接矩阵和可达矩阵；⑤对可达矩阵进行分解后建立结构模型；⑥根据结构模型建立解释结构模型（李玥和刘希宋，2009）。

（二）科技成果转化知识管理绩效本体评价指标的内在关系

1. 问卷调查与关联矩阵确定

$$A = \begin{bmatrix}
1&1&1&0&0&0&0&0&0&0&1&1&1&0&0&1&1&1&0&1&1&1&1&1&1&1&1\\
0&1&1&0&0&0&0&0&0&0&1&1&1&0&0&1&1&1&0&1&1&1&1&1&1&1&1\\
0&0&1&0&0&0&0&0&0&0&1&1&1&0&0&1&1&1&0&1&1&1&1&1&1&1&1\\
0&0&0&1&0&0&1&1&0&0&0&0&0&0&1&1&1&0&1&1&1&1&1&1&1&1&1\\
0&0&0&1&1&0&0&0&0&0&0&0&0&0&1&1&1&1&1&1&1&1&1&1&1&1&1\\
0&0&0&0&0&1&1&1&1&1&1&1&1&1&0&1&1&1&1&1&1&1&1&1&1&1&1\\
0&0&0&0&0&0&1&1&1&1&0&0&0&0&0&1&1&1&0&1&1&1&1&1&1&1&1\\
0&0&0&0&0&0&1&1&1&1&0&0&0&0&0&1&1&1&0&1&1&1&1&1&1&1&1\\
0&0&0&0&0&0&0&1&0&1&1&1&0&0&1&1&1&0&1&1&1&1&1&1&1&1&1\\
0&0&0&0&0&0&0&0&1&1&1&1&0&0&1&1&1&0&1&1&1&1&1&1&1&1&1\\
0&0&0&0&0&0&0&0&1&1&1&1&1&0&0&1&1&1&1&1&1&1&1&1&1&1&1\\
0&0&0&0&0&0&0&0&1&1&1&1&1&0&0&1&1&1&1&1&1&1&1&1&1&1&1\\
0&0&0&0&0&0&0&0&1&1&1&1&0&0&1&1&1&1&1&1&1&1&1&1&1&1&1\\
0&0&0&1&0&0&0&0&0&0&0&0&0&0&1&1&1&1&1&1&1&1&1&1&1&1&1\\
0&0&0&0&0&0&0&0&0&0&0&0&0&0&1&1&1&0&1&1&1&1&1&1&1&1&1\\
0&0&0&0&0&0&0&0&0&0&0&0&0&0&0&1&0&0&1&1&1&1&1&1&1&1&1\\
0&0&0&0&0&0&0&0&0&0&0&0&0&0&0&1&1&0&1&1&1&1&1&1&1&1&1\\
0&0&0&0&0&0&0&0&0&0&0&0&0&0&0&1&0&1&1&1&1&1&1&1&1&1&1\\
0&0&0&0&0&0&0&0&0&0&0&0&0&0&0&1&1&1&0&1&1&1&1&1&1&1&1\\
0&0&0&0&0&0&0&0&0&0&0&0&0&0&0&0&0&1&1&1&1&1&1&1&1&1&1\\
0&0&0&0&0&0&0&0&0&0&0&0&0&0&0&0&0&0&1&1&1&1&1&1&1&1&1\\
0&0&0&0&0&0&0&0&0&0&0&0&0&0&0&0&0&0&1&1&1&1&1&1&1&1&1\\
0&0&0&0&0&0&0&0&0&0&0&0&0&0&0&0&0&0&0&1&1&1&1&1&1&1&1\\
0&0&0&0&0&0&0&0&0&0&0&0&0&0&0&0&0&0&0&0&1&1&1&1&1&1&1\\
0&0&0&0&0&0&0&0&0&0&0&0&0&0&0&0&0&0&0&0&0&0&1&1&1&1&1\\
0&0&0&1&0&0&1&1&0&0&0&0&0&0&0&0&0&0&0&0&1&0&1&1&0&1&1\\
0&0&0&0&0&0&0&0&0&0&0&0&0&0&0&0&0&0&0&0&0&0&0&0&0&0&1
\end{bmatrix}$$

$$(5-3)$$

　　为了保持本体绩效评价和本源绩效评价指标体系筛选思路的一致性，本源绩效评价和本体绩效评价的指标筛选问卷调查是同时进行的，所选专家与问卷回收状况都是相同的。调查问卷如附录 E 所示，问卷共发出 80 份，有效收回 30 份。综合考虑 30 位专家的意见，对其加和，若 a_{ij} 的打分结果大于等于 $15\left(\dfrac{30}{2}\right)$，则 $a_{ij}=1$；否则 $a_{ij}=0$。根据专家判断结果，得到科技成果转化知识管理本体绩效评价的 26 个指标的关联矩阵如式（5－3）所示，式中为 26 个元素相互作用关系的集合。

　　2. 指标合成与可达矩阵计算

　　（1）指标合成。由 26 个元素构成的关联矩阵比较复杂，可以对关联矩阵中具有同等关系的指标元素先进行合并化简，来降低可达矩阵计算的维度。由式（5－3）可知，e_7、e_8、e_9、e_{10}、e_{11}、e_{12}、e_{13} 和 e_{22}、e_{23} 等指标各自在行和列上都具有相同关系，可以合并：e_7、e_8 合并为 E_1（主持、参加国际会议状况）；e_9、e_{10} 合并为 E_2（开展国际知识合作状况）；e_{11}、e_{12}、e_{13} 合并为 E_3（开展国内知识合作状况）；e_{22}、e_{23} 合并为 E_4（取得重大科技成果状况）。据此，可将关联矩阵简化为式（5－4）。

　　（2）计算可达矩阵。根据式（5－2）进行关联矩阵的闭包传递计算，经过 6 步传递计算，得到 $A^5=A^6=R$。可达矩阵 R 如式（5－5）所示。由式可知，e_4、$E_1\sim E_4$、$e_{16}\sim e_{21}$、$e_{24}\sim e_{25}$ 等指标具有强连通关系，可以暂时合并为一个指标，用 E 代替，合并后的可达矩阵 R′ 如式（5－6）所示。

　　现对 E 进行分析，发现 E 之所以构成强连通关系，主要原因是 E 内部指标 e_4、e_{16}、e_{20} 和 e_{25} 等存在闭环关系，如 e_4 影响 e_{25} 同时 e_{25} 影响 e_4。此时，需要专家重新判断这三个指标与其他指标的关系，得出更为突出的影响关系，而断开更不显著的关系。经过专家判断和 ISM 计算，得到 E 内部的可达矩阵 R_E 如式（5－7）所示。

$$A = \begin{array}{c|ccccccccccccccccccccc}
 & e_1 & e_2 & e_3 & e_4 & e_5 & e_6 & E_1 & E_2 & E_3 & e_{14} & e_{15} & e_{16} & e_{17} & e_{18} & e_{19} & e_{20} & e_{21} & E_4 & e_{24} & e_{25} & e_{26} \\
e_1 & 1 & 1 & 1 & 0 & 0 & 0 & 0 & 0 & 1 & 0 & 0 & 1 & 1 & 1 & 0 & 1 & 1 & 1 & 1 & 1 & 1 \\
e_2 & 0 & 1 & 1 & 0 & 0 & 0 & 0 & 0 & 1 & 0 & 0 & 1 & 1 & 1 & 0 & 1 & 1 & 1 & 1 & 1 & 1 \\
e_3 & 0 & 0 & 1 & 0 & 0 & 0 & 0 & 0 & 1 & 0 & 0 & 1 & 1 & 1 & 0 & 1 & 1 & 1 & 1 & 1 & 1 \\
e_4 & 0 & 0 & 0 & 1 & 0 & 0 & 1 & 0 & 0 & 0 & 0 & 1 & 1 & 1 & 0 & 1 & 1 & 1 & 1 & 1 & 1 \\
e_5 & 0 & 0 & 0 & 1 & 1 & 0 & 0 & 0 & 0 & 0 & 0 & 1 & 1 & 1 & 1 & 1 & 1 & 1 & 1 & 1 & 1 \\
e_6 & 0 & 0 & 0 & 0 & 0 & 1 & 1 & 1 & 1 & 1 & 0 & 1 & 1 & 1 & 1 & 1 & 1 & 1 & 1 & 1 & 1 \\
E_1 & 0 & 0 & 0 & 0 & 0 & 0 & 1 & 1 & 0 & 0 & 0 & 1 & 1 & 1 & 0 & 1 & 1 & 1 & 1 & 1 & 1 \\
E_2 & 0 & 0 & 0 & 0 & 0 & 0 & 0 & 1 & 1 & 0 & 0 & 1 & 1 & 1 & 0 & 1 & 1 & 1 & 1 & 1 & 1 \\
E_3 & 0 & 0 & 0 & 0 & 0 & 0 & 0 & 1 & 1 & 0 & 0 & 1 & 1 & 1 & 1 & 1 & 1 & 1 & 1 & 1 & 1 \\
e_{14} & 0 & 0 & 0 & 0 & 0 & 0 & 0 & 1 & 1 & 1 & 0 & 1 & 1 & 1 & 0 & 1 & 1 & 1 & 1 & 1 & 1 \\
e_{15} & 0 & 0 & 0 & 1 & 0 & 0 & 0 & 0 & 0 & 0 & 0 & 1 & 1 & 1 & 1 & 1 & 1 & 1 & 1 & 1 & 1 \\
e_{16} & 0 & 0 & 0 & 0 & 0 & 0 & 0 & 0 & 0 & 0 & 0 & 0 & 1 & 1 & 1 & 0 & 1 & 1 & 1 & 1 & 1 \\
e_{17} & 0 & 0 & 0 & 0 & 0 & 0 & 0 & 0 & 0 & 0 & 0 & 0 & 0 & 1 & 0 & 0 & 1 & 1 & 1 & 1 & 1 \\
e_{18} & 0 & 0 & 0 & 0 & 0 & 0 & 0 & 0 & 0 & 0 & 0 & 0 & 0 & 1 & 1 & 0 & 1 & 1 & 1 & 1 & 1 \\
e_{19} & 0 & 0 & 0 & 0 & 0 & 0 & 0 & 0 & 0 & 0 & 0 & 0 & 0 & 1 & 0 & 1 & 1 & 1 & 1 & 1 & 1 \\
e_{20} & 0 & 0 & 0 & 0 & 0 & 0 & 0 & 0 & 0 & 0 & 0 & 0 & 1 & 1 & 0 & 1 & 1 & 1 & 1 & 1 & 1 \\
e_{21} & 0 & 0 & 0 & 0 & 0 & 0 & 0 & 0 & 0 & 0 & 0 & 0 & 0 & 0 & 0 & 0 & 1 & 1 & 1 & 1 & 1 \\
E_4 & 0 & 0 & 0 & 0 & 0 & 0 & 0 & 0 & 0 & 0 & 0 & 0 & 0 & 0 & 0 & 0 & 0 & 1 & 1 & 1 & 1 \\
e_{24} & 0 & 0 & 0 & 0 & 0 & 0 & 0 & 0 & 0 & 0 & 0 & 0 & 0 & 0 & 0 & 0 & 0 & 0 & 1 & 1 & 1 \\
e_{25} & 0 & 0 & 0 & 1 & 0 & 0 & 1 & 0 & 0 & 0 & 0 & 0 & 0 & 0 & 0 & 0 & 1 & 0 & 1 & 0 & 1 \\
e_{26} & 0 & 0 & 0 & 0 & 0 & 0 & 0 & 0 & 0 & 0 & 0 & 0 & 0 & 0 & 0 & 0 & 0 & 0 & 0 & 0 & 1 \\
\end{array}$$

$$(5-4)$$

$$R = \begin{bmatrix}
1 & 1 & 1 & 1 & 0 & 0 & 1 & 1 & 1 & 0 & 0 & 1 & 1 & 1 & 1 & 1 & 1 & 1 & 1 & 1 & 1 \\
0 & 1 & 1 & 1 & 0 & 0 & 1 & 1 & 1 & 0 & 0 & 1 & 1 & 1 & 1 & 1 & 1 & 1 & 1 & 1 & 1 \\
0 & 0 & 1 & 1 & 0 & 0 & 1 & 1 & 1 & 0 & 0 & 1 & 1 & 1 & 1 & 1 & 1 & 1 & 1 & 1 & 1 \\
0 & 0 & 0 & 1 & 0 & 0 & 1 & 1 & 1 & 0 & 0 & 1 & 1 & 1 & 1 & 1 & 1 & 1 & 1 & 1 & 1 \\
0 & 0 & 0 & 1 & 1 & 0 & 1 & 1 & 1 & 0 & 0 & 1 & 1 & 1 & 1 & 1 & 1 & 1 & 1 & 1 & 1 \\
0 & 0 & 0 & 1 & 0 & 1 & 1 & 1 & 1 & 1 & 0 & 1 & 1 & 1 & 1 & 1 & 1 & 1 & 1 & 1 & 1 \\
0 & 0 & 0 & 1 & 0 & 0 & 1 & 1 & 1 & 0 & 0 & 1 & 1 & 1 & 1 & 1 & 1 & 1 & 1 & 1 & 1 \\
0 & 0 & 0 & 1 & 0 & 0 & 1 & 1 & 1 & 0 & 0 & 1 & 1 & 1 & 1 & 1 & 1 & 1 & 1 & 1 & 1 \\
0 & 0 & 0 & 1 & 0 & 0 & 1 & 1 & 1 & 0 & 0 & 1 & 1 & 1 & 1 & 1 & 1 & 1 & 1 & 1 & 1 \\
0 & 0 & 0 & 1 & 0 & 0 & 1 & 1 & 1 & 1 & 0 & 1 & 1 & 1 & 1 & 1 & 1 & 1 & 1 & 1 & 1 \\
0 & 0 & 0 & 1 & 0 & 0 & 1 & 1 & 1 & 0 & 1 & 1 & 1 & 1 & 1 & 1 & 1 & 1 & 1 & 1 & 1 \\
0 & 0 & 0 & 1 & 0 & 0 & 1 & 1 & 1 & 0 & 0 & 1 & 1 & 1 & 1 & 1 & 1 & 1 & 1 & 1 & 1 \\
0 & 0 & 0 & 1 & 0 & 0 & 1 & 1 & 1 & 0 & 0 & 1 & 1 & 1 & 1 & 1 & 1 & 1 & 1 & 1 & 1 \\
0 & 0 & 0 & 1 & 0 & 0 & 1 & 1 & 1 & 0 & 0 & 1 & 1 & 1 & 1 & 1 & 1 & 1 & 1 & 1 & 1 \\
0 & 0 & 0 & 1 & 0 & 0 & 1 & 1 & 1 & 0 & 0 & 1 & 1 & 1 & 1 & 1 & 1 & 1 & 1 & 1 & 1 \\
0 & 0 & 0 & 1 & 0 & 0 & 1 & 1 & 1 & 0 & 0 & 1 & 1 & 1 & 1 & 1 & 1 & 1 & 1 & 1 & 1 \\
0 & 0 & 0 & 1 & 0 & 0 & 1 & 1 & 1 & 0 & 0 & 1 & 1 & 1 & 1 & 1 & 1 & 1 & 1 & 1 & 1 \\
0 & 0 & 0 & 1 & 0 & 0 & 1 & 1 & 1 & 0 & 0 & 1 & 1 & 1 & 1 & 1 & 1 & 1 & 1 & 1 & 1 \\
0 & 0 & 0 & 1 & 0 & 0 & 1 & 1 & 1 & 0 & 0 & 1 & 1 & 1 & 1 & 1 & 1 & 1 & 1 & 1 & 1 \\
0 & 0 & 0 & 0 & 0 & 0 & 0 & 0 & 0 & 0 & 0 & 0 & 0 & 0 & 0 & 0 & 0 & 0 & 0 & 0 & 1
\end{bmatrix}$$

$$(5-5)$$

$$R' = \begin{array}{c} \\ e_1 \\ e_2 \\ e_3 \\ e_5 \\ e_6 \\ e_{14} \\ e_{15} \\ E \\ e_{26} \end{array}
\begin{bmatrix}
e_1 & e_2 & e_3 & e_5 & e_6 & e_{14} & e_{15} & E & e_{26} \\
1 & 1 & 1 & 0 & 0 & 0 & 0 & 1 & 1 \\
0 & 1 & 1 & 0 & 0 & 0 & 0 & 1 & 1 \\
0 & 0 & 1 & 0 & 0 & 0 & 0 & 1 & 1 \\
0 & 0 & 0 & 1 & 0 & 0 & 0 & 1 & 1 \\
0 & 0 & 0 & 0 & 1 & 1 & 0 & 1 & 1 \\
0 & 0 & 0 & 0 & 0 & 1 & 0 & 1 & 1 \\
0 & 0 & 0 & 0 & 0 & 0 & 1 & 1 & 1 \\
0 & 0 & 0 & 0 & 0 & 0 & 0 & 1 & 1 \\
0 & 0 & 0 & 0 & 0 & 0 & 0 & 0 & 1
\end{bmatrix}$$

$$(5-6)$$

$$
R_E = \begin{array}{c} \\ e_4 \\ E_1 \\ E_2 \\ E_3 \\ e_{16} \\ e_{17} \\ e_{18} \\ e_{19} \\ e_{20} \\ e_{21} \\ E_4 \\ e_{24} \\ e_{25} \end{array}
\begin{array}{c}
\begin{array}{ccccccccccccc}
e_4 & E_1 & E_2 & E_3 & e_{16} & e_{17} & e_{18} & e_{19} & e_{20} & e_{21} & E_4 & e_{24} & e_{25}
\end{array} \\
\left[\begin{array}{ccccccccccccc}
1 & 1 & 1 & 1 & 1 & 1 & 1 & 1 & 1 & 1 & 1 & 1 & 1 \\
0 & 1 & 1 & 1 & 0 & 1 & 1 & 1 & 1 & 1 & 1 & 1 & 1 \\
0 & 0 & 1 & 1 & 0 & 1 & 1 & 1 & 1 & 1 & 1 & 1 & 1 \\
0 & 0 & 1 & 1 & 0 & 1 & 1 & 1 & 1 & 1 & 1 & 1 & 1 \\
0 & 0 & 0 & 0 & 0 & 1 & 1 & 0 & 0 & 1 & 1 & 1 & 1 \\
0 & 0 & 0 & 0 & 0 & 1 & 0 & 0 & 0 & 1 & 1 & 1 & 1 \\
0 & 0 & 0 & 0 & 0 & 1 & 1 & 0 & 0 & 1 & 1 & 1 & 1 \\
0 & 0 & 0 & 0 & 0 & 1 & 0 & 1 & 0 & 1 & 1 & 1 & 1 \\
0 & 0 & 0 & 0 & 0 & 1 & 1 & 0 & 0 & 1 & 1 & 1 & 1 \\
0 & 0 & 0 & 0 & 0 & 0 & 0 & 0 & 0 & 1 & 1 & 1 & 1 \\
0 & 0 & 0 & 0 & 0 & 0 & 0 & 0 & 0 & 1 & 1 & 1 & 1 \\
0 & 0 & 0 & 0 & 0 & 0 & 0 & 0 & 0 & 1 & 1 & 1 & 1 \\
0 & 0 & 0 & 0 & 0 & 0 & 0 & 0 & 0 & 1 & 1 & 1 & 1
\end{array}\right]
\end{array}
\quad (5-7)
$$

3. 确定层次结构与结构模型

确定总体层次结构，对 R′ 按照关系析取的公式可以计算得到可达集、前因集和最高要素集，如表 5.2 所示。

表 5.2　总体结构的可达集、前因集和最高要素集

e_i	$R(e_i)$	$A(e_i)$	$R \cap A$
e_1	e_1、e_2、e_3、E、e_{26}	e_1	e_1
e_2	e_2、e_3、E、e_{26}	e_1、e_2	e_2
e_3	e_3、E、e_{26}	e_1、e_2、e_3	e_3
e_5	e_5、E、e_{26}	e_5	e_5
e_6	e_6、e_{14}、E、e_{26}	e_6	e_6
e_{14}	e_{14}、E、e_{26}	e_6、e_{14}	e_{14}
e_{15}	e_{15}、E、e_{26}	e_{15}	e_{15}
E	E、e_{26}	e_1、e_2、e_3、e_5、e_6、e_{14}、e_{15}、E	E
e_{26}	e_{26}	e_1、e_2、e_3、e_5、e_6、e_{14}、e_{15}、E、e_{26}	e_{26}

由此可知，第一层为 e_{26}。找出最高要素集后，即可从可达矩阵中划去其相应的行和列，然后从剩下的可达矩阵中继续寻找新的最高要素集。依次类推，可以找出各级所包含的最高要素集。科技成果转化知识管理本体绩效评价指标的总体层次关系如表 5.3 所示。

表 5.3　总体层次关系

层次	第一层	第二层	第三层	第四层	第五层	第六层
元素	e_{26}	E	e_{14}、e_{15}	e_3、e_5、e_6	e_2	e_1

同理，可以确定 E 内部的层次关系如表 5.4 所示。

表 5.4　E 内部层次关系

层次	第一层	第二层	第三层	第四层	第五层	第六层	第七层
元素	e_{21}、E_4、e_{24}、e_{25}	e_{17}	e_{16}、e_{18}、e_{20}	e_{19}	E_2、E_3	E_1	e_4

将 E 内部被专家判断断开的影响关系加入到总层次关系中，并用图形表示成结构模型，如图 5.5 所示。

（三）科技成果转化知识管理绩效本体评价的指标体系确立

由结构模型可知，在知识对接、知识学习、知识共享、知识整合与知识创新 5 个本体元中，知识对接处于最底层；而知识学习与知识共享的关系最为复杂，是交互影响的关系；知识学习与知识共享共同影响知识整合，但知识整合对知识学习与知识共享都有反馈关系；知识创新处于最底层。根据科技成果转化知识管理本体运行的链、环、网和螺旋模型，可知成果转化知识管理本体运行是一个持续循环过程，因此知识创新对知识对接也有反馈作用。据此，可设计科技成果转化知识管理绩效本体评价指标体系如图 5.6 所示，各指标的符号按照评价常用的形式进行了重新标号，共有 11 项定量指标、10 项定性指标。其中，定量指标内涵及计算公式界定如下：

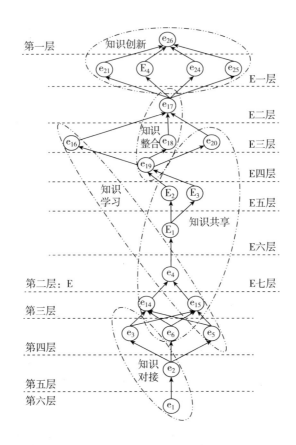

图 5.5   科技成果转化知识管理本体绩效结构模型

1. 举办与参加知识讲座、展览、咨询会次数与规模（次）

反映成果转化组织采用知识讲座、展览、咨询等方式为员工补充一般性知识的状况，用当量表示。

举办和参加知识讲座、展览、咨询会次数与规模 =（大型知识讲座、展览、咨询会举办次数 ×2 + 参加次数）+（中小型知识讲座、展览、咨询会举办次数 + 参加次数 ×0.5）   （5 - 8）

2. 转化人员人均接受培训时间（小时）

反映转化人员接受培训的普遍情况和培训强度，指标值越大，转化人员用于学习的时间越多。

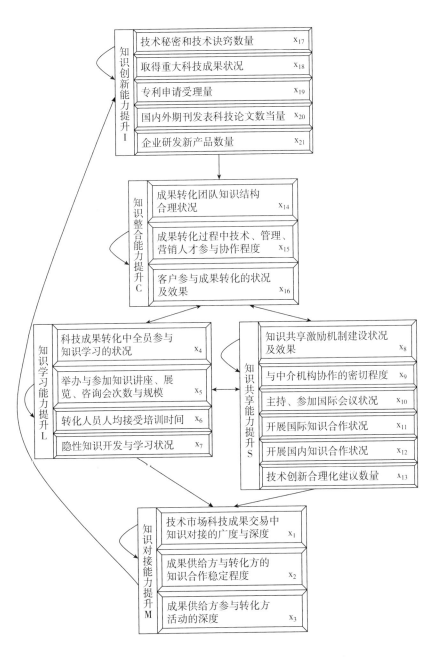

图 5.6 科技成果转化知识管理绩效本体评价指标体系

$$转化人员人均接受培训时间 = \frac{总培训时间}{参与成果转化人员数量} \qquad (5-9)$$

3. 主持、参加国际会议状况（人）

反映成果转化组织吸收国外研究前沿成果的状况，指标值越大，说明组织学习与掌握国外最新知识成果的人越多。

举办、参加国际会议状况 = 举办国际会议组织参加交流人数 × 2 + 参加国际会议交流人数 （5-10）

4. 开展国际知识合作状况（人）

反映成果转化组织通过国际知识合作形式（主要包括考察访问、合作研究、共同开发等）学习先进技术知识的状况，指标值越大，说明成果转化组织与国外交流技术知识的强度越高。

开展国际知识合作状况 = 派遣和接待国际考察访问人数 + 参与国际合作研究开发人数 × 2 （5-11）

5. 开展国内知识合作状况（个）

反映成果转化组织通过国内的知识合作形式（主要包括考察访问、合作研究、共同开发等）学习国内其他企业和科研院所先进技术知识的状况。

开展国内知识合作状况 = 与之合作的企业数 + 科研院所与研发机构数 + 高校数 （5-12）

6. 技术创新合理化建议数量（项）

反映通过知识共享得到的心得体会状况，提的建议数量越多，知识共享的效果越好。

7. 技术秘密与技术诀窍数量（项）

通过知识创新为成果转化组织创造的技术秘密与技术诀窍，这部分成果一般是成果转化组织成功转化的关键，为产品和单位带来核心竞争力。

8. 取得重大科技成果状况（项）

通过知识创新为成果转化组织创造的重大知识成果，是成果转化的关键或下一阶段成果转化的知识来源，重大科技成果应该是被承认或获得某些殊荣的成果。

取得重大科技成果状况 = 获国家科技进步奖项数 × 5 + 获省部级科技进步奖项数 × 3 + 其他重大科技成果项数 　　　　　　　(5 - 13)

9. 专利申请受理量（项）

反映成果转化组织通过知识创新创造的科技成果以专利形式获得基本认可的程度，专利申请受理量越多，成果转化组织创新的有效技术成果越多，创新能力越强。

10. 国内外期刊发表科技论文数当量（篇）

反映成果转化人员提出创新性思想或总结创新经验并获得认可的状况，高水平论文越多，知识创新过程中获得的知识与经验成果越多，创新能力提升越多。

国内外期刊发表科技论文数当量 = 国外三大检索期刊发表论文数 × 5 + 国内核心期刊发表论文数 × 3 + 国内普通期刊发表论文数 　　(5 - 14)

11. 企业研发新产品数量（项）

反映企业通过知识管理促进科技成果转化的效果，企业研究开发的新产品数量越多，企业知识创新能力越强，成果转化能力越强。

定性指标的内涵及评价标准如附录 A 表 2 所示。采用五级打分法进行评分，分别对应 0.1、0.3、0.5、0.7、0.9 五个分值等级。

三、科技成果转化知识管理绩效本体评价指标的权重确定

（一）ANP 的基本原理与步骤

1. ANP 确权方法的选择

由科技成果转化知识管理本体绩效评价指标体系可知，绩效的不同元

素之间是存在互相影响互相作用的，而且这些作用关系在确定权重时不应该被忽略。常规的 AHP 方法将系统划分为层次，只考虑上一层次元素对下一层次元素的支配和影响，同时假设同一层次的元素之间是相互独立的，不存在相互依存的关系。这种假设在简化了系统内部元素关系的同时，也使其在本体绩效评价中的应用存在局限性。网络层次分析法（Analytic Network Process，ANP）是美国运筹学家 Saaty 于 1996 年正式提出的，它保留了层次分析法的优点，又进一步扩展了层次分析法，将系统层次内部元素的依存和下层元素对上层元素的反馈影响进行了综合考虑，能够使确权更为科学合理（唐小丽和冯俊文，2006）。

2. ANP 的基本原理

ANP 利用超矩阵对各相互作用和影响的因素进行综合分析，得出混合权重 ANP 模型。各决策层或相同层次之间都存在相互作用，用双箭头表示层次间的相互作用关系，同一层中的相互作用用双循环箭头表示，箭头所指向的因素（汇）影响箭尾的决策因素（源）。超矩阵的行表示汇，列表示源，基于源对汇中的元素采用 AHP 类似的判断矩阵进行两两比较，求解源对汇的相对偏好与重要性。把超矩阵 w 和元素组权重矩阵 A 相乘得加权超矩阵 W，为了反映各元素之间的依存关系，W 需要做稳定处理，即计算极限相对排序向量：

$$\lim_{k \to \infty} \left(\frac{1}{N} \right) \sum_{k=1}^{N} W^k \qquad (5-15)$$

如果极限值收敛且唯一，则 W^∞ 的第 j 列就是控制元素下网络层各元素相对元素 j 的权重（靳欣等，2012）。

3. ANP 决策步骤

基于超矩阵的计算，ANP 的决策步骤包括：①对网络模型中各元素间的相互作用与影响进行两两比较；②确定未加权超矩阵，与 AHP 计算步骤类似；③确定超矩阵元素组的权重；④计算加权超矩阵；⑤计算极限超矩阵。如果单纯采用手工算法，则计算步骤烦琐，本书全部采用 SD（Super Decision）软件完成（刘睿等，2003）。

（二）基于 ANP 的权重确定

1. 专家问卷调查

ANP 的问卷设计与 AHP 的问卷相同，都是基于专家打分的判断矩阵。为了和本源评价的权重决策相一致，在此的专家选择也是本源评价权重确定中的 30 名专家，调查问卷如附录 E 所示。

2. 权重确定

按照图 5.6 所示设计 ANP 模型如图 5.7 所示，将专家调查打分结果输入 SD 软件，得到科技成果转化知识管理本体绩效评价的超矩阵如附录 D 表 1，元素组权重矩阵如图 5.8 所示，加权超矩阵如附录 D 表 2。

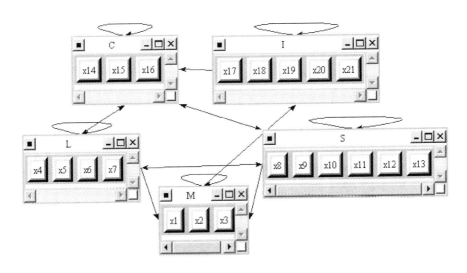

图 5.7　成果转化知识管理绩效本体评价指标权重确定 ANP 模型

对加权超矩阵进行极限计算可得到极限矩阵，取出极限矩阵中的任意一列都能得到成果转化知识管理绩效本体评价指标体系的指标权重，如图 5.9 所示。由图可知，知识整合与知识创新的权重稍大，知识学习与知识共享权重次之，知识对接权重稍小；单个指标权重没有占过大比重，各指标之间权重存在一定区别，能反映指标的重要性程度。因此，可以认为专家评分的本体绩效评价指标权重是有效的。

Cluster Node Labels	C	I	L	M	S
C	0.333333	0.200000	0.285714	0.000000	0.423587
I	0.000000	0.800000	0.000000	0.800000	0.000000
L	0.333333	0.000000	0.285714	0.000000	0.227045
M	0.000000	0.000000	0.142857	0.200000	0.122324
S	0.333333	0.000000	0.285714	0.000000	0.227045

图 5.8　元素组权重矩阵

Name	Normalized by Cluster	Limiting
x1	0.34287	0.022202
x2	0.34287	0.022202
x3	0.31426	0.020349
x8	0.25952	0.050697
x9	0.11143	0.021767
x10	0.11340	0.022152
x11	0.16764	0.032748
x12	0.16771	0.032761
x13	0.18030	0.035221
x4	0.33189	0.064834
x5	0.21832	0.042649
x6	0.25559	0.049928
x7	0.19420	0.037936
x14	0.35207	0.100530
x15	0.33526	0.095732
x16	0.31267	0.089281
x17	0.10808	0.027993
x18	0.21508	0.055708
x19	0.29350	0.076021
x20	0.09393	0.024329
x21	0.28941	0.074960

图 5.9　科技成果转化知识管理绩效本体评价指标权重

四、科技成果转化知识管理绩效本体评价的实证

（一）样本选择与数据获取

1. 样本选择

为了保持本源绩效、本体绩效和本旨绩效的可比性和可综合性，仍选择黑龙江省的 12 家大中型企业为评价对象，企业名单和基本情况如表 4.12 所示。

2. 问卷设计与数据获取

同样，调查问卷分为企业调查问卷和专家调查问卷两部分，企业调查问卷下发到 12 家样本企业，由其统计部门和其他部门合作完成，主要负责定量指标数据的收集；专家调查问卷则由每家样本企业各选出 5 名有经验专家完成。通过对问卷调查的数据进行整理加工，得到 2009 年 12 家样本企业的科技成果转化知识管理绩效本体评价的指标值如附录 B 表 3 所示。其中，定量指标的最大值和最小值将用于定量指标数据的无量纲化处理，定性指标隶属度将根据附录 A 表 2 中的评分标准进行反模糊化处理，预处理后的指标数据如附录 C 表 2 所示。

无量纲化公式为：

$$x'_{ij} = \frac{x_{ij} - \min\limits_{i} x_{ij}}{\max\limits_{i} x_{ij} - \min\limits_{i} x_{ij}} \tag{5-16}$$

其中，$\max\limits_{i} x_{ij}$、$\min\limits_{i} x_{ij}$ 分别为样本对应指标的最大值和最小值。

反模糊化公式为：

$$x_{ij} = \frac{f_{ij}^1 \times 0.1 + f_{ij}^2 \times 0.3 + f_{ij}^3 \times 0.5 + f_{ij}^4 \times 0.7 + f_{ij}^5 \times 0.9}{5} \qquad (5-17)$$

其中，f 为指标各等级对应的评分人数。

（二）模糊积分的基本原理与步骤

1. 模糊积分的内涵、原理与优势

（1）定义。Sugeno 在模糊测度的基础上定义了一种模糊积分，称为 Sugeno 积分，其定义如下：

设（X，F，g）是模糊测度空间，f：X→[0，1] 是 X 上的可测函数，A∈F。则 f 在 A 上关于模糊测度 g 的 Sugeno 模糊积分定义为：

$$\int_A f dg = \sup_{\alpha \in [0,1]} (\alpha \wedge g(A \cap F_\alpha)) \qquad (5-18)$$

其中，α 为阈值，$F_\alpha = \{x \mid f(x) \geq \alpha\}$（$\alpha \in [0，1]$），A 为模糊积分的定义域（Josie & Christian，2020）。

（2）原理与优势。模糊积分相对于其他评价方法，突出的是指标的重要性与指标值的均衡与累积，如果评价样本在某些指标上指标值出现"短板"，将失去和其他评价样本相提并论的资格，有利于筛选出全面发展和可持续发展的样本。而根据这个目标，模糊积分方法采用的是指标的非线性布尔运算方式，能消除指标间多重共线性的影响，使评价结果更为科学。在科技成果转化知识管理本体绩效评价中，各指标之间存在非线性相互影响的作用，采用一般的综合评价方法不能保证评价结果的科学准确性，而模糊积分方法则恰好满足要求，是解决本体绩效评价的有效方法。

2. 模糊积分方法的计算步骤

（1）模糊密度的确定。通过问卷调查，由有关专家根据模糊密度的语意变量表给出各个评价指标模糊密度的语意值，然后采取解模糊化运算得到模糊密度值。由于模糊密度代表的是指标在重要程度上的频率，因此，本书就用权重代替。

（2）求解 λ 值。根据求得的模糊密度 $g = \{g(x_i^k) \mid k = 1, \cdots, n;$ $i = 1, \cdots, n_k\}$，求解式（5-19）可得到各指标的 λ 值。

$$\min \left| 1 - \frac{1}{\lambda_k} \left[\prod_{i=1}^{n_k} (1 + \lambda_k g(x_i^k)) - 1 \right] \right| \quad \text{s. t.} \quad -1 < \lambda < \infty \qquad (5-19)$$

现有的 λ 模糊测度确定方法应用在实际评价问题中还存在一定的局限性，有学者通过研究，提出了一种新的 λ 模糊测度确定方法（毕克新，2006），其结论如表 5.5 所示。

表 5.5　重视度及 λ 值设定原则

λ 值	重视度	评价要求和目的
趋近于 −1 的数	该项提高	重视某单项或多项评价指标表现优异的评价对象
小于 0 趋近于 0 的数	相等	重视评价指标表现整齐与某单项或多项评价指标表现优异的评价对象
等于 0 的数	无约束	重视评价指标表现整齐的评价对象
大于 0 趋近于 0 的数	相等	重视表现整齐的评价对象
趋近于 ∞ 的数	该项提高	严惩落后指标

（3）指标值排序。将各评价样本的各指标按照降序重新排列，$f(x_{i_1}^k) \geq \cdots \geq f(x_{i_{nk}}^k)$。

（4）计算模糊测度。

$$g_\lambda(\{x_1, \cdots, x_n\}) = \frac{1}{\lambda} \left| \prod_{i=1}^{n} (1 + \lambda g(x_i)) - 1 \right| \qquad (5-20)$$

（5）计算模糊积分评价结果。

$$f(x_k) = f(x_{i_{nk}}^k) g_\lambda(\{x_{i_1}^k, \cdots, x_{i_{nk}}^k\}) + \cdots + (f(x_{i_{nj}}^k) - f(x_{i_{n(j+1)}}^k))$$

$$g_\lambda(\{x_{i_1}^k, \cdots, x_{i_{nj}}^k\}) + \cdots + (f(x_{i_{n1}}^k) - f(x_{i_{n2}}^k)) g_\lambda(x_{i_1}^k) \qquad (5-21)$$

（三）绩效本体评价实证分析

以样本企业 A 为例说明成果转化知识管理绩效本体评价实证的模糊积分计算过程，采用 Excel 软件进行计算，如表 5.6 所示。为了综合考虑评价样本指标间的均衡性与优异指标的稍加突出，取 λ = −0.1。

表 5.6　样本企业 A 的绩效本体评价实证

指标与权重（降序排列）			模糊测度	模糊积分
符号	指标值	模糊密度		
x_{16}	0.74	0.09	0.09	0.01
x_1	0.62	0.02	0.12	0.00
x_2	0.62	0.02	0.14	0.01
x_4	0.58	0.06	0.21	0.00
x_9	0.58	0.02	0.23	0.01
x_{21}	0.53	0.08	0.31	0.01
x_8	0.50	0.05	0.36	0.03
x_3	0.42	0.02	0.38	0.02
x_{14}	0.38	0.10	0.48	0.00
x_{15}	0.38	0.10	0.58	0.02
x_7	0.34	0.04	0.61	0.04
x_5	0.28	0.04	0.65	0.06
x_6	0.19	0.05	0.70	0.06
x_{12}	0.11	0.03	0.74	0.01
x_{19}	0.10	0.08	0.81	0.02
x_{20}	0.08	0.02	0.83	0.01
x_{10}	0.07	0.02	0.85	0.03
x_{17}	0.03	0.03	0.88	0.00
x_{18}	0.03	0.06	0.94	0.03
x_{11}	0.00	0.03	0.97	0.00
x_{13}	0.00	0.04	1.00	0.00
模糊积分计算结果［sum（模糊积分）］				0.35

　　同样，可以计算得到其他 11 家样本企业的模糊积分评价结果，科技成果转化知识管理绩效本体评价值如表 5.7 所示。由评价结果可知，本体绩效较高的样本单位是企业 F（东北轻合金有限责任公司）、企业 I（哈尔滨东安发动机有限公司）、企业 B（齐齐哈尔二机床有限责任公司）和企业 L（齐重数控装备股份有限公司）等，都是黑龙江省的著名大型企业；而本体绩效较低的样本单位是企业 E（鸡西煤矿机械有限公司）、企业 G（汉枫缓释肥料有限公司）等，相对于绩效高的样本企业而言，这些企业无论知名度、规模和技术都要略逊一筹。因此，评价结果还是能基本反映

出企业科技成果转化知识管理运行的实际状况。

表 5.7　样本企业绩效本体评价结果

样本	A	B	C	D	E	F	G	H	I	J	K	L
本体绩效 O	0.35	0.54	0.37	0.49	0.26	0.72	0.30	0.39	0.55	0.33	0.39	0.50
排名	9	3	8	5	12	1	11	6	2	10	6	4

（四）评价结果分析

1. λ 取值稳定性分析

由于模糊积分评价结果对 λ 取值具有依赖性，λ 取值不同，评价结果不同。如果模糊积分评价结果对 λ 的敏感性过大，则说明评价结果不一定是可靠的；而如果模糊积分评价结果对 λ 取值表现出一定程度上的稳定性，则说明模糊积分结果也具有稳定性和可靠性。为此，取 λ 值分别为 -1、-0.75、-0.5、-0.25、0、0.25、0.5、0.75、1 和取值为 -0.1 的评价结果作比较，检验评价结果对 λ 值的稳定性，如图 5.10 所示。

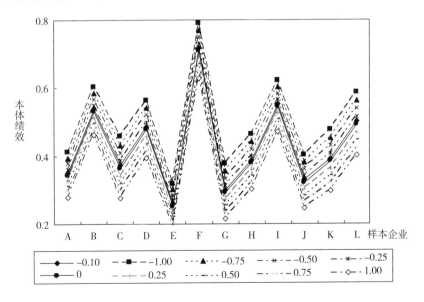

图 5.10　本体绩效评价结果对 λ 值的稳定性

由图 5.10 可知，λ 值对模糊积分评价结果的绝对值会有一定影响，但对不同评价对象评价结果的相对值影响很小，基本不会改变样本企业的排序状况。而且，由 λ 值取 −1 和 1 的两组评价结果可知，评价结果最大变动在 0.2 左右，对评价结果的绝对值影响在 50% 左右，在 λ 值的较大取值区间内只有如此大的波动，说明评价结果对 λ 取值具有一定稳定性，不会对评价结果的科学性产生较大影响。

2. 一致性分析

由科技成果转化知识管理本源绩效、本体绩效和本旨绩效之间的相互关系可知，本源绩效与本体绩效之间存在一定程度上的关联关系。因此，分析样本企业本源绩效评价结果与本体绩效评价结果的一致性趋势，能从一定程度上进一步验证本体绩效评价结果的可靠性，如图 5.11 所示。

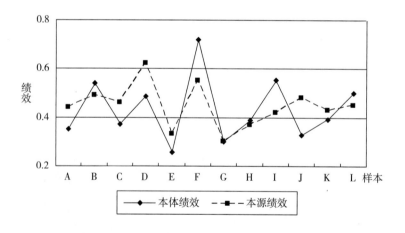

图 5.11　本源绩效与本体绩效评价结果的一致性

由图 5.11 可知，除了样本企业 J 在本体绩效评价结果中发生了较大逆转以外，其他样本企业的评价结果和排序状况基本保持一致。这既检验了评价模型与方法的合理性，也证明了基础理论分析的科学性。

3. 权重敏感性分析

采用模糊积分评价科技成果转化知识管理本体绩效时，除了参数 λ 取值会影响评价结果以外，对评价结果影响较大的就是模糊密度（权重）了。为了对权重进行敏感性分析，采用仿真方法检验 21 个指标的权重在 ［-5%，5%］以内自由变动（重新归一化）时，对 12 家样本企业排序的影响（考虑样本企业不在原来排序位置上的家数以及每个样本企业发生的相对变动区间），设置仿真次数为 500，使用的软件为 Matlab。由图 5.12 可知，在权重自由变化时，绩效本体评价结果对权重变化是不敏感的，权重的变化只使各评价对象的评价结果出现微小变化（经计算，约在 ［-2%，2%］范围内变化），不会影响各样本企业的排序状况。因此，科技成果转化知识管理本体绩效评价结果对权重是有一定稳定性的，评价结果科学可靠。

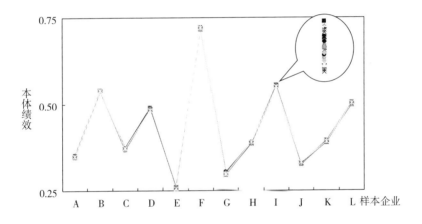

图 5.12　绩效本体评价结果的权重敏感性

第六章

科技成果转化知识管理绩效的本旨评价

科技成果转化知识管理绩效的本旨评价，测量的是通过知识管理促进科技成果转化效率提升、经济效益增加、核心竞争力增强和持续竞争优势培育的实现程度。科技成果转化组织实施知识管理的目标是有利于科技成果转化，如果科技成果转化效果和效率不能得到提高，知识管理的投入与运行就是无效的。对于成果转化组织而言，知识管理既能为其带来短期（显在）效益，也能为其带来长期（潜在）效益，短期效益可以通过一些统计指标测量，长期效益的测量则需要专家评估。将短期效益与长期效益相结合，是科学评价知识管理本旨绩效应遵循的原则与重点。

一、科技成果转化知识管理目标体系与本旨绩效构成

（一）科技成果转化知识管理目标体系

科技成果转化组织的知识管理目标体系应与其战略规划相一致，企业

从事科技成果转化活动工作，最基本的目标是需要创造经济效益，获得新产品开发的利润，而长远目标是培育区别于竞争对手的核心竞争力和获取市场、客户认可的持续竞争优势。因此，科技成果转化知识管理的目标体系也应该分为短期、中期和长期三个层面，而且因为科技成果转化与知识管理的耦合要素就是知识（确切地说是新知识），因此，目标体系的三个层面也是围绕新知识以及其创造的新价值展开，如图6.1所示。

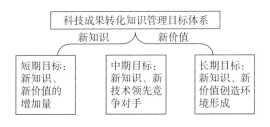

图6.1　成果转化知识管理目标体系

短期目标是通过知识管理获得成果转化经济效益的增加，重视的是新知识的增加量。对于成果转化组织而言，其获得经济效益的主要方式是开发新产品，获得新产品利润，而知识管理在新产品开发过程中的作用是促进知识获取、流转和创造，提高成果转化效率，增加新产品知识含量，使企业新产品开发效益增加。

中期目标是通过知识管理使企业核心竞争力增强，强调的是新知识的领先程度。对于成果转化组织而言，新产品在推向市场后能获得经济效益是非常重要的，但经济效益能保持的时间、营销的范围以及企业能源源不断进行新产品更新换代和推出更多新产品则更为重要，企业开发的新产品要能在行业内维持稳定的竞争地位，必须具备自身的核心竞争力，使竞争对手难以在短期内开发相似产品赶超成果转化组织。而知识管理正是通过为企业开发的新产品注入更多的知识含量而阻碍竞争对手的模仿复制，为企业带来组织、技术上的核心竞争力。

长期目标是通过知识管理为企业带来持续的竞争优势，强调的是新知识创造环境的形成。持续竞争优势的获取并不是通过科技成果转化活动能积累起来的，而是组织结构和机制长期、持续优化的结果。企业实施知识管理，为企业提供一种更有利于知识流动和扩散的环境，为企业带来更多的知识创新思想与机会，这对于企业的文化氛围、组织柔性、知识吸收创造能力都具有重要的作用，为此，知识管理在辅助科技成果转化的同时改变了企业组织架构和内部机制，为企业持续竞争优势的获取创造有利条件。

（二）科技成果转化知识管理本旨绩效构成

根据科技成果转化知识管理本旨绩效的内涵，本旨绩效是知识管理产出过程中实现的效益产出，反映的是目标体系的实现程度。而成果转化目标体系由短期目标、中期目标和长期目标三层次构成，因此，本旨绩效也相应地体现为经济效益、核心竞争力和持续竞争优势三个方面。

在科技成果转化过程中，知识管理的经济效益可通过三种形式体现：一是新产品利润增加；二是生产运营效率提高；三是知识型收入增加，即通过知识转让直接创收。知识管理实现的经济效益通过成果转化新产品的效益体现，与新知识、新产品创造收益无关的价值增值虽然也可能受到知识管理的有利影响，但它们更多的是源于投入增加、营销强度增大、市场环境变化等另外一些因素的影响。

知识管理为科技成果转化嵌入更多的知识增量，使成果转化新产品能相对于竞争对手的产品更具有超前性、高质量、高功能、高附加值，在行业竞争中获得技术领先地位。在科技成果转化中，核心竞争力更多地体现为核心知识（如发明专利）、核心技术（如领先技术）、核心能力（如营销能力）的掌握程度，正是企业掌握了核心知识，使竞争对手难以模仿与复制，进而使新产品与竞争对手产品产生异质性，为企业带来更多的价值增值。

持续竞争优势来自两个方面：一方面是由于企业能为市场和客户带来具有长期竞争地位的产品而积累起的品牌优势；另一方面是企业内部形成

良性循环持续改进而培育出的组织优势。持续竞争优势的内源与外源的交替与互动是竞争优势能持续产生的根本来源。

综上所述，可按照经济效益、核心竞争力和持续竞争优势三方面构建科技成果转化知识管理绩效本旨评价的初始指标体系如表6.1所示。

表6.1　科技成果转化知识管理绩效本旨评价初始指标体系

目标层	一级指标	二级指标	三级指标	符号
科技成果转化知识管理本旨绩效	经济效益	新产品利润	新产品年销售收入占总产品销售收入比重	x_1
			新产品资金利润率	x_2
		生产运营效率	全员劳动生产率	x_3
			新产品利润与信息化投入比率	x_4
			新产品利润与培训费比率	x_5
		知识型收入	技术转让收入占销售收入比重	x_6
	核心竞争力	核心知识	专利产出率	x_7
			发明专利授权量	x_8
		核心技术	科技成果转化率	x_9
			新产品技术国内外领先程度	x_{10}
		核心能力	新产品国内国际市场占有率	x_{11}
			新产品国内外营销网络覆盖率	x_{12}
			产品与技术自主创新能力	x_{13}
	持续竞争优势	外源优势	商誉	x_{14}
			企业资信度	x_{15}
			品牌知名度	x_{16}
			客户忠诚度	x_{17}
			行业领先程度	x_{18}
			政府政策、法制支持度	x_{19}
		内源优势	企业与环境的和谐状况	x_{20}
			企业文化影响力	x_{21}

二、科技成果转化知识管理绩效本旨评价 指标体系设计

（一）ELECTRE I 的原理与步骤

1. ELECTRE I 的选择与原理

科技成果转化知识管理绩效本旨评价初始指标体系的指标设计是否合理，有待进一步的专家咨询与调查。由于上述指标体系中有些指标是比较相似的，如新产品利润与信息化投入比率和新产品利润与培训费比率、专利产出率和发明专利授权量等指标，如果仅考虑其是否合理，可能很难对其进行区分。因此，需要采用两两对比的方法，将其中部分不合理、重复性的指标删除，保证评价结果的准确性。ELECTRE I 方法不在于对合理指标集合一次性进行完全排序，而是构建一种较弱的排序关系，利用级别不劣于关系逐步剔除合理性级别较低的指标方案，符合指标筛选的要求（喻登科，2011）。

ELECTRE I 的分析结果不是确定每个指标的合理性得分，而是指标的排序或分类。在决策过程中综合决策数据和专家的偏好信息，确定某一指标是否不劣于另一指标，其基于两个指数的评价：一致指数 c 表示任一对指标偏好关系的支持程度；不一致指数 d 表明任一对指标偏好关系的反对程度。ELECTRE I 建立指标间级别不劣于关系的思路（杨保安和张科静，2008）如图 6.2 所示。

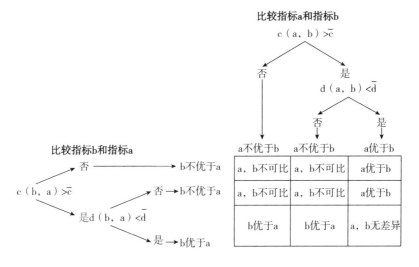

图 6.2　级别不劣于关系

2. ELECTRE Ⅰ 的分析步骤

（1）构建规范化决策矩阵 R = ［r$_{ij}$］。

$$r_{ij} = \frac{x_{ij}}{\sqrt{\sum_{i=1}^{m} x_{ij}^2}} \tag{6-1}$$

（2）构造加权规范化矩阵 V = R × W。

（3）确定属性一致集和不一致集。针对任何一对指标 a 和 b，属性集合被分为一致集 C$_{ab}$ 和不一致集 D$_{ab}$ = J − C$_{ab}$ 两个子集合。一致集表示 a 指标表现不劣于 b 指标的属性集，不一致集为一致集的补集。

（4）计算一致指数矩阵。一致指数为所有的优势集中的属性权重之和，也称和谐指数。所有两两比较的指标对，其一致指数构成一致指数矩阵 C。

$$c(a,b) = \sum_{j \in C_{ab}} \omega_j \tag{6-2}$$

（5）计算不一致矩阵。

$$d(a, b) = \frac{\max\limits_{j \in D_{ab}} |v_{aj} - v_{bj}|}{\max\limits_{j \in J, s, t \in I} |v_{sj} - v_{tj}|} \tag{6-3}$$

（6）确定一致指数矩阵。

$$\bar{c} = \frac{1}{m(m-1)} \sum_{a=1,a\neq b}^{m} \sum_{b=1,a\neq b}^{m} c(a,b) \tag{6-4}$$

构造 0 - 1 矩阵 F，F = {f(a, b)}：

$$f(a, b) = \begin{cases} 1 & c(a, b) \geqslant \bar{c} \\ 0 & c(a, b) \geqslant \bar{c} \end{cases} \tag{6-5}$$

（7）确定不一致指数矩阵。

$$\bar{d} = \frac{1}{m(m-1)} \sum_{a=1,a\neq b}^{m} \sum_{b=1,a\neq b}^{m} d(a,b) \tag{6-6}$$

构造 0 - 1 矩阵 G，G = {g(a, b)}：

$$g(a, b) = \begin{cases} 1 & g(a, b) \geqslant \bar{g} \\ 0 & g(a, b) \geqslant \bar{g} \end{cases} \tag{6-7}$$

（8）综合优势判定矩阵。

$$E = \{e(a, b)\} \quad e(a, b) = f(a, b) \times g(a, b) \tag{6-8}$$

（9）确定指标合理性优劣关系。从 E 矩阵分析决策结果，若任何一列上只要有一个元素为 1，则该指标应被剔除，因为列为 1 的指标意味着其合理性劣于对应行的指标。

（二）科技成果转化知识管理绩效本旨评价指标的选择

1. 问卷调查与数据获取

为了和知识管理本源绩效和本体绩效评价保持一致，选择专家与问卷回收状况都与其相同，问卷见附录 E，共发出 80 份，收回 35 份。在调查问卷中，为每个指标设计 5 个合理性等级，分别为很不合理、较不合理、一般合理、较合理和非常合理，其对应的分值分别为（0.1、0.3、0.5、0.7、0.9），将其归一化即得到权重向量 W =（0.04、0.12、0.20、0.28、0.36）。通过对专家调查问卷数据进行统计整理，得到各指标专家合理性打分状况见附录 B 表 4。

2. 矩阵计算与指标比较

（1）构造规范化决策矩阵。

$$
R = \begin{bmatrix}
0.00 & 0.23 & 0.00 & 0.00 & 0.23 & 0.27 & 0.36 & 0.23 & 0.00 & 0.05 & 0.23 & 0.36 & 0.14 & 0.09 & 0.41 & 0.05 & 0.23 & 0.18 & 0.32 & 0.23 & 0.18 \\
0.00 & 0.33 & 0.04 & 0.15 & 0.33 & 0.15 & 0.38 & 0.13 & 0.08 & 0.15 & 0.17 & 0.33 & 0.15 & 0.10 & 0.33 & 0.15 & 0.33 & 0.10 & 0.29 & 0.13 & 0.15 \\
0.03 & 0.23 & 0.16 & 0.31 & 0.14 & 0.26 & 0.09 & 0.16 & 0.14 & 0.24 & 0.26 & 0.17 & 0.33 & 0.31 & 0.09 & 0.16 & 0.17 & 0.33 & 0.17 & 0.31 & 0.16 \\
0.22 & 0.00 & 0.41 & 0.14 & 0.17 & 0.06 & 0.28 & 0.55 & 0.28 & 0.17 & 0.00 & 0.08 & 0.11 & 0.25 & 0.08 & 0.14 & 0.08 & 0.08 & 0.28 \\
0.86 & 0.00 & 0.31 & 0.14 & 0.00 & 0.00 & 0.00 & 0.14 & 0.10 & 0.07 & 0.00 & 0.00 & 0.07 & 0.10 & 0.00 & 0.27 & 0.00 & 0.07 & 0.00 & 0.07 & 0.14 \\
\end{bmatrix}^T
$$

$$(6-9)$$

（2）构造加权规范化矩阵。

$$
V = \begin{bmatrix}
0.00 & 0.01 & 0.00 & 0.00 & 0.01 & 0.01 & 0.01 & 0.01 & 0.00 & 0.00 & 0.01 & 0.01 & 0.01 & 0.00 & 0.02 & 0.00 & 0.01 & 0.01 & 0.01 & 0.01 & 0.01 \\
0.00 & 0.04 & 0.00 & 0.02 & 0.04 & 0.02 & 0.05 & 0.02 & 0.01 & 0.02 & 0.02 & 0.04 & 0.02 & 0.01 & 0.04 & 0.02 & 0.04 & 0.01 & 0.03 & 0.02 & 0.02 \\
0.01 & 0.05 & 0.03 & 0.06 & 0.03 & 0.05 & 0.02 & 0.03 & 0.03 & 0.05 & 0.05 & 0.03 & 0.07 & 0.06 & 0.02 & 0.03 & 0.03 & 0.07 & 0.03 & 0.06 & 0.03 \\
0.06 & 0.00 & 0.12 & 0.04 & 0.04 & 0.05 & 0.02 & 0.08 & 0.15 & 0.08 & 0.00 & 0.02 & 0.03 & 0.07 & 0.02 & 0.04 & 0.02 & 0.02 & 0.08 \\
0.31 & 0.00 & 0.11 & 0.05 & 0.00 & 0.00 & 0.00 & 0.05 & 0.04 & 0.02 & 0.00 & 0.00 & 0.02 & 0.04 & 0.00 & 0.10 & 0.00 & 0.02 & 0.00 & 0.02 & 0.05 \\
\end{bmatrix}^T
$$

$$(6-10)$$

（3）确定优势集与劣势集。依照加权规范化矩阵（6-10）对所有指标进行两两对比，得到优势集合见附录 D 表 3，劣势集合为优势集合的补集。

（4）计算一致指数矩阵和不一致指数矩阵。一致指数矩阵见附录 D 表 4，不一致指数矩阵见附录 D 表 5。

（5）确定优势矩阵和劣势矩阵。根据式（6-11）和式（6-12）计算得到一致指数和不一致指数的均值，再根据均值进行矩阵截取，得到优势矩阵如式（6-13）和劣势矩阵如式（6-14）。

（6）确定综合优势矩阵。由 F 和 G 计算出综合优势矩阵 E 如式（6-15），对 E 取每行之和，然后按照降序顺序排列如表6.6所示。

$$
\bar{c} = \frac{\sum\limits_{a=1, a \neq b}^{21} \sum\limits_{b=1}^{21} c(a,b)}{21 \times 20} = 0.566 \tag{6-11}
$$

$$
\bar{d} = \frac{\sum\limits_{a=1, a \neq b}^{21} \sum\limits_{b=1}^{21} d(a,b)}{21 \times 20} = 0.161 \tag{6-12}
$$

$$F = \begin{bmatrix}
- & 1 & 0 & 1 & 1 & 1 & 1 & 0 & 0 & 0 & 1 & 1 & 1 & 1 & 1 & 0 & 1 & 1 & 1 & 1 & 0 \\
0 & - & 0 & 0 & 1 & 0 & 0 & 0 & 0 & 0 & 1 & 0 & 0 & 1 & 0 & 1 & 0 & 1 & 0 & 1 & 0 & 0 \\
1 & 1 & - & 1 & 1 & 1 & 1 & 1 & 1 & 1 & 1 & 1 & 1 & 1 & 1 & 1 & 1 & 1 & 1 & 1 & 1 \\
0 & 1 & 0 & - & 1 & 1 & 1 & 1 & 1 & 0 & 1 & 1 & 1 & 1 & 0 & 1 & 1 & 1 & 1 & 1 \\
0 & 1 & 0 & 0 & - & 0 & 1 & 0 & 0 & 0 & 0 & 1 & 0 & 0 & 1 & 0 & 1 & 0 & 1 & 0 & 0 \\
0 & 1 & 0 & 0 & 1 & - & 1 & 0 & 0 & 0 & 1 & 1 & 0 & 0 & 1 & 0 & 1 & 0 & 1 & 0 & 0 \\
0 & 1 & 0 & 0 & 0 & 0 & - & 0 & 0 & 0 & 1 & 0 & 0 & 1 & 0 & 0 & 0 & 0 & 0 & 0 \\
1 & 1 & 0 & 1 & 1 & 1 & 1 & - & 1 & 1 & 1 & 1 & 1 & 1 & 1 & 0 & 1 & 1 & 1 & 1 \\
1 & 1 & 0 & 0 & 1 & 1 & 1 & 0 & - & 1 & 1 & 1 & 1 & 1 & 1 & 0 & 1 & 1 & 1 & 0 \\
1 & 1 & 0 & 0 & 1 & 1 & 1 & 1 & 0 & - & 1 & 1 & 1 & 0 & 1 & 1 & 1 & 1 & 1 & 1 \\
0 & 1 & 0 & 0 & 1 & 1 & 1 & 0 & 0 & 0 & - & 1 & 0 & 0 & 1 & 0 & 1 & 0 & 1 & 0 & 0 \\
0 & 1 & 0 & 0 & 1 & 0 & 1 & 0 & 0 & 0 & 0 & - & 0 & 0 & 1 & 0 & 1 & 0 & 1 & 0 & 0 \\
0 & 1 & 0 & 0 & 0 & 1 & 1 & 0 & 0 & 1 & 0 & 1 & - & 0 & 0 & 0 & 1 & 1 & 1 & 0 \\
0 & 1 & 0 & 0 & 1 & 1 & 1 & 0 & 1 & 1 & 1 & 1 & - & 1 & 0 & 1 & 1 & 1 & 1 & 0 \\
0 & 1 & 0 & 0 & 0 & 0 & 1 & 0 & 0 & 0 & 0 & 1 & 0 & 0 & - & 0 & 1 & 0 & 1 & 0 & 0 \\
1 & 1 & 0 & 1 & 1 & 1 & 1 & 1 & 1 & 0 & 1 & 1 & 1 & 1 & 1 & - & 1 & 1 & 1 & 1 \\
0 & 1 & 0 & 0 & 1 & 0 & 1 & 0 & 0 & 0 & 0 & 1 & 0 & 0 & 1 & 0 & - & 0 & 1 & 0 & 0 \\
0 & 1 & 0 & 0 & 1 & 0 & 1 & 0 & 0 & 1 & 0 & 1 & 1 & 0 & 1 & 0 & 1 & - & 1 & 1 & 0 \\
0 & 1 & 0 & 0 & 1 & 0 & 1 & 0 & 0 & 0 & 0 & 1 & 0 & 0 & 0 & 0 & 1 & 0 & - & 0 & 0 \\
0 & 1 & 0 & 0 & 1 & 0 & 1 & 0 & 0 & 1 & 1 & 1 & 1 & 0 & 0 & 0 & 1 & 0 & 1 & - & 0 \\
1 & 1 & 0 & 1 & 1 & 1 & 1 & 1 & 1 & 1 & 1 & 1 & 1 & 1 & 1 & 1 & 1 & 1 & 1 & 1 & -
\end{bmatrix}$$

$$(6-13)$$

$$
G = \begin{bmatrix}
- & 1 & 0 & 0 & 1 & 1 & 1 & 1 & 0 & 1 & 1 & 1 & 0 & 0 & 1 & 1 & 1 & 0 & 1 & 0 & 1 \\
0 & - & 0 & 1 & 1 & 1 & 1 & 0 & 0 & 0 & 1 & 1 & 1 & 0 & 1 & 0 & 1 & 1 & 1 & 1 & 0 \\
0 & 1 & - & 1 & 1 & 1 & 1 & 1 & 1 & 1 & 1 & 1 & 1 & 1 & 1 & 1 & 1 & 1 & 1 & 1 & 1 \\
0 & 1 & 0 & - & 1 & 1 & 1 & 1 & 0 & 1 & 1 & 1 & 1 & 1 & 1 & 1 & 1 & 1 & 1 & 1 & 1 \\
0 & 1 & 0 & 1 & - & 1 & 1 & 1 & 0 & 1 & 1 & 1 & 1 & 1 & 1 & 0 & 1 & 1 & 1 & 1 & 1 \\
0 & 1 & 0 & 1 & 1 & - & 1 & 1 & 0 & 1 & 1 & 1 & 1 & 1 & 1 & 0 & 1 & 1 & 1 & 1 & 1 \\
0 & 1 & 0 & 1 & 1 & 1 & - & 0 & 0 & 0 & 1 & 1 & 1 & 1 & 1 & 0 & 1 & 1 & 1 & 1 & 0 \\
0 & 1 & 0 & 1 & 1 & 1 & 1 & - & 0 & 1 & 1 & 1 & 1 & 1 & 1 & 0 & 1 & 1 & 1 & 1 & 1 \\
0 & 1 & 0 & 1 & 1 & 1 & 1 & 1 & - & 1 & 1 & 1 & 1 & 1 & 0 & 1 & 1 & 1 & 1 & 1 & 1 \\
0 & 1 & 0 & 1 & 1 & 1 & 1 & 1 & 0 & - & 1 & 1 & 1 & 1 & 0 & 1 & 1 & 1 & 1 & 1 & 1 \\
0 & 1 & 0 & 1 & 1 & 1 & 1 & 1 & 0 & 1 & - & 1 & 1 & 1 & 0 & 1 & 1 & 1 & 1 & 1 & 1 \\
0 & 1 & 0 & 1 & 1 & 1 & 0 & 0 & 0 & 1 & - & 1 & 0 & 1 & 0 & 1 & 1 & 1 & 1 & 0 & \\
0 & 1 & 0 & 1 & 1 & 1 & 0 & 0 & 0 & 1 & 1 & - & 1 & 1 & 0 & 1 & 1 & 1 & 1 & 0 & \\
0 & 1 & 0 & 1 & 1 & 1 & 1 & 1 & 0 & 1 & 1 & 1 & - & 1 & 0 & 1 & 1 & 1 & 1 & 1 & \\
0 & 1 & 0 & 1 & 1 & 1 & 1 & 1 & 0 & 1 & 1 & 1 & 1 & - & 0 & 1 & 1 & 1 & 1 & 1 & \\
0 & 1 & 1 & 1 & 1 & 1 & 1 & 1 & 0 & 1 & 1 & 1 & 1 & 1 & - & 1 & 1 & 1 & 1 & 1 & \\
0 & 1 & 0 & 1 & 1 & 1 & 1 & 0 & 0 & 0 & 1 & 1 & 1 & 1 & 0 & - & 1 & 1 & 1 & 0 & \\
0 & 1 & 0 & 1 & 1 & 1 & 1 & 1 & 0 & 1 & 1 & 1 & 1 & 1 & 0 & 1 & - & 1 & 1 & 1 & \\
0 & 1 & 0 & 1 & 1 & 1 & 1 & 0 & 0 & 0 & 1 & 1 & 1 & 1 & 0 & 1 & 1 & & 1 & 0 & \\
0 & 1 & 0 & 1 & 1 & 1 & 1 & 0 & 0 & 0 & 1 & 1 & 1 & 1 & 0 & 1 & 1 & 1 & - & 0 & \\
0 & 1 & 0 & 1 & 1 & 1 & 1 & 0 & 1 & 1 & 1 & 1 & 1 & 1 & 1 & 1 & 1 & 1 & 1 & - & \\
\end{bmatrix}
$$

$$(6-14)$$

$$
E = \begin{bmatrix}
- & 1 & 0 & 0 & 1 & 1 & 1 & 0 & 0 & 0 & 1 & 1 & 0 & 0 & 1 & 0 & 1 & 0 & 1 & 0 & 0 \\
0 & - & 0 & 0 & 1 & 0 & 0 & 0 & 0 & 0 & 1 & 0 & 0 & 1 & 0 & 1 & 0 & 1 & 0 & 0 \\
0 & 1 & - & 1 & 1 & 1 & 1 & 1 & 1 & 1 & 1 & 1 & 1 & 1 & 1 & 1 & 1 & 1 & 1 & 1 & 1 \\
0 & 1 & 0 & - & 1 & 1 & 1 & 1 & 0 & 1 & 0 & 1 & 1 & 1 & 0 & 1 & 1 & 1 & 1 & 1 & 1 \\
0 & 1 & 0 & 0 & - & 0 & 1 & 0 & 0 & 0 & 0 & 0 & 1 & 0 & 1 & 0 & 1 & 0 & 0 \\
0 & 1 & 0 & 0 & 1 & - & 1 & 0 & 0 & 0 & 1 & 1 & 0 & 0 & 1 & 0 & 1 & 0 & 1 & 0 & 0 \\
0 & 1 & 0 & 0 & 0 & 0 & - & 0 & 0 & 0 & 0 & 1 & 0 & 0 & 1 & 0 & 0 & 0 & 0 & 0 & 0 \\
0 & 1 & 0 & 1 & 1 & 1 & 1 & - & 0 & 1 & 1 & 1 & 1 & 1 & 1 & 0 & 1 & 1 & 1 & 1 & 1 \\
0 & 1 & 0 & 0 & 1 & 1 & 1 & 0 & - & 1 & 1 & 1 & 1 & 1 & 0 & 1 & 1 & 1 & 1 & 0 \\
0 & 1 & 0 & 0 & 1 & 1 & 1 & 1 & 0 & - & 1 & 1 & 1 & 0 & 1 & 0 & 1 & 1 & 1 & 1 & 1 \\
0 & 1 & 0 & 0 & 1 & 1 & 1 & 0 & 0 & 0 & - & 1 & 0 & 0 & 1 & 0 & 1 & 0 & 1 & 0 & 0 \\
0 & 1 & 0 & 0 & 1 & 0 & 1 & 0 & 0 & 0 & 0 & - & 0 & 0 & 1 & 0 & 1 & 0 & 1 & 0 & 0 \\
0 & 1 & 0 & 0 & 0 & 1 & 1 & 0 & 0 & 0 & 1 & - & 0 & 0 & 0 & 1 & 1 & 1 & 1 & 0 \\
0 & 1 & 0 & 0 & 1 & 1 & 1 & 0 & 0 & 1 & 1 & 1 & 1 & - & 1 & 0 & 1 & 1 & 1 & 1 & 0 \\
0 & 1 & 0 & 0 & 0 & 0 & 1 & 0 & 0 & 0 & 0 & 1 & 0 & 0 & - & 0 & 1 & 0 & 1 & 0 & 0 \\
0 & 1 & 0 & 1 & 1 & 1 & 1 & 0 & 0 & 1 & 1 & 1 & 1 & 1 & - & 1 & 1 & 1 & 1 & 1 \\
0 & 1 & 0 & 0 & 1 & 0 & 1 & 0 & 0 & 0 & 0 & 1 & 0 & 0 & 1 & 0 & - & 0 & 1 & 0 & 0 \\
0 & 1 & 0 & 0 & 1 & 0 & 1 & 0 & 0 & 1 & 0 & 1 & 1 & 0 & 1 & 0 & 1 & - & 1 & 1 & 0 \\
0 & 1 & 0 & 0 & 1 & 0 & 1 & 0 & 0 & 0 & 0 & 1 & 0 & 0 & 0 & 1 & 0 & - & 0 & 0 \\
0 & 1 & 0 & 0 & 1 & 0 & 1 & 0 & 0 & 0 & 1 & 1 & 1 & 0 & 0 & 0 & 1 & 0 & 1 & - & 0 \\
0 & 1 & 0 & 1 & 1 & 1 & 1 & 1 & 0 & 1 & 1 & 1 & 1 & 1 & 1 & 1 & 1 & 1 & 1 & 1 & -
\end{bmatrix}
$$

$$(6-15)$$

表 6.2　指标合理性综合优势降序排列

指标	x_3	x_{21}	x_8	x_{16}	x_4	x_9	x_{10}	x_{14}	x_{18}	x_1	x_6	x_{11}	x_{13}	x_{20}	x_5	x_{12}	x_{17}	x_2	x_{15}	x_{19}	x_7
优势	19	17	16	16	15	14	14	13	10	9	8	8	8	8	6	6	6	5	5	5	3

根据表 6.2，筛选出 $\dfrac{2}{3}$ 的合理性指标作为科技成果转化知识管理本旨

绩效评价指标，因此，指标 x_3、x_{21}、x_8、x_{16}、x_4、x_9、x_{10}、x_{14}、x_{18}、x_1、x_6、x_{11}、x_{13}、x_{20} 被选取，指标 x_5、x_{12}、x_{17}、x_2、x_{15}、x_{19}、x_7 被剔除。

（三）科技成果转化知识管理绩效本旨评价指标体系的确立

根据 ELECTRE Ⅰ指标筛选的结果，构建科技成果转化知识管理本旨绩效评价指标体系如图 6.3 所示，图中对指标进行了重新标号。指标体系共包含 14 个底层指标，其中定性指标和定量指标各 7 个。

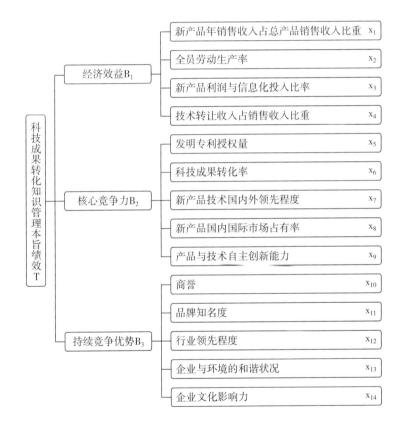

图 6.3　科技成果转化知识管理本旨绩效评价指标体系

为了使指标体系更为集中，初始指标体系中的二级指标直接删除，最终评价指标体系中采用三级结构。定量指标的内涵及计算公式如下：

1. 新产品年销售收入占总产品销售收入比重（%）

反映新产品销售效益为科技成果转化组织带来的贡献，比重越大，说明企业的新产品开发与销售状况越好。

$$新产品年销售收入占总销售收入比重 = \frac{新产品销售收入}{产品销售收入} \qquad (6-16)$$

2. 全员劳动生产率（万元/人）

反映科技成果转化组织的开发运营效率，反映知识管理对科技成果转化效率的提升作用。

$$全员劳动生产率 = \frac{总产值}{平均职工数量} \qquad (6-17)$$

3. 新产品利润与信息化投入比率

反映企业信息化为知识管理提供的基础设施作用，以及知识管理的信息化促进科技成果转化效率提升的效果。

$$新产品利润与信息化投入比率 = \frac{新产品利润}{信息化投入} \qquad (6-18)$$

4. 科技成果转化率

反映知识管理促进科技成果成功转化为新产品、新工艺的作用，知识管理对科技成果转化的促进效果越好，科技成果转化率越高。

$$科技成果转化率 = \frac{科技成果成功转化项数}{科技成果转化项数} \qquad (6-19)$$

5. 技术转让收入占销售收入比重

反映知识管理促进科技成果转化组织知识与技术创新的效果，技术转让收入越高，说明企业掌握的核心技术越多。

$$技术转让收入占销售收入比重 = \frac{技术转让收入}{销售收入} \qquad (6-20)$$

6. 新产品国内国际市场占有率

反映新产品在市场上获得认可的程度，该指标的高低程度与新产品的知识技术含量有关，该指标越大，说明知识管理对科技成果转化的促进效果越好。

新产品国内国际市场占有率 = 新产品国内市场占有率 + 新产品国际市场占有率×2 （6 - 21）

7. 发明专利授权量（项）

反映知识管理促进科技成果转化组织有效知识创新的能力，发明专利授权量越大，说明企业掌握的核心技术越多，科技成果转化潜力也就越大，该指标可直接从企业统计部门获得。

各定性指标的内涵与评价标准如附录 A 表 3 所示，为了保持本源绩效、本体绩效和本旨绩效评价的一致性，同样采用五级打分法进行评分，分别对应 0.1、0.3、0.5、0.7、0.9 五个分值等级。

三、科技成果转化知识管理绩效本旨评价指标权重的确定

（一）主客观赋权方法的比较与集成

1. 主客观赋权方法的比较与选择

关于主客观赋权方法的比较，在科技成果转化知识管理本源评价指标权重确定时就已经讨论过，在本源绩效评价时，根据与评价方法模糊综合评判法的匹配以及普适程度，选择了 AHP 作为权重确定方法。在此，我们对常用的主观确权法 AHP 和另外一种确权方法集值迭代法作比较，以明晰其各自的优势和劣势，从而为本旨绩效评价指标确权方法做出选择。

AHP 与集值迭代法有区别也有共同点。共同点在于两者都是主观赋权法，都是通过专家对指标进行重要性判断而确定权重。区别在于：①AHP 基于指标重要性的两两比较，集值迭代法是基于指标重要性分类；②AHP 可以只由一位专家完成，而集值迭代法必须由多位专家共同完成；③AHP

可以进行专家逻辑性的检验，集值迭代法无法检验，但能基本分析多位专家逻辑的一致性；④AHP方法适合于指标数在10个以内的情况，因为指标数再增多，专家逻辑将出现混乱，使判断矩阵不能通过检验，而集值迭代法可以处理更多指标，但指标增多，精度可能会降低，而计算工作量也将大为增加（刘小花和詹庆东，2012）。

对科技成果转化知识管理本旨绩效评价指标体系而言，指标体系一共14个，分为三个层次，每一层次面对的指标数为3~5个，采用AHP和集值迭代法都能非常顺利地完成。但本书选择集值迭代法，基于以下理由：①从调查问卷设计上，集值迭代法要比AHP的调查问卷简单并容易理解，容易获得专家的支持；②就可操作性上而言，集值迭代法比AHP方法能减少专家的工作量，而且能更好地发现专家之间的偏好差异与趋同；③从权重计算作业量上，集值迭代法也要比AHP方法简单，而且逻辑结构更清晰。

而客观赋权法中，熵权法是一种最为常用的方法，其因为能较好地对评价对象进行区分以实现评价的目的而受到推广应用。科技成果转化知识管理本旨绩效评价的目的就是要对各评价对象的本旨绩效进行最大限度的区分，因此，利用熵权法确定权重也符合需求。为此，采用主客观相结合的方法确定指标权重，主观确权采用集值迭代法，客观确权采用熵权法。

2. 主客观赋权的权重集成方法比较

将主观赋权和客观赋权集成的方法基本可归结为三种，加法集成法和乘法集成法是假设主观赋权和客观赋权具有同等重要性，分别以两者的代数平均或几何平均值作为集成权重，极值法是根据目标和条件设计规划模型，求取主观赋权和客观赋权的最佳组合系数，对权重进行集成。前两者的优势在于合成简单，后者的优势在于更加科学，由此采用极值法处理（李刚等，2017）。

（1）加法集成法。

$$\omega_j = \frac{p_j + q_j}{\sum_{i=1}^{m}(p_i + q_i)} \qquad (6-22)$$

（2）乘法集成法。

$$\omega_j = \frac{p_j q_j}{\sum_{i=1}^{m} (p_i q_i)} \tag{6-23}$$

（3）极值法。

$$\min/\max\ y = f((k_1 p + k_2 q) x)$$

$$s.\,t.\ k_1 + k_2 = 1\ or\ k_1^2 + k_2^2 = 1$$

$$0 < k_1 < 1 \quad 0 < k_2 < 1 \tag{6-24}$$

（二）本旨评价指标主观赋权

1. 集值迭代法的原理与步骤

设指标集合为 $X = \{x_1,\ x_2,\ \cdots,\ x_m\}$，并选取 L 位专家，分别让每一位专家在指标集 X 中任意选取其认为最重要的 s（$1 \leqslant s < m$）个指标。第 k 位专家如此选取的结果是指标集 X 的一个子集 $X^k = \{x_1^k,\ x_2^k,\ \cdots,\ x_s^k\}$（$k = 1,\ 2,\ \cdots,\ L$），作示性函数：

$$u_k(x_j) = \begin{cases} 1 & x_j \in X^k \\ 0 & x_j \notin X^k \end{cases} \tag{6-25}$$

记，$g(x_j) = \sum_{k=1}^{L} u_k(x_j)$（$j = 1,\ 2,\ \cdots,\ m$）。将 $g(x_j)$ 归一化后作为 x_j 相对应的权重系数，即 $w_j = \dfrac{g(x_j)}{\sum_{k=1}^{m} g(x_k)}$。

为了使如此得到的结果更加符合实际，可依照上述原理建立如下算法（张发明，2018）：

取一正整数 g_k（$1 \leqslant g_k < m$）为初值，让每一位专家依次按照以下步骤选择指标：①在 X 中选取其认为最重要的 g_k 个指标，得子集 $X_{1,k} = \{x_{1,k,1},\ x_{1,k,2},\ \cdots,\ x_{1,k,g_k}\} \subset X$；②在 X 中选取其认为最重要的 $2g_k$ 个指标，得子集 $X_{2,k} = \{x_{2,k,1},\ x_{2,k,2},\ \cdots,\ x_{2,k,2g_k}\} \subset X$；当自然数 s_k 满足 $s_k g_k + r_k = m$（$0 \leqslant r_k < g_k$）时停止。计算示性函数：

$$g(x_j) = \sum_{k=1}^{L} \sum_{i=1}^{s_k} u_{ik}(x_j) \quad (j = 1, 2, \cdots, m) \tag{6-26}$$

同样，$w_j = \dfrac{g(x_j)}{\displaystyle\sum_{k=1}^{m} g(x_k)}$。

若考虑到某一个指标一直未被选中，其权重系数应作如下调整：

$$w_j = \frac{g(x_j) + \dfrac{1}{2m}}{\displaystyle\sum_{k=1}^{m} \left(g(x_k) + \dfrac{1}{2m} \right)} \quad (j = 1, 2, \cdots, m) \tag{6-27}$$

2. 主观权重确定

由于科技成果转化知识管理本旨评价指标体系中各层次指标包含的下一级指标数量在 3～5，指标数量相对较少，因此，取 $g_k = 1$，则专家对指标重要性的判断就变成对指标重要性排序，由此，设计指标权重获取的专家调查问卷如附录 E 所示。因此，集值迭代法可进一步简化为如下步骤：

$$w_j = \frac{\displaystyle\sum_{k=1}^{L} r_k^j}{\displaystyle\sum_{j=1}^{m} \sum_{k=1}^{L} r_k^j} \tag{6-28}$$

其中，r_k^j 为第 k 位专家对第 j 个指标重要性的升序排列序号。

为了和成果转化知识管理本源绩效和本旨绩效保持评价的一致性，在调查问卷发放时选择的专家和收回的问卷数量相同。问卷发放 80 份，有效收回 30 份，30 名专家对指标重要性排序结果如附录 B 表 5 所示。

根据式（6-28）可以计算得到各指标的权重如表 6.3 所示。

表 6.3　本旨评价指标主观权重

指标	B→T			x→B₁				x→B₂					x→B₃				
	B_1	B_2	B_3	x_1	x_2	x_3	x_4	x_5	x_6	x_7	x_8	x_9	x_{10}	x_{11}	x_{12}	x_{13}	x_{14}
权重	0.27	0.34	0.39	0.36	0.31	0.19	0.13	0.21	0.12	0.23	0.17	0.27	0.14	0.22	0.23	0.20	0.21

（三）本旨评价指标客观赋权

1. 熵权法的原理与改进

（1）熵权法的基本原理。按照信息论基本原理的解释，信息是系统有序程度的一个度量，熵是系统无序程度的一个度量；指标的信息熵越小，该指标提供的信息量越大，在综合评价中所起作用理当越大，权重就应该越高，此即为熵权法的基本原理。在实际应用中，有两种常用的熵权法：一为精确实数熵；二为区间熵。精确实数熵是根据不同评价对象在同一指标上取值的差异性确定指标权重，差异越大，熵权越大，是放大评价对象的差异；区间熵是根据不同评价对象在同一指标上取值所在的区间的差异性确定指标权重，指标值区间分布越均匀，评价对象在该指标上分辨率越高，但熵权越小，因此，其为平滑评价对象差异的方法（初裴裴和袁学海，2018）。

（2）熵权法的改进。熵权法的劣势之一就是不能处理模糊数据，这对于模糊综合评价的一些方法无疑具有局限性。区间熵为处理模糊数提供了可能，只要将区间熵的区间和模糊数的隶属度区间设计成相同，则由于模糊区间和区间熵都能达到平滑评价对象差异的共同特点，可以合二为一，成为模糊区间熵权法（张冰等，2019）。但科技成果转化知识管理本旨绩效评价是为了放大被评价对象之间的差异，以观察并区别各个被评价对象的知识管理本旨绩效实现状况，这也是大多数评价需要实现的目的。因此，仍需要对模糊区间熵权法进一步改进。因为区间熵反映的是区间分布信息，因此只要在处理区间熵时将指标分布越不均匀的指标具有越小的区间熵，从而具有更大的熵权即可。改进后的模糊区间熵权法计算步骤如下：

1）为评价指标值设定区间（与定性指标模糊隶属区间设计相同），定义 f_{ij} 为评价矩阵 X 第 j 项指标下第 i 个被评价对象的指标值落在某一个区间的频率的比重，则：

$$f_{ij} = \frac{x_{ij}{}'}{\sum\limits_{i=1}^{n} x_{ij}{}'} \qquad (6-29)$$

2）令 H_j 为第 j 项指标的熵值，有

$$H_j = -k \sum_{i=1}^{n} f_{ij} \times lnf_{ij}; \quad k = \frac{1}{lnn} \qquad (6-30)$$

3）第 j 项指标的权重。

$$w_j = \frac{\dfrac{1}{(1-H_j)}}{\sum\limits_{j=1}^{p}\left(\dfrac{1}{(1-H_j)}\right)} \qquad (6-31)$$

2. 客观权重确定

（1）指标数据的获取。与科技成果转化知识管理本源绩效与本体绩效保持一致，成果转化知识管理本旨绩效也是对 12 家单位进行实证分析，单位情况在本源评价部分已经作了详细介绍。对于定性指标，每个单位由 5 名专家打分。原始数据见附录 B 表 6。成果转化知识管理对定性指标和定量指标数据进行无量纲化处理之后（无量纲化公式与本源、本体评价时相同），得到预处理数据见附录 C 表 3。

（2）熵权计算。将熵区间分为 5 个等级，与定性指标的隶属度区间一致，分别为 [0，0.2]、[0.2，0.4]、[0.4，0.6]、[0.6，0.8]、[0.8，1.0]，根据式（6-29）~式（6-31），计算得到各指标的客观权重，经过逐级归一化后如表 6.4 所示。

表 6.4　成果转化知识管理本旨绩效评价指标的客观权重

指标	B→T			x→B₁				x→B₂					x→B₃				
	B_1	B_2	B_3	x_1	x_2	x_3	x_4	x_5	x_6	x_7	x_8	x_9	x_{10}	x_{11}	x_{12}	x_{13}	x_{14}
权重	0.29	0.41	0.30	0.33	0.19	0.33	0.15	0.12	0.14	0.32	0.23	0.18	0.19	0.20	0.21	0.19	0.21

（四）本旨评价指标权重确定

将各指标的主观权重和客观权重都进行底层归一化处理，得到本旨评

价指标权重如图 6.4 所示。由图 6.4 可知，主观权重和客观权重虽然有一定的趋同性，但差异也很大，如何对指标权重进行集成，对科学评价成果转化知识管理本旨绩效具有重大影响。

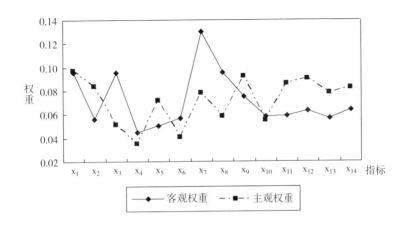

图 6.4　本旨评价指标主客观权重

本书采用极值法进行集成，但极值法需要确定一个目标函数，目标函数要在评价中有经济学意义，且与评价结果存在正向相关性。即目标函数的设计与评价方法的选择有关。成果转化知识管理本旨绩效评价的方法选择需要考虑：①成果转化知识管理本旨绩效评价指标体系包含同样多的定性指标和定量指标，不能选择只能处理定量数据的方法；②为了和本源绩效和本体绩效进行比较，且使评价结果具有实际意义，不能用相对评价法。为此，选择 D–S 证据推理方法进行本旨绩效的评价，证据理论首先由 Dempster 在 20 世纪 60 年代提出，后来由他的学生 Shafer 在其 1976 年出版的专著《证据理论的数学基础》中正式建立，因此又称为 D–S 理论（吕悦晶等，2011）。D–S 证据理论是一种不确定性推理方法，能够处理由不确定性和不知道引起的不精确性，能够较好地处理具有模糊和不确定信息的合成问题，并且具有推理形式简单等特点，能够较好地处理本旨绩效评价定性指标中的模糊问题。

既然 D – S 证据推理方法的目的是处理和消除不确定性问题，那么极值法的目标函数显然就应该是通过权重集成使评价结果的不确定性最小。为此，构建本旨绩效评价的权重集成模型如下：

$$\min\ y = uncertainty((k_1 p + k_2 q)x)$$

$$s.\,t.\quad k_1^2 + k_2^2 = 1$$

$$0 < k_1 < 1 \quad 0 < k_2 < 1 \tag{6-32}$$

当然，由于科技成果转化知识管理本旨绩效指标都是确定性的，不存在不确定性，但都是模糊的，因此，不确定性最小的目标可转化为各评价对象在模糊等级上最能确定等级状态，即评价对象在模糊等级上确定性最大。

四、科技成果转化知识管理绩效本旨
评价的实证

（一）证据推理方法的原理与步骤

证据理论的特征是用信度函数表示证据，用 Dempster 规则综合独立的证据。由于信度函数满足半可加性，因此它比概率函数能更恰当地表示信息中的不确定性和不知性。尤为重要的是，证据理论具有综合不同信度函数的 Dempster 规则，而此规则可望用于多个属性的综合（Li et al.，2011）。

令 $H = \{H_1, \cdots, H_n, \cdots, H_N\}$ 为识别框架（等级）。假定有 R 个信息源（指标）$C_1, \cdots, C_r, \cdots, C_R$，信息源权重为 $w = \{w_1, \cdots, w_r, \cdots, w_R\}$。$\beta_{j,n}$ 代表一个信度（指标值），表示信息源 C_j 提供的信息支持 $H_n \in H$

以置信度 $\beta_{j,n}$ 为真，满足 $\sum\limits_{n=1}^{N} \beta_{j,n} \leqslant 1$，$\beta_{j,n} \geqslant 0$，其中 $j = 1,2,\cdots,R$；$n = 1,2,\cdots,N$。

1. 基本可信度

设 $m_{j,n}$ 表示信息源 C_j（A_i）支持备选方案 A_i 被评为 H_n 的程度，称为基本可信度；$m_{j,H}$ 表示未被分配的可信度，即信息源 C_j（A_i）支持备选方案 A_i 被评为 H_1，H_2，$\cdots$，H_N 后剩下的概率，满足：

$$\begin{cases} m_{j,n} = w_j \beta_{j,n} & (n = 1,2,\cdots,N) \\ m_{j,H} = 1 - \sum\limits_{n=1}^{N} m_{j,n} = 1 - w_j \sum\limits_{n=1}^{N} \beta_{j,n} \end{cases} \qquad (6-33)$$

将 $m_{j,H}$ 分解为 $\overline{m_{j,H}}$ 和 $\widetilde{m}_{j,H}$ 2 个部分，$m_{j,H} = \overline{m_{j,H}} + \widetilde{m}_{j,H}$，$\overline{m_{j,H}} = 1 - w_j$，$\widetilde{m}_{j,H} = w_j\left(1 - \sum\limits_{n=1}^{N} \beta_{j,n}\right)$。

2. 证据推理算法

定义 $C_{J(j)}$ 为前 j 个信息源的集合 $C_{J(j)} = \{c_1,\cdots,c_j\}$，用 $m_{J(j),n}$ 表示前 j 个信息源支持目标被认定为 H_n 的程度，$m_{J(j),H}$ 表示前 j 个信息源没有被分配的程度。$m_{J(j),n}$ 和 $m_{J(j),H}$ 可以通过前 j 个信息源合成得到，合成方法为：

$$\{H_n\}: m_{J(j+1),n} = K_{J(j+1)}\left[m_{J(j),n} m_{j+1,n} + m_{J(j),n} m_{j+1,H} + m_{J(j),H} m_{j+1,n} \right]$$
$$(6-34)$$

其中，$m_{J(j),H} = \overline{m_{J(j),H}} + \widetilde{m}_{J(j),H}$（$n = 1,2,\cdots,N$）。

$$\{H\}: \widetilde{m}_{J(j+1),H} = K_{J(j+1)}\left[\widetilde{m}_{J(j),H} \widetilde{m}_{j+1,H} + \overline{m_{J(j),H}} \widetilde{m}_{j+1,H} + \widetilde{m}_{J(j),H} \overline{m_{j+1,H}} \right]$$
$$(6-35)$$

$$\{H\}: \overline{m_{J(j+1),H}} = K_{J(j+1)}\left[\overline{m_{J(j),H} m_{j+1,H}} \right] \qquad (6-36)$$

$$K_{J(j+1)} = \left[1 - \sum\limits_{t=1}^{N}\sum\limits_{k=1,k\neq t}^{N} m_{J(j),t} m_{j+1,k} \right]^{-1} \quad (j = 1,2,\cdots,R-1) \quad (6-37)$$

当所有 R 个信息源都综合完后，用下式得到最终的综合结果：

$$\{H_n\}: \beta_n = \frac{m_{J(r),n}}{1 - m_{J(r),H}} \quad (n = 1,2,\cdots,N) \qquad (6-38)$$

$$\{H\}: \beta_H = \frac{\tilde{m}_{J(r),H}}{1 - m_{J(r),H}} \tag{6-39}$$

其中，β_n 表示方案 A_i 被评定为 H_n 的置信度，β_H 表示方案等级不确定的置信度。

3. 效用计算

用证据推理方法得到的评估结果很多情况下是分散的等级描述，如 $\{H_2 (14\%), H_3 (15\%), H_4 (19\%), H_5 (30\%), Unknown (22\%)\}$，此时很难对不同的评估结果作比较，由此，Yang 引入了期望效用的概念，假定是评价级的效用且满足：当 H_{n+1} 优于 H_n 时，则 $\mu (H_{n+1}) > \mu (H_n)$。考虑两种情况：

（1）当所有基本指标属性均为完全评价分布时，则根据证据合成公理，合成的属性也是完全的，即此时定义上层指标 y 的期望效用为：

$$\mu(y) = \sum_{n=1}^{N} \beta_n \mu(H_n) \tag{6-40}$$

事物 a 优于事物 b，当且仅当 $\mu (y (a)) > \mu (y (b))$。

（2）当所有基本指标属性为不完全评价分布时，则根据证据合成公理，合成的属性也是不完全的，即 $\beta_H > 0$。为了比较这种情况下的事物的优劣，Yang 等（2002）定义了三种期望效用：最大、最小和平均期望效用。不失一般性，假设 H_1 为评价等级中优先次序最低的，具有最小效用值；H_N 为评价等级中优先次序最低高的，具有最大效用值。三种效用的效用计算公式为：

$$\mu_{max} = \sum_{n=1}^{N-1} \beta_n \mu(H_n) + (\beta_N + \beta_H) \mu(H_N) \tag{6-41}$$

$$\mu_{min} = \sum_{n=2}^{N} \beta_n \mu(H_n) + (\beta_1 + \beta_H) \mu(H_1) \tag{6-42}$$

$$\mu_{avg} = \frac{\mu_{max}(y) + \mu_{min}(y)}{2} \tag{6-43}$$

最大、最小和平均期望效用分别代表了某个指标可能的最好、最差或平均绩效水平。此时两事物 a 与 b 之间的优劣用以下方法比较：事物 a 优于事物 b 当且仅当 $\mu_{\min}$（y（a））$>\mu_{\max}$（y（b））；事物 a 和 b 无差别当且仅当 $\mu_{\min}$（y（a））$=\mu_{\max}$（y（b））；如果不是以上情况，则按平均效用进行排序选择。

（二）绩效本旨评价实证分析

1. 定量指标等级信度确定

由于定量指标值是一个确定的数，需要转换成各个等级的信度值，采用三角形隶属函数（刘思峰和朱永达，1993），与定性指标的等级划分相一致，设计定量指标等级信度确定函数如下：

$$H_1 = \begin{cases} 1 & \text{if } x < 0.1 \\ 1 - \dfrac{(x - 0.1)}{0.2} & \text{if } 0.1 \leqslant x < 0.3 \end{cases} \qquad (6-44)$$

$$H_2 = \begin{cases} 1 - \dfrac{(0.3 - x)}{0.2} & \text{if } 0.1 \leqslant x < 0.3 \\ 1 - \dfrac{(x - 0.3)}{0.2} & \text{if } 0.3 \leqslant x < 0.5 \end{cases} \qquad (6-45)$$

$$H_3 = \begin{cases} 1 - \dfrac{(0.5 - x)}{0.2} & \text{if } 0.3 \leqslant x < 0.5 \\ 1 - \dfrac{(x - 0.5)}{0.2} & \text{if } 0.5 \leqslant x < 0.7 \end{cases} \qquad (6-46)$$

$$H_4 = \begin{cases} 1 - \dfrac{(0.7 - x)}{0.2} & \text{if } 0.5 \leqslant x < 0.7 \\ 1 - \dfrac{(x - 0.7)}{0.2} & \text{if } 0.7 \leqslant x < 0.9 \end{cases} \qquad (6-47)$$

$$H_5 = \begin{cases} 1 - \dfrac{(0.9 - x)}{0.2} & \text{if } 0.7 \leqslant x < 0.9 \\ 1 & \text{if } 0.9 \leqslant x \leqslant 1.0 \end{cases} \qquad (6-48)$$

其函数图像如图 6.5 所示，由图 6.5 可知，每一个定量指标在模糊等级上信度被完全分配，不存在不确定性，与定量指标的确定性含义一致。

根据上述函数，可确定科技成果转化知识管理本旨绩效评价定量指标的信度见附录 C 表 4。

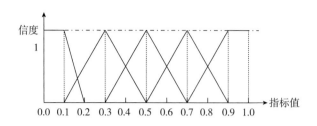

图6.5 定量指标信度确定函数

2. 主客观权重最佳集成系数计算

分别取 $k_1 = 0.0$，0.1，0.2，…，1.0，根据式（6-34）~式（6-39），求得各样本企业科技成果转化知识管理本旨绩效等级信度状况见附录 D 表6。

由附录 D 表6可知，随着主观权重在集成权重中所占的比重增加，各评价对象科技成果转化知识管理本旨绩效支持各等级信度水平的总确定度也增大，即主观权重比客观权重更支持等级信度水平。因此，将 k_1 设置为1，即将主客观集成权重就由主观权重代替。

3. 科技成果转化本旨绩效评价

根据附录 D 表6中的计算结果，式（6-40）计算样本企业科技成果转化知识管理本旨绩效（效用）如表6.5所示。由评价结果可知，科技成果转化知识管理本旨绩效较高的企业主要是企业 I［哈尔滨东安发动机（集团）有限公司］、企业 L（齐重数控装备股份有限公司）、企业 F（东北轻合金有限责任公司）和企业 B［齐齐哈尔二机床（集团）有限责任公司］等，本旨绩效较低的企业主要有企业 E（鸡西煤矿机械有限公司）、企业 C（哈尔滨电机厂交直流电机有限责任公司）和企业 K（七台河宝泰隆煤化工股份有限公司）等，其他样本企业属于本旨绩效中等水平。由评价结果可以看出，本旨绩效较高的样本企业都是黑龙江省知名度非常高的企业，在行业内处于领先水平，具有技术优势。而本旨绩效较低的样本企业无论在知名度还是技术、市场方面都相对较差，因此，本旨绩效评价结果基本反映了各样本企业在经济效益、核心竞争力和持续竞争优势方面的状况，评价模型具有科学性。

表 6.5　样本企业科技成果转化知识管理本旨绩效评价结果

样本	A	B	C	D	E	F	G	H	I	J	K	L
本旨绩效 T	0.58	0.67	0.49	0.65	0.48	0.69	0.55	0.55	0.71	0.57	0.53	0.70
排名	6	4	11	5	12	3	9	8	1	7	10	2

（三）本旨评价结果分析

1. K_1 取值稳定性分析

由附录 D 表 6 可知，k_1 的取值将影响主客观权重在权重集成过程中所占的比重，即影响权重的相对大小。如果本旨绩效评价结果相对于 k_1 取值非常不稳定，说明在目前 k_1 取值状况下的评价结果不一定是可靠；反之，则说明本旨绩效评价结果具有稳定性和可靠性。同样，分别取 $k_1 = 0.0$，0.1，0.2，…，1.0，检测本旨绩效评价结果对 k_1 的灵敏程度，尤其是 k_1 对样本企业本旨绩效评价结果的排序状况，如图 6.6 所示。由图 6.6 可知，k_1 从 0 变化到 1 的过程中，各样本企业本旨绩效评价结果基本保持稳定，绩效绝对值变化幅度较小，而排序状况发生逆转的只有企业 G 和企业 K 两个样本企业，在 k_1 取值 0.7 ~ 0.8 时发生排序逆转，但这并不影响总体评价结果的稳定性。

2. 一致性分析

按照本书对科技成果转化知识管理本源绩效、本体绩效和本旨绩效关联性的分析，三者之间存在着一定程度的因果关系，即本源绩效和本体绩效共同促进本旨绩效，因此，三者的评价结果应该具有趋势的类似性，可以据此检验本旨绩效评价结果的科学性。将各样本企业按照本旨绩效的降序排列，本体绩效和本源绩效排列顺序相同，绘制三者一致性检验结果如图 6.7 所示。

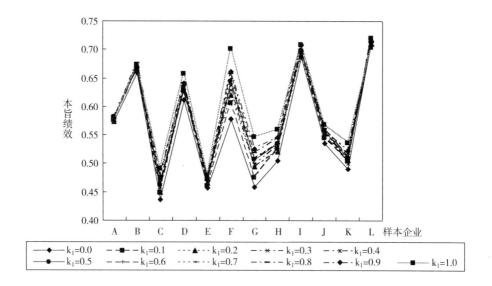

图 6.6　本旨绩效评价结果对 k_1 的稳定性

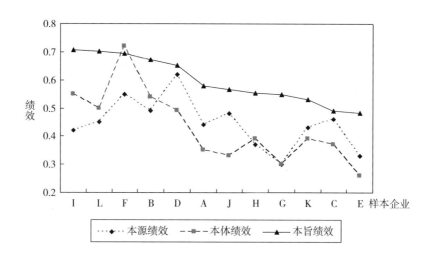

图 6.7　三维度绩效评价结果的一致性

由图 6.7 可知，各样本企业的本源绩效、本体绩效和本旨绩效评价结果基本具有一致性，但本体绩效与本旨绩效的一致性较高，本源绩效与本旨绩效的一致性相对稍低，这与结构方程模型得到的结果相互印证，充分说明了本旨绩效评价模型、评价方法的科学性与可靠性。

3. 权重敏感性分析

虽然在分析 k_1 取值对本旨绩效评价结果影响的稳定性时考虑了权重对评价结果的影响，但当时考虑的是指标权重整体变动情况的影响程度，而没有分析单个指标权重对评价结果的影响，即权重敏感性分析。在此，令每个指标的权重在 [-5%，5%] 区间变动，观察指标权重变化对本旨绩效评价结果影响的敏感性，如图 6.8 所示。由图 6.8 可知，指标权重正向变动与逆向变动同样的比率，对本旨绩效评价结果的影响总体上是相同的。指标中 x_2、x_5、x_1 的权重变化对本旨绩效评价结果产生影响较大，x_9、x_4 等权重变化的敏感性较小。但综合而言，指标权重在 [-5%，5%] 区间变化时，各样本企业科技成果转化知识管理本旨绩效评价结果平均变动率在 [-0.35%，0.35%] 区间，变化率小于 1%，评价结果对指标权重变化具有一定稳定性，因此，可认为各样本企业本旨绩效评价结果是可靠的。

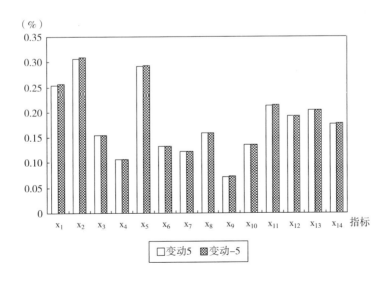

图 6.8　本旨绩效评价结果对权重的敏感性

第七章

科技成果转化知识管理绩效的
综合评价

一、科技成果转化知识管理综合绩效内涵及
评价思路

（一）科技成果转化知识管理综合绩效的内涵

科技成果转化知识管理的综合绩效是指科技成果转化组织在知识管理投入、运行和产出阶段实现的总体绩效，是成果转化知识管理本源绩效、本体绩效和本旨绩效的合成，综合表现为三部分构成要素的绩效大小及其协调度两方面。即当三部分绩效越大时，综合绩效越大；当三部分绩效越协调时，综合绩效也越大。具体而言，科技成果转化知识管理综合绩效是本源绩效、本体绩效和本旨绩效按照相互作用关系而促进成果转化组织知识管理目标实现的程度，是三者合力的体现。

（二）科技成果转化知识管理综合绩效评价的目标

参考科技成果转化知识管理绩效评价的功能分析，评价科技成果转化知识管理综合绩效，主要目的包括考核评估、管理导向与决策预测三方面。考核评估指为科技成果转化组织明晰其知识管理实施效果而提供评价结果数据支持；管理导向指通过评价发现成果转化组织知识管理活动的优势与问题，为优化组织行为提供指导；决策预测指与其他企业或企业的前期绩效进行对比分析，通过对比进行企业科技成果转化知识管理定位并预见未来走势。

根据上述三个目的，可以对科技成果转化知识管理综合绩效评价的目标进行具体化，即将目标分解到具体的活动上，以保证目标的实现。考核评估，需要明确的是科技成果转化组织知识管理实施的有效程度，因此，该目标可用计算知识管理综合绩效大小来实现；管理导向，需要发现的是各阶段科技成果转化知识管理的相对高低状况，发现各样本企业在各阶段的绩效实现差异，为企业下一阶段优化管理活动提供改进对策，因此，该目标可通过计算三维知识管理绩效的协调度来实现。决策预测，目的是对各企业进行对比分析并提供一个较为科学的分类，从分类中各企业明确其自身定位，并预测未来发展趋势。

综上所述，科技成果转化知识管理综合绩效评价需要实现三个目标，或者说需要计算三组参数：综合绩效大小；三维绩效协调度；综合绩效分类。如何确定三组参数值是科技成果转化知识管理综合绩效评价建模的关键。

（三）科技成果转化知识管理综合绩效评价的基本思路

根据科技成果转化知识管理综合绩效的内涵界定，综合绩效是本源绩效、本体绩效和本旨绩效的合力，既然是"力"，则需要明确三个问题：力的大小、作用方向与作用点。因此一个企业的科技成果转化知识管理本源绩效、本体绩效、本旨绩效和综合绩效毫无疑问都是作用于企业，为企业实现知识管理目标而服务的，因此，四者的作用点是相同的，不需要另外确定作用点，只需要解决作用方向与作用力大小的问题。

作用力大小，即作用力推动知识管理目标实现的程度，也就是绩效的大小，因此，本源绩效、本体绩效、本旨绩效的大小就是各分力的大小，而合力的大小也就是综合绩效的大小。因此，求解综合绩效大小参数的评价问题演变为计算合力大小的问题。

要确定综合绩效的方向，要确定各阶段知识管理绩效的方向，若假设知识管理本源绩效所处的方向为三维坐标系中 x 轴所处的方向，则根据本源绩效、本体绩效和本旨绩效三者的关联关系大小，可用关联关系代替两两作用力之间夹角的余弦值，这是符合逻辑要求的——当关联系数越大，余弦越大，夹角越小，两条作用力线方向越一致，合力效果将越好。因此，可以结合关联系数与夹角的关系确定本体绩效和本旨绩效的作用力方向。

当三维绩效（作用力）及其夹角都确定时，就能计算出合力的大小与方向，从而计算出综合绩效的大小与三维绩效的协调度。根据绩效大小与协调度就可以进一步计算综合绩效实现成果转化知识管理目标的程度，根据该程度可以非常准确地对各样本企业进行分类，不同分类对应样本企业通过知识管理活动实现知识管理目标的程度。

二、科技成果转化知识管理综合绩效评价模型的构建

（一）科技成果转化知识管理综合绩效评价的论域

明确科技成果转化知识管理综合绩效评价的论域，就是要分析企业出现的各种可能的综合绩效状况，为知识管理综合绩效评价确定一个范围。

根据综合绩效评价的基本思路，综合绩效是本源绩效、本体绩效和本旨绩效的合力，而三个阶段的绩效大小都在［0，1］区间，三者的夹角余弦已经确定，分别为 0.75、0.85 和 0.83。为知识管理绩效确定三维坐标系，设本源绩效坐标为 R（x_R，y_R，z_R）、本体绩效坐标为 O（x_O，y_O，z_O）、本旨绩效坐标为 T（x_T，y_T，z_T），原点为 0（0，0，0），综合绩效坐标为 I（x_I，y_I，z_I），则：

$$\cos(R_0, O_0) =$$
$$\frac{(x_O^2 + y_O^2 + z_O^2) + (x_R^2 + y_R^2 + z_R^2) - [(x_R - x_O)^2 + (y_R - y_O)^2 + (z_R - z_O)^2]}{2 \times \sqrt{x_O^2 + y_O^2 + z_O^2} \times \sqrt{x_R^2 + y_R^2 + z_R^2}}$$
$$= 0.75 \tag{7-1}$$

$$\cos(O_0, T_0) =$$
$$\frac{(x_O^2 + y_O^2 + z_O^2) + (x_T^2 + y_T^2 + z_T^2) - [(x_T - x_O)^2 + (y_T - y_O)^2 + (z_T - z_O)^2]}{2 \times \sqrt{x_O^2 + y_O^2 + z_O^2} \times \sqrt{x_T^2 + y_T^2 + z_T^2}}$$
$$= 0.85 \tag{7-2}$$

$$\cos(R_0, T_0) =$$
$$\frac{(x_R^2 + y_R^2 + z_R^2) + (x_T^2 + y_T^2 + z_T^2) - [(x_T - x_R)^2 + (y_T - y_R)^2 + (z_T - z_R)^2]}{2 \times \sqrt{x_R^2 + y_R^2 + z_R^2} \times \sqrt{x_T^2 + y_T^2 + z_T^2}}$$
$$= 0.83 \tag{7-3}$$

$$(x_I, y_I, z_I) = (x_R + x_O + x_T, y_R + y_O + y_T, z_R + z_O + z_T) \tag{7-4}$$

当三维绩效都取最大值 1，且将本源绩效方向固定在 x 轴、本体绩效确定在 xy 坐标平面内时，各绩效点的坐标都能唯一确定，分别为：R（1.000，0.000，0.000）、O（0.750，0.661，0.000）、T（0.830，0.344，0.439），最理想综合绩效坐标为（2.580，1.004，0.439）。

由此可以定义三条空间直线：

本源绩效直线：$y_R = z_R = 0$。

本体绩效直线：$y_O = 0.88 x_O$，$z_O = 0$。

本旨绩效直线：$\dfrac{x_T}{0.830} = \dfrac{y_T}{0.344} = \dfrac{z_T}{0.439}$。

依据上述三条空间直线的定义和综合绩效的坐标计算公式，采用 Matlab 仿真计算 15625 次（本源、本体和本旨绩效分别 25 次，等步长），得到科技成果转化知识管理综合绩效的论域如图 7.1 所示。

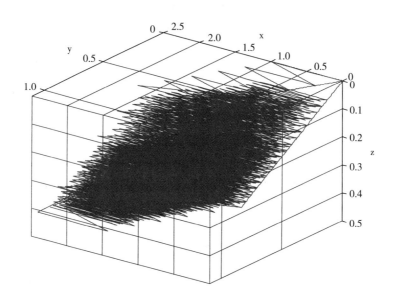

图 7.1　科技成果转化知识管理综合绩效论域

由仿真结果可知，所有样本企业的科技成果转化知识管理综合绩效都在一个六面体中，该六面体中最长的对角线即为最协调三维绩效企业获得的综合绩效所在的线。

（二）科技成果转化知识管理综合绩效合成模型

依据内涵界定，科技成果转化知识管理综合绩效为本源绩效、本体绩效和本旨绩效的合力大小。因此，对综合绩效进行合成需要经过以下两个步骤：

1. 确定三维绩效的三维坐标

（1）计算本源绩效坐标。设某样本企业 j 本源绩效评价结果为 R_j，则本源绩效坐标为（R_j，0，0）。

（2）计算本体绩效坐标。设某样本企业 j 本体绩效评价结果为 O_j，求解式（7-5）可得到坐标。

$$
\begin{cases}
y_O^j = 0.88 x_O^j \\
z_O^j = 0 \\
(x_O^j)^2 + (y_O^j)^2 = O_j^2
\end{cases}
\tag{7-5}
$$

（3）计算本旨绩效坐标。设某样本企业 j 本旨绩效评价结果为 T_j，求解式（7-6）可得到坐标。

$$
\begin{cases}
\dfrac{x_T^j}{0.830} = \dfrac{y_T^j}{0.344} = \dfrac{z_T^j}{0.439} \\
(x_T^j)^2 + (y_T^j)^2 + (z_T^j)^2 = T_j^2
\end{cases}
\tag{7-6}
$$

2. 合成综合绩效

根据合力的合成与分解原理，可计算得到样本企业 j 的综合绩效坐标为（$R_j + x_O^j + x_T^j$，$y_O^j + y_T^j$，z_T^j），因此，综合绩效大小为：

$$
I_j = \sqrt{(R_j + x_O^j + x_T^j)^2 + (y_O^j + y_T^j)^2 + (z_T^j)^2}
\tag{7-7}
$$

（三）科技成果转化知识管理综合绩效协调模型

科技成果转化知识管理综合绩效有一个理想值，此时本源绩效、本体绩效和本旨绩效都为1。当三维绩效大小相等时，综合绩效就会沿着原点与理想点连成的线上运动，如图 7.2 所示，将综合绩效方向与理想综合绩效方向一致时，界定为三维绩效的协调状态，即三维绩效大小相等时为协调。此时，三维绩效所在的点与理想综合绩效所在的点的距离的比值（偏离度）是固定的，如表 7.1 所示。

当某阶段绩效越大时，其与理想综合绩效的距离就越小，偏离度也就越小。因此，可根据偏离度与标准偏离度的相对关系来判断三维绩效的协调状况，并以此为依据对被评价对象的科技成果转化知识管理绩效形成状况进行分类，分类标准如表 7.2 所示。

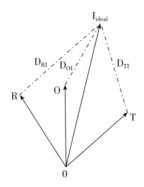

图 7.2 绩效协调界定

表 7.1 三维绩效协调时与理想综合绩效的标准偏离度

项目	R 与 O 偏离度		R 与 T 偏离度		O 与 T 偏离度	
	D_{RI}/D_{OI}	D_{OI}/D_{RI}	D_{RI}/D_{TI}	D_{TI}/D_{RI}	D_{OI}/D_{TI}	D_{TI}/D_{OI}
标准偏离度	1.00534	0.99469	1.02814	0.97263	1.02268	0.97782

表 7.2 依据偏离度的分类标准

标准	类型
$(D_{RI}/D_{OI} - 1.00534)/1.00534 \leq -0.25$ & $(D_{RI}/D_{TI} - 1.02814)/1.02814 \leq -0.25$ & $(D_{OI}/D_{TI} - 1.02268)/1.02268 \in (-0.25, 0.25)$	本源优势型
$(D_{OI}/D_{RI} - 0.99469)/0.99469 \leq -0.25$ & $(D_{OI}/D_{TI} - 1.02268)/1.02268 \leq -0.25$ & $(D_{TI}/D_{RI} - 0.97263)/0.97263 \in (-0.25, 0.25)$	本体优势型
$(D_{TI}/D_{RI} - 0.97263)/0.97263 \leq -0.25$ & $(D_{TI}/D_{OI} - 0.97782)/0.97782 \leq -0.25$ & $(D_{RI}/D_{OI} - 1.00534)/1.00534 \in (-0.25, 0.25)$	本旨优势型
$(D_{OI}/D_{RI} - 0.99469)/0.99469 \leq -0.25$ & $(D_{TI}/D_{RI} - 0.97263)/0.97263 \leq -0.25$ & $(D_{OI}/D_{TI} - 1.02268)/1.02268 \in (-0.25, 0.25)$	本源弱势型
$(D_{RI}/D_{OI} - 1.00534)/1.00534 \leq -0.25$ & $(D_{TI}/D_{OI} - 0.97782)/0.97782 \leq -0.25$ & $(D_{TI}/D_{RI} - 0.97263)/0.97263 \in (-0.25, 0.25)$	本体弱势型
$(D_{RI}/D_{TI} - 1.02814)/1.02814 \leq -0.25$ & $(D_{OI}/D_{TI} - 1.02268)/1.02268 \leq -0.25$ & $(D_{RI}/D_{OI} - 1.00534)/1.00534 \in (-0.25, 0.25)$	本旨弱势型
$(D_{RI}/D_{OI} - 1.00534)/1.00534 \in (-0.25, 0.25)$ & $(D_{TI}/D_{RI} - 0.97263)/0.97263 \in (-0.25, 0.25)$ & $(D_{OI}/D_{TI} - 1.02268)/1.02268 \in (-0.25, 0.25)$	均衡型

注: -0.25 是分别取理想值 1 和满意值 0.6 时比较确定出来的, 如果比值不在 (-0.25, 0.25) 区间, 说明存在某阶段绩效有明显优势或弱势现象。

偏离度参数引入的主要意义就在于判断被评价对象的绩效形成类型，用以指导未来的优化决策。但它并不能确定综合绩效总体的协调程度，因此，需要在偏离度的基础上进一步计算综合绩效的协调水平，将其定义为协调度，反映被评价对象在三个阶段获取绩效的协调情况。

根据不等式定理：

$$\frac{b}{a} + \frac{a}{b} = \frac{b^2 + a^2}{ab} \geqslant \frac{2ab}{ab} = 2 \tag{7-8}$$

当且仅当 $a = b$ 时等号成立。

可构建如下指标反映协调度，当协调度为 1 时，各阶段知识管理绩效最协调；当协调度趋于 0 时，各阶段知识管理绩效最不协调。

$$COD = \frac{6.0013}{\frac{D_{RO}}{D_{OR}} + \frac{D_{OR}}{D_{RO}} + \frac{D_{RI}}{D_{IR}} + \frac{D_{IR}}{D_{RI}} + \frac{D_{OI}}{D_{IO}} + \frac{D_{IO}}{D_{OI}}} \tag{7-9}$$

其中，6.0013 为各阶段知识管理绩效最协调时的标准偏离度之和。

（四）科技成果转化知识管理综合绩效聚类模型

由于科技成果转化知识管理综合绩效衡量的是科技成果转化组织实现知识管理目标的程度，它不仅与综合绩效大小有关，也与综合绩效的方向（协调度）有关。将综合绩效大小按照与理想综合绩效相同的方向进行射影，计算折合的综合绩效，并进一步实施聚类，是科学区分各样本企业综合绩效有效性的基本思路。

如图 7.3 所示，样本企业本源绩效 R、本体绩效 O 和本旨绩效 T 的合力综合绩效 I 与理想综合绩效 I_{ideal} 之间不仅大小上有差距，方向上也存在

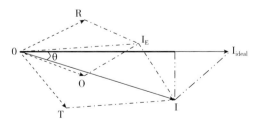

图 7.3　综合绩效有效值

偏差，偏角为 θ。综合绩效有效值 I_E 为 I 在 I_{ideal} 方向上的投影，即

$$I_E = I \times \cos\theta \tag{7-10}$$

其中

$$\cos\theta = \frac{(I_{ideal})^2 + I^2 - |I\,I_{ideal}|^2}{2 \times I_{ideal} \times I} = [\,7.857 + ((R_j + x_O^j + x_T^j)^2 + (y_O^j +$$

$$y_T^j)^2 + (z_T^j)^2) - ((2.580 - R_j - x_O^j - x_T^j)^2 + (1.004 - y_O^j - y_T^j)^2 + (0.439 -$$

$$z_T^j)^2)\,]/[\,2 \times 2.803 \times \sqrt{(R_j + x_O^j + x_T^j)^2 + (y_O^j + y_T^j)^2 + (z_T^j)^2}\,] \tag{7-11}$$

由于所有的 I_E 都在同一个方向上，该方向具有最大协调度，可以通过对综合绩效有效值 I_E 聚类实现样本企业的科学分类，为样本企业提供其自身的定位与比较，聚类过程如图 7.4 所示，具体聚类分析应用过程可通过 Matlab 软件编程实现。

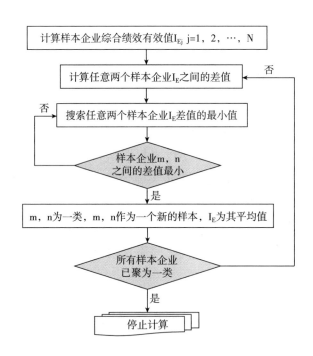

图 7.4 样本企业聚类分析过程

根据上述分析过程，能为企业提供相同综合绩效有效值的绩效样本点分布在一个平面内，该平面与理想综合绩效直线垂直，可称为绩效无差异平面，用于快速比较两已知综合绩效坐标的综合绩效有效值大小。绩效无差异平面簇的方程为：

$$2.590x + 1.008y + 0.441z = d \qquad\qquad (7-12)$$

其中，$d \propto (I_E)^2$，d 越大，综合绩效有效值越大。

三、科技成果转化知识管理综合绩效评价实证

（一）科技成果转化知识管理综合绩效的合成

由科技成果转化知识管理本源绩效、本体绩效和本旨绩效评价结果可知，2009 年 12 家样本企业的成果转化知识管理三维绩效如表 7.3 所示。

表 7.3　样本企业成果转化知识管理三维绩效

样本企业	A	B	C	D	E	F	G	H	I	J	K	L
本源绩效	0.44	0.49	0.46	0.62	0.33	0.55	0.30	0.37	0.42	0.48	0.43	0.45
本体绩效	0.35	0.54	0.37	0.49	0.26	0.72	0.30	0.39	0.55	0.33	0.39	0.50
本旨绩效	0.58	0.67	0.49	0.65	0.48	0.69	0.55	0.55	0.71	0.57	0.53	0.70

根据绩效合成公式，可分别计算各阶段绩效的坐标和综合绩效坐标，并计算得到综合绩效大小（2009 年），如表 7.4 所示。

比较分析各样本企业本源绩效、本体绩效、本旨绩效和综合绩效之间的关系，如图 7.5 所示。综合绩效较高的企业主要是企业 F（东北轻合金有限责任公司）、企业 D（哈尔滨九州电器股份有限公司）、企业 B［齐齐哈尔二机床（集团）有限责任公司］、企业 I［哈尔滨东安发动机（集团）

有限公司］和企业 L（齐重数控装备股份有限公司）等，综合绩效较低的企业主要是企业 E（鸡西煤矿机械有限公司）、企业 G［汉枫缓释肥料（黑龙江）有限公司］等。图中显示，综合绩效大小能较好地反映三维绩效的大小及其协调水平，三维绩效越大，协调度越高，综合绩效越大。

表 7.4　绩效坐标与综合绩效合成

坐标 样本	本源绩效坐标	本体绩效坐标	本旨绩效坐标	综合绩效坐标	综合绩效 大小
A	(0.440, 0.000, 0.000)	(0.263, 0.231, 0.000)	(0.481, 0.200, 0.255)	(1.184, 0.431, 0.255)	1.29
B	(0.490, 0.000, 0.000)	(0.405, 0.357, 0.000)	(0.556, 0.230, 0.294)	(1.451, 0.587, 0.294)	1.59
C	(0.460, 0.000, 0.000)	(0.278, 0.245, 0.000)	(0.407, 0.169, 0.215)	(1.145, 0.414, 0.215)	1.24
D	(0.620, 0.000, 0.000)	(0.368, 0.324, 0.000)	(0.539, 0.224, 0.285)	(1.527, 0.548, 0.285)	1.65
E	(0.330, 0.000, 0.000)	(0.195, 0.172, 0.000)	(0.398, 0.165, 0.211)	(0.923, 0.337, 0.211)	1.00
F	(0.550, 0.000, 0.000)	(0.540, 0.476, 0.000)	(0.573, 0.237, 0.303)	(1.663, 0.713, 0.303)	1.83
G	(0.300, 0.000, 0.000)	(0.225, 0.198, 0.000)	(0.456, 0.189, 0.241)	(0.981, 0.387, 0.241)	1.08
H	(0.370, 0.000, 0.000)	(0.293, 0.258, 0.000)	(0.456, 0.189, 0.241)	(1.119, 0.447, 0.241)	1.23
I	(0.420, 0.000, 0.000)	(0.413, 0.364, 0.000)	(0.589, 0.244, 0.312)	(1.422, 0.608, 0.312)	1.58
J	(0.480, 0.000, 0.000)	(0.248, 0.218, 0.000)	(0.473, 0.196, 0.250)	(1.201, 0.414, 0.250)	1.29
K	(0.430, 0.000, 0.000)	(0.293, 0.258, 0.000)	(0.440, 0.182, 0.233)	(1.163, 0.440, 0.233)	1.27
L	(0.450, 0.000, 0.000)	(0.375, 0.331, 0.000)	(0.581, 0.241, 0.307)	(1.406, 0.572, 0.307)	1.55

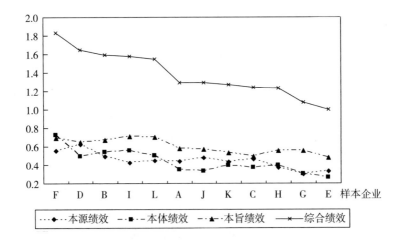

图 7.5　本源绩效、本体绩效、本旨绩效和综合绩效的对比分析

（二）科技成果转化知识管理综合绩效的协调度

1. 偏离度

首先计算偏离度，确定各样本企业的绩效形成类型。按照偏离度定义，计算各阶段绩效与理想综合绩效之间的距离，并求得各比值，如表7.5所示。表7.5中数据显示，大部分样本企业的成果转化知识管理绩效处于均衡状态，企业 E 和 G 在本旨绩效获取上具有优势，企业 I、L 和企业 A、J 分别在本源绩效、本体绩效获取上具有劣势。

表7.5 偏离度及绩效形成类型

偏离度	R 与 O 偏离度		R 与 T 偏离度		O 与 T 偏离度		绩效形成类型
	D_{RI}/D_{OI}	D_{OI}/D_{RI}	D_{RI}/D_{TI}	D_{TI}/D_{RI}	D_{OI}/D_{TI}	D_{TI}/D_{OI}	
标准偏离度	1.00534	0.99469	1.02814	0.97263	1.02268	0.97782	
A	0.91856	1.08866	1.21198	0.82510	1.31943	0.75790	本体弱势型
B	1.04793	0.95426	1.20784	0.82793	1.15259	0.86761	均衡型
C	0.91162	1.09695	1.06579	0.93827	1.16911	0.85535	均衡型
D	0.90364	1.10663	1.05538	0.94753	1.16792	0.85622	均衡型
E	0.92039	1.08649	1.29234	0.77379	1.40411	0.71219	本旨优势型
F	1.14239	0.87536	1.14013	0.87709	0.99803	1.00197	均衡型
G	1.00470	0.99532	1.46057	0.68467	1.45373	0.68789	本旨优势型
H	1.02721	0.97351	1.27198	0.78618	1.23828	0.80757	均衡型
I	1.11891	0.89372	1.33419	0.74952	1.19240	0.83865	本源弱势型
J	0.86425	1.15708	1.14243	0.87532	1.32188	0.75650	本体弱势型
K	0.96434	1.03697	1.15430	0.86633	1.19698	0.83544	均衡型
L	1.04824	0.95398	1.29998	0.76924	1.24015	0.80635	本源弱势型

2. 协调度

根据式（7-9），计算得到各样本企业的三维绩效协调度，如表7.6所示。由表7.6可知，所有样本企业的三维绩效协调度都达到了0.95以上，其中协调度较高的企业包括企业 F（东北轻合金有限责任公司）、企业 C（哈尔滨电机厂交直流电机有限责任公司）、企业 D（哈尔滨电器股份有限公司）、企业 K（七台河宝泰隆煤化工股份有限公司）、企业 B〔齐齐哈尔二机床（集团）有限责任公司〕等。

表 7.6　绩效协调度

样本企业	A	B	C	D	E	F	G	H	I	J	K	L
协调度	0.980	0.991	0.994	0.994	0.970	0.994	0.955	0.983	0.979	0.981	0.991	0.981

（三）科技成果转化知识管理综合绩效的聚类分析

依据式（7－10）求得各样本企业综合绩效有效值，如图 7.6 所示。由图中数值可知，综合绩效有效值与综合绩效大小之间存在着差距，但这种差距非常小，以至于有时可以直接通过综合绩效进行科学决策。以综合绩效有效值为基础，依据图 7.4 中的聚类分析步骤，对 12 家样本企业进行聚类分析，得到聚类图如图 7.7 所示。

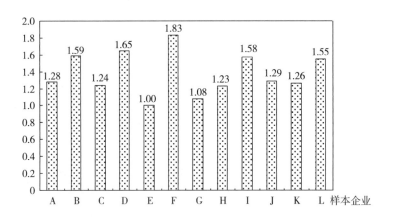

图 7.6　各样本企业综合绩效有效值

通过聚类分析可以发现，以类别差值小于 0.183（综合绩效最大有效值的10%）为标准，可以将12家样本企业分为4大类：F为一类（高绩效企业）、D、B、I、L为一类（较高绩效企业）、A、J、K、C、H为一类（较低绩效企业）和E、G为一类（低绩效企业）。经检验，该分类与综合绩效有效值状况一致，能准确反映各样本单位在成果转化知识管理绩效上的相对定位，指导企业在未来进行知识管理活动的调整优化。

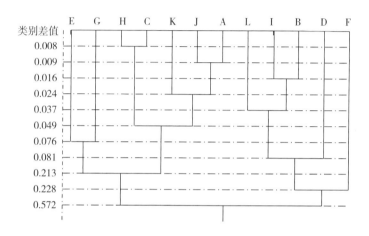

图7.7　样本企业聚类分析

四、科技成果转化知识管理绩效评价结果分析

（一）科技成果转化知识管理的优势分析

1. 科技成果转化知识管理绩效三维度互动性较强

由专家判断并通过结构方程模型测量出科技成果转化知识管理的本源绩效、本体绩效和本旨绩效之间存在非常强的互动关系，充分说明了科技

成果转化知识管理是一项系统性、持续性的工程，要取得高绩效，发挥知识管理对科技成果转化的推动作用，互动关系的存在意义重大。

根据测量，我国科技成果转化知识管理的本源与本体绩效之间的关联系数为 0.75，本源绩效与本旨绩效的关联系数为 0.83，本体绩效与本旨绩效的关联系数为 0.85，说明取得较高的经济效益、科技成果和社会效益，本源投入是基础，本体运行是关键。而目前我国科技成果转化知识管理绩效三维度之间的强互动性，说明我国科技成果转化知识管理在一些成功实施的单位已经进入良性发展轨道，获得可持续发展。

2. 科技成果转化知识管理绩效三维度协调度较高

根据 12 家典型样本企业科技成果转化知识管理绩效三维度偏离度的测量，12 家样本企业中偏离度有 50% 属于均衡型，说明大部分企业科技成果转化知识管理三维绩效之间还是比较均衡的，这与互动关系较强也有一定关系。而根据对样本企业知识管理三维绩效协调度的计算，发现所有样本企业的协调度都在 0.95 以上，最高达 0.994（东北轻合金与哈电机），最低为 0.955（汉枫缓释肥料），平均为 0.983，协调性非常好，说明目前我国企业科技成果转化知识管理绩效方面处于均衡稳定的可持续发展状态，是一个良好的起步局面，为未来经济的可持续高速增长奠定了基础。

3. 科技成果转化知识管理综合绩效较好

由表 7.7 比较结果可知，12 家样本企业与理想样本存在一定的差距，这个差距的填补需要一段较长时间。但同时我们也应该乐观地看到，综合绩效较高的东北轻合金有效责任公司的综合绩效已经达到理想样本综合绩效的 65%，而 12 家典型样本的综合绩效平均值也近 50%，说明虽然我国科技成果转化组织在知识管理实施上仍处于摸索阶段，但知识管理取得的绩效却已经比较显著，有一定的后发优势。

12 家典型样本企业科技成果转化知识管理综合绩效有效值的聚类分析结果显示，12 家样本企业分为四大类，其中高绩效企业和低绩效企业共 3 家，占比 25%，而处于中等绩效水平的企业占 75%，说明目前我国在科技成果转化知识管理领域已经呈现出一种较为科学的生态划分，具有较为完全的层次体系，橄榄形结构有利于科技成果转化知识管理的可持续发展。

表 7.7　综合绩效与理想值的比较

编号	样本企业	综合绩效	综合绩效有效值	综合绩效与理想样本比重（％）
A	黑龙江沃尔德电缆有限公司	1.29	1.28	46.07
B	齐齐哈尔二机床（集团）有限责任公司	1.59	1.59	56.79
C	哈尔滨电机厂交直流电机有限责任公司	1.24	1.24	44.29
D	哈尔滨九州电器股份有限公司	1.65	1.65	58.93
E	鸡西煤矿机械有限公司	1.00	1.00	35.71
F	东北轻合金有限责任公司	1.83	1.83	65.36
G	汉枫缓释肥料（黑龙江）有限公司	1.08	1.08	38.57
H	中粮生化能源（肇东）有限公司	1.23	1.23	43.93
I	哈尔滨东安发动机（集团）有限公司	1.58	1.58	56.43
J	牡丹江富通汽车空调有限公司	1.29	1.29	46.07
K	七台河宝泰隆煤化工股份有限公司	1.27	1.26	45.36
L	齐重数控装备股份有限公司	1.55	1.55	55.36
I_{ideal}	理想样本	2.80	2.80	平均：49.40

（二）科技成果转化知识管理的弱势分析

1. 科技成果转化知识管理三维绩效较弱

由表 7.3 中可知，12 家典型样本企业的本源绩效和本体绩效都比较低：本源绩效最低值为 0.30（汉枫缓释肥料）、最高值为 0.62（九州电器）、平均值为 0.445；本体绩效最低值为 0.26（鸡西煤矿）、最高值为 0.72（东北轻合金）、平均值为 0.4325。本源绩效和本体绩效的平均值都不到 0.50，与理想值 1.00 尚存在较大的差距。本旨绩效虽然较好，平均值在 0.60 左右，但由于三维绩效是一种互动的关系，只有三维协调发展才能大力提升综合绩效，因此，较弱的本源投入与本体运行是未来科技成果转化组织优化知识管理组织活动的重点。

2. 部分企业三维绩效有待增强

由偏离度分析结果可知，12 家样本企业在绩效形成类型上并不完全一致，即在三维绩效的互动关系中，并不是三个维度处于同等作用的地位，部分企业是协调的，而另一部分企业三维绩效中存在弱势和优势。如企业A（沃尔德）和企业 J（富通汽车）在本体绩效的获取上存在弱势，而企业 I（东安发动机）和企业 L（齐重数控）在本源绩效的获取上存在弱势，这些企业在本源投入或本体运行上存在"瓶颈"，严重限制企业科技成果转化知识管理绩效的形成。因此，这些企业有必要甄别和定位自身的知识管理活动状况，发现自身的问题，在"瓶颈"环节上加大开发力度，实现知识管理投入、运行和产出的均衡。

3. 知识管理绩效与企业规模相关

由综合绩效评价结果可知，综合绩效较高的企业分别为东北轻合金有限责任公司、哈尔滨九州电器有限责任公司、齐齐哈尔二机床有限责任公司、哈尔滨东安发动机有限责任公司和齐重数控装备股份有限公司，它们都是黑龙江省的老牌企业，都是大中型工业企业，在黑龙江省乃至全国同行业都具有举足轻重的地位。而综合绩效较低的企业则是鸡西煤矿机械有限公司、汉枫缓释肥料有限公司、哈尔滨电机厂交直流电机有限责任公司和中粮生化能源（肇东）有限公司，它们虽然个别企业也是大中型工业企业，但无论在规模、知名度、行业领先上都相对较差。由此可知，在科技成果转化知识管理方面，越是规模较大的企业越重视知识管理投入和知识管理活动实施推广，而越是规模较小的企业反而投入力度较小、推广能力不足。这种状况不利于中小科技型企业利用科技创新进行发展，是一种不健康的发展轨迹，这种状况与历史原因有关，也与政府政策支持有关，而改变这种状况必须由政府牵头推动，企业配套实施，使更多的中小型企业能从知识管理推动科技成果转化中获益。

（三）科技成果转化知识管理的规律总结

根据科技成果转化知识管理绩效评价模型的分析设计以及评价结果的

剖析，总结出如下十条规律，对规律的掌握有利于知识管理绩效的获取。

规律一：过程与结果并重

对于科技成果转化组织而言，知识管理为其提供的不仅是科技成果转化率的提高和新产品经济效益的提升，更重要的是优化组织结构，为组织带来一种利于知识传播与创新的氛围。而这个组织优化过程是循序渐进的，需要进行大量、长期的投入，以及在企业内各部门都积极推广知识管理活动。更进一步，很多时候知识管理的绩效是在短期内发现不了的，过程绩效是很难衡量以及存在因果模糊性的。因此，企业实施知识管理，不应该过分看重知识管理的产出，而要更深刻地认识到知识管理带来的潜在效益，从而保证知识管理的长期推广。

规律二：本源、本体、本旨互动

在科技成果转化知识管理过程中，能获得三方面的绩效：主要来自投入过程的本源绩效、运行过程的本体绩效和产出阶段的本旨绩效，但三个阶段的绩效并不是彼此割裂的，而是相互促进、相互影响的关系。在本源、本体与本旨绩效的形成过程中保证反馈机制的持续性将有助于三者的互动，从而进入知识管理综合绩效体系自组织的良性轨道。

规律三：本源、本体、本旨协调

互动是科技成果转化知识管理系统的必然规律，系统的投入、运行和产出不能持续，知识管理系统是没有生命力的。而协调则是成果转化组织实施知识管理应该追求的目标，知识管理综合绩效虽然是本源、本体和本旨的共同合力，但任何一个维度都既可能成为优势也可能成为瓶颈，保持三者的协调才能使知识管理实现目标的方向不发生偏差，而且有效利用各个维度的资源。

规律四：本源投入多重性

对于科技成果转化知识管理的实施而言，其投入不仅是单一的知识投入，也包括人才、资金和组织的投入，而且由于现代化管理模式下，知识管理需要借助信息化系统提高效率与范围，因此，信息化建设也是一项重要的投入。如何使各方面的投入做到最佳组合，实现最高效率是一门管理技巧。本源投入的多重性决定知识管理活动是一项系统工程。

规律五：本体运行非线性

科技成果转化知识管理包括知识对接、知识学习、知识共享、知识整合和知识创新 5 个主要本体部分，各部分的关系不是顺序发生的，而是互相影响、互相促进、交叉发生的。知识管理的各个部分是螺旋提升的关系，内部是一种非线性结构。如何利用这种非线性复杂关系而促进知识管理系统自组织机制的形成，从而使知识管理系统自创生、自复制和自适应，大大提高知识创新的效率，是成果转化组织应该抓住的关键环节。

规律六：本旨模糊性

科技成果转化知识管理的本旨绩效不仅包括经济效益，而且包括科技成果，更重要的是为企业带来的核心竞争力和持续竞争优势。而本旨绩效中除了经济效益和科技成果能较为清楚的界定与测量以外，核心竞争力与持续竞争优势都是一种状态水平，是很难用财务、统计数据进行定量的。因此，知识管理的本旨绩效有时很难准确描述与衡量，这也是影响知识管理推广的主要因素。企业只有清楚认识到知识管理做出的巨大贡献，才有可能加大知识管理的投入与积极开展知识管理活动，从而将企业打造成知识型组织。

规律七：人才与创新是核心

在科技成果转化知识管理投入中，人才的投入是最重要的，也是其他投入要素能发生功效的基础。加大人才引进和培养，对人才进行二次开发，提高人才的知识素养，是科技成果转化知识管理应实现的基础目标。而在知识管理的本体运行中，知识创新能力相对于其他能力更为重要，科技成果转化的本质是新知识转化为新产品，没有知识创新能力，新产品没有知识含量，是不能获得市场和客户认可的。因此，对于科技成果转化组织而言，培养人才和建设知识创新机制，是知识管理活动的核心精髓所在。

规律八：新产品开发为目标

对于科技成果转化组织而言，能开发出符合市场需求的新产品是其永恒的目标。知识管理作为辅助科技成果转化的管理手段，其目标是提高新产品开发效率，提升新产品利润率。因此，衡量科技成果转化知识管理的绩效，最终都要落到新产品开发环节上，如何将科技成果转化过程和知识管理过程耦合，为新产品开发制造机会，是应该贯彻于知识管理全过程的。

规律九：提倡竞争与合作

知识管理提倡竞争，如知识管理的学习、创新等过程，如果没有员工间的竞争机制，是很难对知识型员工产生激励效果的，而专利保护正是竞争意识的最高体现。但知识管理更重视合作，无论是知识对接，还是知识共享与知识创新过程，无不是团队合作甚至企业间相互合作的结果，知识在越大范围内传播流转与应用，其创新的机会越大，产生价值的可能性也越大。因此，知识管理其实就是一种对知识的合作性管理，通过将个人知识向群体知识转化来创造价值。

规律十：综合、柔性管理

通过对典型企业的调研发现，知识管理的实施并没有一种固定的范式，知识管理是很多种管理手段在一种较为规范的引导下完成的一项综合性管理活动。每一个企业都有自己对知识管理活动的界定与划分，每一个企业实施知识管理取得的效果都不一样。而且，很多企业实施的知识管理活动是一种柔性管理模式，知识管理不是推进科技成果转化的主流管理模式，而是为了增加组织柔性，提高市场、环境适应性而实施的。相对而言，目前大部分企业的知识管理组织和知识管理活动都是较小规模，知识管理的思想有待进一步推广。

第八章
科技成果转化知识管理绩效提升的对策

科技成果转化知识管理绩效的本源开拓，可以通过两种方式进行：一是自我培养；二是引进开发。即对科技成果转化知识管理进行投入，包括自身的人才、资金等的投入，也可以积极沟通外来知识资源，将其内化为可用资源，从而转化为知识管理投入，拓宽知识管理网络。

（一）提高科技成果转化组织知识型员工素质

知识型员工，是科技成果转化组织实施知识管理的主要推动力量和直接执行者，是企业知识学习、共享、整合与创新的主体，知识型员工的创造性活动是企业知识创造与价值增值的根本来源。提高科技成果转化组织知识型员工的整体素质，可以从两方面入手：一为引进高级人才，淘汰非知识型人才；二为加强培训与二次开发，提高现有员工的业务水平与创新能力。

1. 建立动态的人才管理机制

（1）高薪聘请高级人才。高级人才，包括高级技能人才、营销专家等，他们将为企业知识库带来巨大的知识更新，为整个知识型团队知识结构优化带来资源。企业应该有"人才第一"的意识，如果人才不为己用，则可能成为竞争对手的良将，因此，不惜高薪聘请一些高级人才，采用股权、津贴等多种方式留住高级人才，是很多高科技企业必须做到的事情。

（2）聘请业内专家为高级顾问。业内专家通常在某些核心领域做出过巨大贡献，能帮助成果转化组织攻克技术上的难关；而且，业内专家通常能掌握行业内发生的最新动态，抓住技术走向、行业趋势，对于科技成果转化组织研发方向与市场化前景都能给出特殊的建议。因此，聘请业内专家为高级顾问，绝不能只是一种形象化的概念，而应该成为企业步步为营的"守门员"。

（3）实施动态岗位调节制度。能上不能下是很多科技成果转化组织僵化、官僚化的原因；将高级技能人才放到管理位置上，是很多企业人不能尽其用的原因。科技成果转化组织要保证高效率，就要保证每个员工都能在最适于自身的岗位上以最高效率的姿态出现。当员工不能适合其岗位时，应该及时发现并适当调节，以保证整个团队的战斗力。"能者居上、实现自我"是科技成果转化组织最能调动知识型人才激情的激励机制，往往比薪资和股权更为重要，因此，保证管理层是一个能上能下的动态调节状态，将有利于保持团队的生命力。

（4）实施末位淘汰制。末位淘汰制是一种压力机制，没有压力就没有动力，末位淘汰制为企业淘汰一些没有上进心和能力欠缺的员工提供了良好的方式，为企业持续优化提供了有效措施。当然，末位淘汰制不能流于形式，更不能成为管理者剔出"绊脚石"的工具，而要严格把关，做到淘汰的真正是末位。另外，末位淘汰制在企业规模较小、人员培训成本过高或人才市场供不应求时应谨慎使用，而对于声誉好、规模大的企业则应制度化执行。

2. 建立规范的人才培养机制

（1）做好人才职业生涯规划。职业生涯规划是指个人和组织相结合，在对一个人职业生涯的主客观条件进行测定、分析、总结研究的基础上，对自己的兴趣、爱好、能力、特长、经历及不足等各方面进行综合分析与权衡，结合时代特点，根据自己的职业倾向，确定其最佳的职业奋斗目标，并为实现这一目标做出行之有效的安排。职业生涯规划既包括个人对自己进行的个体生涯规划，也包括企业对员工进行的职业规划管理体系。职业生涯规划不仅可以使个人在职业起步阶段成功就业，在职业发展阶段走出困惑，到达成功彼岸，而且对于企业来说，良好的职业生涯管理体系还可以充分发挥员工的潜能，给优秀员工一个明确而具体的职业发展引导，从人力资本增值的角度达成企业价值最大化。

（2）加大技术人员培训。技术人员是企业实施成果转化的主体，技术人员的创造性活动和知识凝聚为企业产品增加了知识含量。但如果只对技术人员索取，而没有对技术人员知识的补充，则技术人员在短时间内将被淘汰，尤其是高新技术行业。因此，建立制度化的技术人员知识培训，让技术员工掌握最新的技术成果和创新理念，是激发技术员工创新思维的良好方式。加大对技术人员的培训力度，有利于保持企业知识库在行业领先状态，从而使企业技术水平保持行业领先。

（3）进行低绩效员工的二次开发。一个企业80%的价值是由20%的优秀员工带来的，另外20%的价值是由70%的普通员工带来的，而还有10%的低绩效员工不仅不能带来价值，甚至会消耗一部分价值（张桂英，2009）。但由于员工转换成本、企业经营稳定性等一系列原因，不能对这些低绩效员工都进行末位淘汰。一些低绩效员工并不是能力欠缺，而是岗位不适合或环境不适应的原因，因此，对低绩效员工进行二次开发，补充必要的业务知识，再重新分配岗位，可起到将低绩效员工转化为优秀员工的效果，为企业带来意外的财富。

（二）加大科技成果转化知识管理投入力度

科技成果转化知识管理需要有一定的资金投入，当然，这部分投入即使不实施知识管理对于有些企业也是必不可少的，如 R&D 经费、培训费、技术引进费、信息化支出等。知识管理活动的实施只是增加了一些活动的实施频率和规制化程度，以及增加了小部分管理工作量，因此，科技成果转化知识管理需要经费投入，但其真正的用途并不是知识管理，而是科技成果转化。同样，科技成果转化知识管理的投入可以来自两个方面：一是内部投入；二是外部投入，包括获得政府支持、外部投资、引进风投等。

1. 加大知识管理内部投入

（1）增加 R&D 经费支出。R&D 是科技成果转化组织的核心活动，加大 R&D 经费支出、提高 R&D 效率是科技成果转化率提高的前提。我国大部分企业的 R&D 投入强度都低于 2%，远远小于国外平均水平，限制了我国向技术强国的进军（梁小娅，2009）。但同时可以看到，在一些高技术领域，企业对 R&D 的重视力度很大，2007 年信息产业部电子信息百强中，R&D 经费投入强度平均为 3.9%，高于同行业平均 2.1% 的水平。海尔、华为、中兴、联想研发经费分别达到 67 亿元、59 亿元、28 亿元和 28 亿元，研发投入强度超过 5% 的企业有 21 家，前三位企业分别为华润微电子43.6%、中兴 12.3%、华为 8.9%，而华为更是建立起了一个国际化 R&D 体系，支撑华为企业的国际化进程。因此，企业要想在竞争中取得胜利，必须加大 R&D 投入强度，在新产品开发中走在行业前列。

（2）增加人员培训支出。对员工进行培训是提高全员劳动生产率的主要途径，增加人员培训支出，能有效提高员工的业务技能和知识水平，提高知识创新效率，增加企业经济效益。但人员培训需要一个完整的规划和对不同人员进行分别培训的有效方式，做到"给需要的员工需要的知识"，而非"普及常识"，失去培训的意义还浪费培训费用。目前，我国一些企业实施 5% 的培训费用，这对于成果转化组织较低，增加培训支出是迅速提高员工整体水平的必然选择。

（3）加大核心技术引进。核心技术往往成为限制企业开发新产品的技术瓶颈，导致成果转化项目的失败。但因为核心技术是行业竞争的有力工具，很难低价买入。因此，在必要时可以和同行一些合作性企业结成联盟，共同出资向国外购买先进核心技术，也可以采用多种融资方式加大核心技术的引进，提升企业的综合技术能力。

（4）加强信息化建设。信息化是企业科技成果转化知识管理的有效辅助手段，没有信息化的支持，知识管理的效果将大打折扣。首先，为了员工的知识学习与知识共享，提高员工的知识合作频率，必须建立员工交流平台，如内网、局域网等；其次，为了保证企业各种资料、经验汇总、历史纪录的有效管理和便于查阅，需要建立便捷有效的知识库；再次，为了最大限度地方便知识型员工和专家的对话交流，需要建立专家在线平台，将专家经验奉献给需要的员工；复次，为了及时获得客户信息、市场信息，需要组建外网和情报搜集中心；最后，即便普通的文档管理也需要购置大量的电脑等设施。这一系列的活动都需要庞大的经费做支持，加强信息化建设，就是提高科技成果转化与知识管理的效率。

2. 引入知识管理外部投入

（1）争取政府支持。政府为了加大对高技术产业、行业龙头企业、支柱产业、先导产业等的支持，有可能会对一些企业的特殊活动采取特别的支持。知识管理思想作为一种新兴的管理方式，政府应该鼓励在高技术产业的大中型企业中实验实施，开辟试点企业，然后在成功后再大力推广。因此，如果企业能争取成为政府的知识管理试点企业，获得政府在知识管理投入上的支持和优惠，将成为有力的外部投入来源。

（2）获得联盟支持。技术联盟是很多高技术企业采取的技术优势互补的有效方式，为了共同的技术攻关目的和经验技能的推广，技术联盟成员在技术开发上能做到互相支持。因此，企业如果能获得联盟成员的支持，在联盟内率先实施知识管理，制定出知识管理的实施规范和标准，不仅有利于联盟企业的共同发展，对于其自身更是有利于奠定其在联盟中的核心地位，并获得市场、技术领先优势。

（3）取得风投支持。风险投资都瞄准高技术行业、技术前景看好的企业给予投资支持。知识管理在国外已经证明是一种比较有优势和前景的管理模式，如果企业本身又有一些行业领先优势，企业只要制定出一整套完整的知识管理实施方案，找到一些风投机构给予支持也是可能的。风投将为企业带来一笔额外的知识管理投入，将有力推动知识管理活动的进程，在企业能确保知识管理效益的情况下是非常有效的。

（三） 加强科技成果转化组织的信息化管理

1. 建设组织统一的知识门户

统一的知识门户帮助组织实现以下目标：①员工、客户、供应商、合作伙伴可以在任何时间、任何地点迅速地获得个性化的内容、应用和服务，并提供统一的访问方式；②及时、准确地传递各种组织运营数据和信息，提供高效获取知识、整合知识、积累知识和传播知识的有效途径；③打通组织内科技成果转化的全过程，优化业务流程，提升科技成果转化协作能力，提高运营效率，增强业务灵活性和透明度；④降低服务成本，提升快速适应市场的能力，应对端到端的新服务模式。

为此，组织的知识门户需要包括以下内容：①完备的专家库、员工黄页，良好的客户反馈与跟踪系统、优良的竞争情报系统、数据挖掘系统；②内部信息系统，动态的报表分析，知识库、数据库、数据仓库；③权限设置，快速、精确的搜索引擎，科学的知识分类，详细的知识地图，决策支持系统；④集成的办公平台，人性化的界面设计，智能的知识推送服务。

2. 开发功能集成型科技成果转化知识管理平台

随着 IT 技术的不断发展，融知识管理、行政办公、协同工作、激情管理、即时通信、信息发布、行政办公、信息集成、业务流程集成于一体的知识管理平台已经出现，开发各种功能集成的科技成果转化知识管理平台是迅速提升科技成果转化效率，增强组织科技成果转化核心竞争力的关键。功能集成型科技成果转化知识管理平台的核心功能包括：①文档管理，实现文档分类管理与维护，支持各类文档（如规范制度、工作总结、经验案例、技术论文等）的获取、存储、搜索、学习、版本控制、点评、推荐等，促进组织文档知识的沉淀、共享、学习、应用和创新；②流程管理，跟踪组织的科技成果转化进程，规范组织的流程门限管理，提高工作效率，防范成果转化风险，并引入知识关联机制，提高科技成果转化项目评估的正确性；③人员管理，对组织内每个员工的工作状况、学习状况进行动态记录，做到有跟踪、有挖掘、有评价、有奖励、有传播；④项目管理，实现组织中各类科技成果转化项目的信息管理、项目协作、文档管理、成员沟通、资源配置等；⑤文化管理，通过新闻、内部论坛、网卡调查、电子期刊、电子贺卡等功能帮助组织建立良好的文化氛围，提升组织的凝聚力（史豪祥，2018）。

3. 实现科技成果转化知识管理平台的智能化

智能化的科技成果转化知识管理平台是指在科技成果转化知识领域内一定层次上，能够满足知识员工引用知识、运用知识、传播知识、学习知识和发展知识的需求的计算机系统。智能化科技成果转化知识管理平台在科技成果转化体系中将发挥以下作用：①多种知识服务功能有机集成，提供成果转化知识的一站式服务，降低知识服务系统的负荷，提高用户工作效率；②充分利用人工智能和数学机械化的成果和方法，由计算机代替用户的大量重复性机械性的脑力劳动；③数据库、知识库与处理工具无缝整合，高效地开发交互性动态性直观生动的知识资源；④建设低成本高质量的专家在线和模拟试验系统，开发知识对接、学习、共享、整合与创新的高效辅助平台；⑤动态循环知识资源，有助于克服远程共享和网上协作学习的传输困难；⑥智能学习型的自动推理系统，有助于突破智能答疑关键技术（何淳真等，2019）。

（四）开发科技成果转化组织的外部知识网络

1. 构建网络型科技成果转化产学研合作知识管理组织

产学研合作是企业、科研院所和高等学校之间的合作，通常是指以企业为成果与知识需求方，与以科研院所或高等学校为成果和知识供给方之间的合作（李晨光和赵继新，2019）。产学研合作的实质是促进科技成果转化所需各种资源要素的有效组合。通过产学研合作，积极搭建产学研合作平台，以项目为载体，共建知识中心，进行人才交流，促进企业家、科学家、大学教授的知识沟通融合，联手合作，有效实现优势互补。建立以企业为主体的科技成果转化知识管理组织体系，充分发挥企业在产学研联合中的枢纽作用，突出企业的主体地位，支持企业根据自身发展需求，促进企业产品结构调整，是加速科技成果转化的重要途径。高校要进一步采取有效措施，通过共建产学研联合体、相互兼职、合作研究、在职培训、委托培养研究生等各种方式进一步加强与企业合作，加速科技成果转化，促进企业成为科技成果转化的主体。

构建网络型科技成果转化产学研合作知识管理组织是指通过知识的供需联系实现多个企业、多个高校与多个科研院所之间的网络状联结组织结构。通过企业、高校与科研院所的相互知识共享与交流促使知识在网络型组织内迅速流动，实现知识的商业化价值。网络型科技成果转化产学研合作知识管理组织并不是依靠行政关系联系的，而是一种知识联系，因此似松散实紧密，能极大地满足组织科技成果转化的知识需求。

2. 重视科技成果转化知识管理的政企联合

科技成果转化的主体是企业，但很大程度受政府的监督与管辖，政府在科技成果转化中占据重要的地位（张铃，2006）。知识管理作为提升科技成果转化核心竞争力的重要手段，也只有在政府的推动下才能畅通地运行。在科技成果转化知识管理组织体系中，政府肩负监督引导、提供支持、政策保障的职能，是科技成果转化知识管理成功实施的关键。在科技成果转化知识管理政企联合过程中，应重视政府的知识联结与整合作用，利用政府强大的知识来源，为企业科技成果转化提供知识援助与导航。

在科技成果转化知识管理的政企联合中，政府应该起到的作用是：①建立并健全与科技成果转化相关的包括技术市场、信息市场，人才劳务市场、金融市场等在内的市场体系；②建立以科技和效益双重导向的，以竞争机制、价值规律为核心的市场运行规则、秩序和法规；③强化科技成果转化和技术市场的服务中介；④实施市场导向，起科技成果转化的示范作用；⑤积极挖掘、开辟多种资金渠道，努力改善科技成果转化的物质条件,增加对科技成果转化的资金、政策投入与倾斜;⑥积极扩大国际科技交流与作,营造人才激励氛围;⑦政府协力企业解决中试与转化的基础设施和技术信息平台;⑧通过政府的牵线搭桥作用,开展产学研合作和知识联盟等其他科技成果转化联合模式。

3. 构建模块化的科技成果转化虚拟知识网络

虚拟知识网络由许多半独立的自治知识模块动态组合而成的网络型组织,这些知识模块代表不同的知识员工、部门和组织,每个知识模块都有一定范围的知识管理能力和满足科技成果转化知识资源需求的能力(张宝生,2012)。这些知识模块根据特定的科技成果转化任务动态地组合成为虚拟知识网络,以一种知识联结的方式共享虚拟知识网络中的知识资源,并且相互协作完成共同的科技成果转化目标。

模块化科技成果转化虚拟知识网络的构建要遵循以下原则:①知识驱动,只有通过知识驱动才能从知识价值最大化视角构建科技成果转化虚拟知识网络,也才能通过共享各知识模块的核心能力实现知识资源互补。知识驱动的虚拟知识网络的构建要以知识资源的供需走向为引导,以供需匹配域为网络节点,通过知识资源的流动驱动知识模块的联结与合作。②信任牵引,信任是自治性知识模块合作的心理协议,科技成果转化知识管理组织要通过长期的合作与利益的联结建立一种稳定的信任关系。③模块执行,科技成果转化虚拟知识网络由自治性知识模块组成,这些模块能完成自身的知识管理功能,同时也能通过协作完成更大程度的科技成果转化目标。模块的自治是虚拟知识网络似散实密的基础,模块自治需要模块内部的节点构成具有完备的功能。④动态维护,只有通过动态变化才能充分发挥虚拟知识网络的优越性。通过动态的知识联结使科技成果转化知识能迅速对接,实现供需匹配。虚拟知识网络的动态维护是自组织的,但需要有良好的外部环境、顺畅的体制政策作为支持。

二、科技成果转化知识管理绩效的本体优化

（一）提升科技成果转化组织的知识对接能力

1. 提高成果供应商参与成果转化的广度和深度

成果供应商与成果转化方共同参与科技成果转化活动是成果转化成功的有利因素。因为很多时候虽然在成果交易的过程中，成果转化方获得了关于成果的全部资料，但却没有相关方面的知识，尤其是一些核心、隐性知识，如果成果供应商不能合作提供，成果转化方将需要非常大的努力才能自我开发完成。成果供应商的参与能迅速提高科技成果转化效率，提升科技成果转化率。成果供应商参与转化的深度越深、广度越大，双方的合作层面也越大，成果转化过程中转化方学习的知识就越多，知识对接能力就越强。

2. 提高企业知识吸收能力与核心技术掌握能力

企业要有知识的复制、消化、吸收能力，在成果转化知识对接过程中，企业能全盘接收供应商的显性和隐性知识，才能保证成果转化的成功实施。知识吸收能力需要一个有效的团队作为保证，这个团队中的成员都是具有技术特长的专家，能在阅读成果资料后迅速接受并整理成果转化的思路，为成果转化提供一套标准流程，并保证随时与供应商的协商沟通，尽快掌握成果的核心技术环节，减少成果转化中可能存在的技术瓶颈。

（二）增强科技成果转化组织的知识学习能力

1. 营造以人为本的学习环境

知识管理组织是一个更适合人性的组织。在知识管理组织中，建立了

一套以人为核心的价值理念，把人视为一切资源中最宝贵的资源，充分尊重人的价值、尊严、权利和需求，只有个人和组织的知识产生最大价值时，组织才有生命力。知识管理组织创立了一种全新的强调创造、互动的团队。在这个团队中，无论领导还是下属，人人互相尊重，关心互爱，创造性的意见得到重视，每个成员的潜力和智慧都能得到充分发挥，沟通合作的习惯得以养成。团队集体知识产生的乘数效应，远大于个人知识效用的叠加。员工的思想和行为始终保持激活状态，个人和组织都充满生机和活力。

在科技成果转化知识管理组织构建中体现以人为本思想，要做到：①尊重员工，注重对员工的感情投资；②培养员工，加强对员工的继续教育；③制度创新，建立透明、公平、民主、科学的学习机制和科学的管理制度；④员工参与管理，保持管理阶层与员工的沟通；⑤培养创新，激发员工的创新精神和创新能力；⑥因人而异，采用灵活多样的管理方式。

2. 全面打造学习型组织

知识学习在科技成果转化中占有重要的地位，学习型组织建设是实现科技成果转化知识管理的有效手段。将科技成果转化知识管理组织建设成学习型组织模式，利于科技成果转化知识员工的学习，有助于提升科技成果转化企业的柔性与适应性。

将科技成果转化知识管理组织优化为学习型组织，需要：①鼓励员工不断地超越自我和学习，提升组织整体对学习的意愿与能力，不断地保持整个创新团队的活力；②在科技成果转化中建立宽容、开放的心智模式，促进员工正确地认识世界和改造世界；③在充分分析各种情报资料的基础上结合自己的战略目标，为科技成果转化人员制定一个共同的创新目标和方向，构建科技成果转化人员的共同使命，凝聚不同专业或同一专业不同特长的人才；④对科技成果转化的团队学习进行规划，明确员工学习在整个团队中的位置，发挥个人学习能力，构建科技成果转化组织团队学习的方式；⑤构建科技成果转化的系统思考方式，明白科技成果转化的目的是寻求一种经济、有效地将科技成果推向市场的方式。

（三）强化科技成果转化组织的知识共享水平

要实现组织的知识共享，引发员工对知识共享的渴望、主动地贡献自己的知识是关键。因此，建立一个知识共享的平台，让员工在这个平台上能随时就日常所遇到的问题进行提问，并能够快速得到回复，同时，在此平台上能够搜索到所需要的知识，以此引发员工对于知识共享的渴望，随后有组织有目的地进行知识共享的活动，建立员工知识共享的思维模式，从而营造知识共享的组织文化。

1. 加强员工互动交流

（1）在跨部门间推行各种知识的交流活动、头脑风暴活动以此来促进团队内的知识贡献与共享的文化。

（2）鼓励社团活动，实质地鼓励组织成员成立社团或参加组织社团，以提高经验共享的意愿。

（3）设立一个 BBS 或者留言板，让员工在里面畅所欲言，收集各种新奇古怪的想法，组织轻松高效的主题讨论会让所有成员发表看法，在不断的交流和讨论当中，完善和发展。

2. 逐步养成共享知识的习惯

（1）提供知识交流时间与机会。提供固定且正式的知识交流时间，给予组织成员参加知识交流会议的机会。

（2）由组织中的核心知识人物如主管、技术专家等首先贡献自己的知识，再组织其他成员进行共享，从而让员工体会到享受知识的好处，相对的组织其他成员也会比较有意愿贡献自己的知识。

3. 促进员工的隐性知识显性化共享

（1）将成功或失败的经验如项目或产品，述之文字，并提供渠道让其他成员参考。

（2）应用脑力激荡术，由成员互相激荡与对抽象观念的联想，可以帮助成员对抽象观念的具体化。

4. 建立长效知识共享激励机制

考核与激励机制是科技成果转化知识共享的基础保障条件，尤其在推行知识管理活动的初期（林龙凤，2015）。只有依靠合理健全的考核制度，才能让员工坚持长期的共享和交流。通过长效机制的建立，组织可以达到促进员工共享的目的，员工之间能够坚持共享知识，交流思想，提高技能，同时也达到了促进组织学习的目的，对提高团队战斗力非常有利。具体来讲，组织可以将知识共享纳入考核的指标中，作为对员工绩效的考核指标来管理，使乐于共享知识和经验的员工能够获得相应的回报。长效激励还要依靠考核制度的完善，并与员工加薪、晋升挂钩。在评估员工晋升时，要求员工贡献自己任内的成功经验，并存储至知识库。

（四）提高科技成果转化组织的知识整合程度

1. 强化知识内部整合

知识内部整合是指整合企业内部不同部门的知识（刘希宋等，2009）。科技成果转化过程中需要的知识可能分散于组织的各个部门、团体甚至不同的个人。一项成功的科技成果转化需要大量不同部门的知识。各职能部门提供的知识成为科技成果转化考虑的重要因素，每个部门对成果转化承担一定的责任。例如，设计人员要考虑到产品设计的可行性，营销人员要考虑到市场类型和具体的目标市场细分，它们对新产品的开发成本、推出时间、销售、利润都有极为重要的影响。成果转化需要在设定新产品目标、识别市场机会、决策产品特征或功能以及平衡产品成本、设计、绩效等方面将研发和市场整合起来，知识内部整合对科技成果转化绩效有重要的影响。

建立跨职能的成果转化团队可以有效整合内部知识。成果转化团队要能整合营销、工程、研发、设计和生产等部门的知识，设计出能满足顾客需要以及传递企业价值的高质量新产品。跨职能团队拥有识别整个企业面临的问题和机遇、鉴别可行的新产品类型的知识。来自营销部门和生产制造一线的员工有多年工作经验，积累了最为宝贵的实践经验和启发性知识。但各部门专业背景不同，在知识整合过程中往往会遇到一些障碍。各部门越早开始合作，成功的可能性就越大。其中，高管人员起着重要的调节作用，可以让技术部门的经理接受一些管理课程的培训，并注意在成果转化团队中吸收具有多种知识背景的人员，同时管理人员应该认识到员工间的交流有利于部门间的知识整合，应当提供交流机会，鼓励员工参加社会交际活动。

2. 增强知识外部整合

在科技成果转化过程中，客户担当了重要的角色，很多新产品起源于对客户要求的直接响应。企业可以邀请客户参与到成果转化中，在产品概念测试等阶段收集客户的意见和感受，关注潜在客户及他们的产品使用信息和知识。同时，供应商对零部件的工艺、成本与质量等方面的知识更加丰富，通过对其知识的整合，可以使企业在新产品设计阶段就能考虑到种种影响效率和质量的因素，从而提高设计阶段工作质量，降低加工成本，缩短开发时间和提高产品质量。另外，与行业竞争者、政府职能部门、行业协会和科研院所等相互沟通，能够为企业提供行业发展动态、产品、服务供求信息、产品技术创新等有价值的知识。

多元化的外部知识整合，能够使企业获得大量外部知识和专业技能，发现现有机会和能力利用的新方法，快速识别市场变化，发现新产品创意，准确及时评价产品可行性，减少成果转化过程中的浪费和失误，降低开发成本，缩短开发时间。知识外部整合是一项系统工程，需要利用现代信息技术和网络技术，建立完善知识交流与共享机制和知识整合体系，加强平台建设，促进知识体系和知识资源的整合，增加知识互补和创新，为科技成果转化提供充足动力。

（五）提升科技成果转化组织的知识创新能力

1. 建立知识创新的激励机制

建立促进知识内部创造、流动、共享的激励机制。企业应尊重知识型员工，承认员工隐性知识的独创性和专有性，以物质激励和精神激励相结合的形式调动员工的积极性，鼓励显性知识和隐性知识的流动、转化、共享和创新。具体包括：其一，可以通过建立共同愿景将知识型员工以强大的精神动力团聚在一起，激发团队中员工为团体持续发展贡献出智慧和经验；其二，构建物质利益驱动的报酬机制，建立按知识贡献分配的激励制度，体现团队对员工所贡献知识的公平报偿。在精神动力和报酬机制的驱动下，知识型员工乐于发掘自身潜能，致力于开发有价值的新知识，并将这种知识奉献给团队用于转化成价值。在积极贡献隐性知识获得相应物质收益的同时，也将获得团队的认同感。同时知识型员工在激励机制下，会进一步自我超越，相互学习团队内的其他知识，进而转化为自身的隐性知识，有益于员工的自我发展。这个过程就是野中郁次郎的知识创新螺旋模型。通过外部激励和内部激励的共同作用，把推动企业知识创新的外部动力转化为内部动力，促进企业知识创新活动的积极开展。

2. 营造科技成果转化知识创新文化

（1）建立企业家导向型的创新决策文化。企业家在应对激烈的市场竞争中，不仅要支持和鼓励企业的科技成果转化知识创新活动，更要在决策中保持创新的观念意识，体现凝聚力和感召力，带领员工有效促进企业创新文化发展，才有可能带领企业抓住机遇、战胜风险。

（2）建立以提升竞争力为目标的创新管理文化。保证企业持续规范运作和推进公司进行专业化、职业化经营；树立以人为本的理念，以顾客为中心，提倡团队合作，鼓励创新，努力服务社会，不断提升企业竞争力。

（3）建立诚信文化。诚信作为企业知识创新活动的核心，是持久竞争优势的利基点和创新执行文化的生命线，建立以诚信为核心的创新执行文化，与社会进步互动、与消费者互动，将企业利益与消费者利益、社会利益融合。

（4）建立董事会主导型的创新治理文化。保障企业的创新活动与股东利益的一致性，有效防范不应承担的风险；同时吸引投资者，增强投资者、债权人甚至供应商的信心，从而降低融资成本，获得企业发展需要的资金。

（5）完善知识员工的考核机制。推行以基本工资、绩效工资、奖金以及其他奖励等多种形式相结合全面薪酬计划，将物质激励与精神激励相结合，建立有利于创新的长效激励模式。

三、科技成果转化知识管理绩效的本旨提升

科技成果转化知识管理的本旨绩效，是成果转化组织实施知识管理的最终目标和根本动力，本旨绩效的提升对于成果转化知识管理活动的持续实施具有重要的意义。但知识管理本旨绩效并不是企业实施了知识管理就一定能获得的，而是有效的本源投入和高效的本体运行的综合效果，因此，本旨提升的对策在一定程度上就是本源开拓和本体优化的对策。在此提出本旨提升的对策，一方面是换一种视角提出一些可能的建议，另一方面是强化本源开拓和本体优化对策，使企业充分认识到实施知识管理的重要性与关键环节。

（一）提高科技成果转化组织的收益水平

1. 增加新产品知识含量

利用新技术，增加新产品使用功能，使竞争对手不能很快模仿，并利用知识营销手段对新产品进行有效宣传，让消费者认识到产品的异质性，了解产品中的技术含量，得到消费者的认可和支持。新产品的知识含量需要大量的核心技术作为支撑，因此，重视引进技术、重视知识创新是非常重要的。

2. 扩大新产品产业化规模

当企业开发出新产品后，要继续加大新产品市场化、产业化的力度，并衍生新产品的辅助产品，使其成为一个新兴产业链，并要事先在国内外申请核心技术专利，注意专利的运营和保护，然后走市场国际化路线，将国内市场和国际市场一并拓展，形成有效降低单位产品成本的规模，获得垄断利润。

3. 提高产品更新换代速度

为了阻止竞争者的加入，企业要保持新产品的技术领先优势，就要持续研发，对产品进行更新换代，完善新产品。在这个过程中，建立有效的客户知识网络和市场情报网络是非常必要的，掌握客户需求动向并及时满足，掌握竞争对手现状并予以准备和反击，是企业走在竞争对手前面并取得客户满意和忠诚的条件。

（二）建立科技成果转化组织核心竞争力培育机制

1. 建设独特性的组织文化

核心竞争力是竞争对手不能模仿、交易并能给企业带来价值的能力，企业要具有核心竞争力，除了要具有行业领先的先进技术技能外，更主要的是企业具有一种竞争对手不能模仿的组织文化，这种文化为企业所固有，能为企业带来长期竞争能力和环境适应性，并带来效率和效益（价值性）（刘鑫，2019）。当然，独特性的组织文化并不是企业在短期内能建设出来的，而是长期培育的结果，通过实施知识管理培育出的具有核心竞争力属性的文化主要体现为共享型文化、学习型文化和创新型文化。

2. 建设良性循环的增长机制

企业的成长和核心竞争力是需要一定的体制机制维持的，没有长效的增长机制，企业就不能处于良性循环、自组织状态，核心竞争力也就无法形成。核心竞争力的培育需要企业各个部门的协调，需要企业组成一个具有凝聚力的整体，需要一个稳定的力量推动企业发展，这些都需要靠增长机制完成。在科技成果转化组织中，知识管理能起到增长机制的作用，帮助成果转化组织将各个部门以知识和谐的形态组织起来，共同实现知识创新，推动科技成果转化目标的实现。而知识管理绩效的形成机理则为企业良性循环提供了"快车道"。

（三）培育科技成果转化组织的持续竞争优势

1. 全力打造企业知名度

企业的知名度是企业的形象与招牌，通过在客户中树立知识形象，留下美好声誉，是企业在开发新产品时迅速打开市场的有力武器。企业要全力打造企业的知名度，就要在企业的知识型文化和知识产品上作宣传。联想、华为、中兴、海尔等一些企业无不对公众宣传独一无二的企业形象，努力获得客户的认同与好感。另外，企业不仅要在客户心中打造知名度，也要在行业内部建立龙头的地位，积极和其他同行企业进行知识的沟通交流，为企业赢得业内美誉。

2. 为企业营造和谐环境

科技成果转化组织不仅要利用知识管理凝聚企业内部员工和部门，还要通过开展知识管理达到美化企业形象、协调公众关系、获得政府认可、取得金融支持的作用。企业通过知识管理进行知识创新，提高产品生产过程中废弃物的重复利用以及其他资源浪费的改进等，并积极对外知识宣传，赢得公众的好感。而且，知识管理可提高企业科技成果转化效率、提高企业的利税水平、提高企业在金融机构的资信度，进而使各种社会关系相应得到改善，为企业创造出一种和谐、友好的环境，利于企业的可持续发展。

四、推进科技成果转化知识管理三维绩效的协同互动

(一) 加强产出效益对知识管理投入的反哺

1. 重视知识总结与提炼

在科技成果转化知识管理过程中，虽然目标是科技成果转化成功实现，开发出新产品，但就长期而言，在实践中总结经验，积累知识，提炼精华，为知识库补充更多的新知识，也是非常重要的。就该角度而言，某

项科技成果转化活动的成功与否反而是相对次要，重要的是能否在这个过程中为以后积累教训，使以后在相似的产品开发中少走弯路。知识的总结与提炼应该在每一个项目的每一个小阶段由项目主管完成，其他成员共同参与，专家讨论发言，而且如果成员有补充，可以给予适当奖励。总结和提炼出的经验资料最后应该存储到知识库中，并能方便相关人员调阅。

2. 重视知识管理的再投资

知识管理的投资并不是一劳永逸的，而是需要随时补充的。当知识库的知识不能满足科技成果转化需求时，要及时引进和购买技术或引进掌握技术的高级人才；当成员间学习与共享出现困难时，可能是信息化平台出现问题，应该建设完善平台；当成员没有学习或创新的动力时，应该加大对员工的激励。而 R&D 经费、科技经费、人员培训费等则是每期必不可少的投入，如果不能持续，则企业的经营也很难稳定。知识管理是一个持续投入的过程，企业在每个报告期都应该做出下一期的规划，安排知识管理各个层面的投入比例，提高知识管理投入的效率。

（二）加强投入提升知识管理运行能力的效率

1. 甄别并投入到知识管理运行短板环节

每个企业在科技成果转化知识管理活动开展过程中碰到的问题都不一样，有些企业的知识型员工可能在知识学习上缺乏动力，有些企业由于缺少知识共享激励机制而不愿交流知识，有些企业可能由于员工素质较低而没法开展知识创新等，因此，不同企业在实施知识管理前，要甄别发现自身的知识管理短板环节，然后在短板上加大投入，调整优化结构，以此促进知识管理本体运行绩效的提升。

2. 投入比例协调且重视关键环节

企业科技成果转化的知识对接需要投入人才与技术引进费用，知识学习与共享需要建立必要的信息化平台和激励机制，知识整合需要多方面人才的共同合作，知识创新需要有激励机制和高级人才的带领，而在整个过程中，人才、知识、资金、组织、平台都是必不可少的要素。在这些知识管理投入要素上，如何协调比例、如何做到纲举目张、事半功倍，就要 CEO 和其他高层管理者根据企业现状与环境需要加以战略规划部署安排。

（三）加强本体运行对知识管理产出的转化

1. 提高本体运行的产出效率

企业科技成果转化知识管理本体运行，是一项因果模糊的复杂工程，复杂体现在其需要牵涉成果转化的各个环节、各个部门甚至所有员工，因果模糊体现在很难判定哪项活动取得了成效，大部分成效是由哪些活动带来的。因此，企业开展科技成果转化知识管理活动时，最能做到的就是保证每一活动所带来的效率，并将每一活动的效果落实到具体的成果转化项目上。提高本体运行的产出效率，就是要重视每一知识管理活动的投入产出比，使知识管理工作落到实处，而非流于形式。

2. 重视员工知识创新的引导

科技成果转化知识管理本体运行活动的开展，最终都应该落实到一个环节上，那就是知识创新。没有知识创新，知识管理的目标只能算成功一半，而科技成果转化的目标实现则等于零。知识创新是新产品得以成功开发并产生经济效益，为企业带来利润的基础。因此，企业在知识管理活动开展过程中，对员工知识创新的引导要格外重视，要做到"奖励小知识创新，晋升大知识创新"，做到知识创新能者居上，让有创新才能的人脱颖而出，并带动团队成员共同创新，形成浓郁的创新环境与创新氛围。

结　语

　　科技成果转化与知识管理存在着本质上的联系，企业将知识管理思想融入科技成果转化过程中，将有效提高科技成果转化效率与效益，并优化企业的组织结构与创新环境，为企业带来新的绩效源泉，此即为科技成果转化知识管理绩效。企业实施科技成果转化知识管理势所必然，但由于科技成果转化知识管理绩效具有模糊性等特征，在企业绩效评价实践中可能会存在难以定量的问题，因此，构建系统的科技成果转化知识管理绩效评价体系成为推动企业成果转化知识管理实践的动力，也是知识管理活动有序开展和可持续发展的保障。本书从本源、本体、本旨绩效的视角构建成果转化知识管理绩效评价的三维框架，旨在为企业知识管理绩效评价实践提供理论指导。通过对成果转化知识管理绩效形成机理的理论研究和对黑龙江省12家样本企业的实证分析，得到如下结论：

　　第一，科技成果转化与知识管理存在耦合关系，科技成果转化知识管理绩效形成遵循内在的机理与过程。

　　科技成果转化与知识管理在目标、要素与过程上都是耦合的，使成果转化知识管理绩效具有嵌入、融合、反馈、多维、增量等特征。科技成果转化知识管理是一个超三维知识空间结构，知识管理绩效形成满足知识空间的映射、反射与持续机理，是一个知识时空变换过程。成果转化知识管理绩效形成包括投入绩效的"反哺"、运行绩效的孕育和产出绩效的梯度推进三个过程，分别产生投入阶段、运行阶段和产出阶段的绩效。

　　第二，科技成果转化知识管理绩效评价可分为本源、本体和本旨三维度，三维度之间存在较强的因果关联关系。

科技成果转化知识管理投入阶段的绩效表现为素质提升，运行阶段的绩效表现为能力提高，产出阶段的绩效表现为效益增长，而科技成果转化知识管理绩效评价又包括主体、过程和目标三个动态属性，将内涵、属性与过程相契合，产生成果转化知识管理绩效评价的三维框架，分别包括本源评价、本体评价和本旨评价三个维度，通过专家问卷调查，验证了三维度之间存在的较强因果关联关系。

第三，科技成果转化知识管理绩效本源评价主要包括人才、组织、知识三要素，可采用模糊聚类、AHP 和改进的模糊综合评判方法实现本源评价。

科技成果转化知识管理绩效本源评价的内容主要包括人才、组织和知识三维度在知识管理实施后的提高，由于三者人才和组织的素质提升与人才的知识增长都具有模糊性，以定性指标和专家问卷调查为主要形式，因此，在选择评价方法时首先考虑模糊运算类方法，即指标筛选采用模糊聚类、权重计算选择 AHP、绩效评价选用改进的模糊综合评判方法。通过对黑龙江省 12 家大中型企业的绩效评价实证以及对结果的可靠性、敏感性分析证明，上述方法的选择是科学有效的。

第四，科技成果转化知识管理本体运行是一个链、环、网、螺旋过程，具有非线性复杂特征，宜采用 ISM、ANP 和模糊积分的方法进行绩效本体评价。

科技成果转化知识管理本体运行模型可概括为知识链、知识环、知识网和知识螺旋模型，具体包括知识对接、知识学习、知识共享、知识整合和知识创新 5 个环节，各环节之间存在着非线性复杂关系，使本体运行过程中产生的绩效存在难以测量性和反馈性，为了反映并消减指标体系内部各指标的相关性，采用能容纳指标相关性的 ISM 和 ANP 方法分别进行指标筛选和指标权重的计算，然后选用能消除指标相关性造成评价结果误差的模糊积分方法进行绩效本体评价，实证评价结果满足一致性、敏感性分析验证。

第五，科技成果转化知识管理本旨绩效包括经济效益、核心竞争力和可持续竞争优势三个递进的要素，具有不确定性特征，可选择证据推理方法实施评价。

科技成果转化知识管理的目标体系包括短期目标、中期目标和长期目标三层次的内容，短期目标是创造经济效益，中期目标是培育核心竞争力，长期目标是获得持续竞争优势，据此，构建科技成果转化知识管理绩效本旨评价指标体系，并运用 ELECTRE Ⅰ 方法进行指标筛选。由于本旨绩效的三要素存在不确定性，因此，选择证据推理方法实施本旨绩效评价，而主客观相结合的赋权则为不确定性最小化提供了优化参数。根据黑龙江省 12 家大中型企业实证评价结果分析可知，方法选择科学，评价结果具有一致性、稳定性和适当敏感性。

第六，科技成果转化知识管理综合绩效体现为一种合力，可通过"力"的合成、协调和聚类进行综合绩效的评价。

科技成果转化知识管理综合绩效是本源绩效、本体绩效和本旨绩效的合力，可根据力的合成原理计算得到综合绩效的大小。不同企业在本源、本体和本旨上具有不同的优势，三维度相近的企业在投入、运行和产出上更具有协调性。综合绩效的有效值是综合绩效大小在最佳方向上的投影。根据综合绩效有效值，进行聚类分析，可以对样本企业进行科学分类。根据综合绩效、协调性和有效值可以判断样本企业的优劣势。总结黑龙江省 12 家大中型样本企业评价结果，发现我国企业实施科技成果转化知识管理存在的优势在于互动性、协调性和综合绩效都较高，而弱势也较为明显，总结了成果转化知识管理的十条规律。

第七，企业科技成果转化知识管理绩效的提升可从本源开拓、本体优化和本旨提升以及三维协同互动四方面加以开发与保证。

在本源开拓方面，要重视提高科技成果转化组织知识型员工素质、加大科技成果转化知识管理投入力度、加强科技成果转化组织的信息化管理和开发科技成果转化组织的外部知识网络。在本体优化方面，要注意提升科技成果转化组织的知识对接能力、增强知识学习能力、强化知识共享水平、提高知识整合程度和提升知识创新能力。在本旨提升方面，要努力提高科技成果转化组织的收益水平，建立科技成果转化组织核心竞争力培育机制和培育科技成果转化组织的持续竞争优势。在三维协同互动方面，要加强产出效益对知识管理投入的反哺，加强投入提升知识管理运行能力的效率和加强本体运行对知识管理产出的转化。

总之，本书对科技成果转化知识管理绩效的机理、过程、构成和评价进行了系统的分析，为企业开展科技成果转化知识管理绩效评价工作提供了理论体系的指导，具有极大的理论与应用价值。但知识管理应用于科技成果转化尚处于起步阶段，成果转化知识管理绩效评价的研究也仅止于理论上的探索。因此，许多方面有待于未来进一步的深入研究和实践中的检验，如本书构建的绩效评价模型是否能满足不同类型成果转化企业的需求，选择的评价方法在实践中是否具有可操作性，是否能较好地应用于知识平台的开发，提出的对策对企业提高绩效是否具有实用性等，都具有不确定性，是今后的研究方向。

附　录

附录 A

表1　本源评价定性指标的内涵及评分标准

指标	内涵	标准				
		很差/很低 （0.1分）	较差/较低 （0.3分）	一般 （0.5分）	较好/较高 （0.7分）	很好/很高 （0.9分）
成果转化人员专业结构的合理性 x_5	反映科技成果转化组织人才配置的科学性	非常不合理	较不合理	一般	较合理	非常合理
高层领导对知识管理重视程度 x_6	反映科技成果转化知识管理实施力度	非常不重视	不太重视	一般	较重视	非常重视
技术创新体制机制完善程度 x_7	反映科技成果转化知识管理体制机制保障力度	非常不完善	较不完善	一般	较完善	非常完善
知识型团队建设状况 x_8	反映科技成果转化知识管理的组织投入状况	没有为科技成果转化建立科学的知识型团队，不具备建设的组织条件	正在尝试着建设	部分科技成果转化项目由知识型团队完成，但体现不出优势	部分科技成果转化项目由知识型团队完成，且取得较好效益	内部已经有出色的知识型团队
创新文化建设状况 x_9	反映科技成果转化知识管理的文化保障力度	没有创新文化氛围，领导也不重视创新文化建设	在少数兴趣团体内部形成创新文化氛围	正在开展创新文化建设，但效果尚不显著	初步形成了创新型文化，取得一定的效果	形成了整体性的创新型文化，能够有效促进企业创新战略的实现

212

指标	内涵	标准				
		很差/很低 (0.1分)	较差/较低 (0.3分)	一般 (0.5分)	较好/较高 (0.7分)	很好/很高 (0.9分)
知识产权管理组织建设状况 x_{10}	反映企业对知识产权的重视程度与管理水平	没有知识产权管理组织，近期也不可能建设	有兼职知识产权管理人员，但没有专门的部门管理知识产权	有专门知识产权管理部门，但规模非常小	有满足产权管理需求的知识产权管理部门	知识产权管理部门、机制和制度完善，取得良好的效益
知识管理流程信息化水平 x_{17}	反映企业知识管理信息化的实施能力	目前没有实施知识管理	开始实施了知识管理，但知识管理与企业信息化建设联系不密切	基本的知识管理流程能信息化	单位知识管理流程信息化程度较高，取得一定效益	单位的信息化知识管理流程行业内著名
有效客户、市场信息网络 x_{20}	反映企业掌握外部重要信息的能力	没有建立起系统的客户、市场信息网络，但能获取一定的信息	客户、市场信息网络正在建设中	建立了客户、市场信息网络，但仍需进一步完善	建立起了有效的客户、市场信息网络，取得一定效果	客户、市场信息网络覆盖面广，能高效收集客户、市场的信息
主导产品关键技术掌握程度 x_{21}	反映企业掌握关键产品技术的水平	主导产品的关键技术都来源于技术引进	主导产品小部分关键技术源于自身开发，大部分关键技术是引进的	主导产品大部分关键技术自身开发，小部分需要技术引进	主导产品全部关键技术来源于自身的研发	主导产品全部技术都是自主研发，且知识产权完全掌握在本单位

表2　知识管理绩效本体评价定性指标

指标	内涵	标准				
		很差/很低 (0.1分)	较差/较低 (0.3分)	一般 (0.5分)	较好/较高 (0.7分)	很好/很高 (0.9分)
技术市场科技成果交易中知识对接的广度与深度 x_1	反映知识对接时的知识接受能力	成果转让时关键技术不能掌握	成果转让时能掌握部分关键技术	成果转让时能掌握关键技术	成果转让时不仅掌握关键技术，能基本将对方的知识全部复制到本单位	成果转让时不仅将对方知识全部吸收，而且还能挖掘一些对方也不关注的知识

续表

指标	内涵	标准				
		很差/很低 (0.1分)	较差/较低 (0.3分)	一般 (0.5分)	较好/较高 (0.7分)	很好/很高 (0.9分)
成果供给方与转化方的知识合作稳定程度 x_2	反映与成果供给方知识交流的能力	在完成成果转让后就不再和供给方有任何联系	在成果转让后与供给方保持贸易上往来，但很少对转让成果进行知识合作	成果转让方能在关键时刻对受让方进行知识与技术支持	成果转让方能经常性地对受让方进行知识与技术支持	成果转让方与受让方结成了成果转化的联盟
成果供给方参与转化方活动的深度 x_3	反映让成果供给方主动提供知识的能力	成果转让方在对接阶段给受让方提供知识援助	成果转让方在对接和试验阶段给予受让方知识支持	成果转让方在对接、试验和试制阶段给予知识支持	成果转让方在对接、试验、试制和批生产阶段给予知识支持	成果转让方与转化方进行科技成果转化全过程的知识合作
科技成果转化中全员参与知识学习的状况 x_4	反映全员学习的程度	基本上没有建立学习激励制度，员工很少自觉学习	只有对高层次人才的激励制度，基本上没有建立普通员工学习激励制度	基本建立了员工知识学习的激励制度，员工有一定的学习积极性	建立了完善的员工知识学习的激励制度，员工具有较高的学习积极性	形成浓郁的学习氛围，学习型组织建设成效显著
隐性知识开发与学习状况 x_7	反映隐性知识学习的能力	没有开展技术诀窍、操作经验等隐性知识的开发工作，员工只能从文献资料上获取知识	少数高级专家和技术骨干能传授自己的隐性知识与其他员工分享	形成师傅带徒弟的模式，师徒之间能进行隐性知识的传授	能在创新团队内部开展隐性知识的开发与学习	开发了全员隐性知识交流的平台，制定了对奉献隐性知识人才的激励机制，隐性知识开发与学习成效显著
与中介结构协作的密切程度 x_9	反映与中介的合作水平	与技术中介机构很少联系	偶尔与技术中介机构合作	经常与技术中介机构合作	与多家技术中介机构发生经常性地合作	与多家技术中介机构结成技术性联盟
成果转化团队知识结构合理状况 x_{14}	反映转化团队的综合知识水平	转化团队人才的专业结构基本一致，知识结构单一	转化团队人才主要聚集在几个专业，专业知识结构比较集中	转化团队人才的专业技术结构比较合理，人才知识结构能一定程度互补	转化团队人才的专业技术结构合理，人才结构能满足知识互补需求	转化团队人才的专业知识结构合理，且能动态调整以符合成果转化需求

指标	内涵	标准				
		很差/很低 （0.1分）	较差/较低 （0.3分）	一般 （0.5分）	较好/较高 （0.7分）	很好/很高 （0.9分）
成果转化过程中技术、管理、营销人才参与协作程度 x_{15}	反映转化团队的知识协作能力	成果转化过程中只有技术人员参与	成果转化过程中有技术人员和部分过程有管理人员参与	成果转化过程由技术人员与管理人员共同完成	成果转化过程由技术人员和管理人员共同完成，后期有营销人员参与	成果转化全过程中技术人员、管理人员和营销人员通力合作
客户参与成果转化的状况及效果 x_{16}	反映吸收与利用客户知识的能力	客户没有机会参与到成果转化中	客户只能为成果转化提出一些建议	大客户能参与成果转化活动，为产品创新提出建议	大部分客户能对新产品开发提出建议和意见，并得到采纳和取得一定效果	客户能参与成果转化的全过程，且制定了相关的激励措施，并取得显著效果

表3　知识管理绩效本旨评价定性指标

指标	符号	标准				
		很差/很低 （0.1分）	较差/较低 （0.3分）	一般 （0.5分）	较好/较高 （0.7分）	很好/很高 （0.9分）
新产品技术国内外领先程度	x_7	很快又要被淘汰	较落后	国内一般	国内领先，国际一般	国际领先
产品与技术自主创新能力	x_9	很弱	较弱	一般	较强	很强
商誉	x_{10}	业内知名度不高	行业内有一定知名度	行业闻名，国内有一定的声誉	国内闻名，有一定的美誉度	国际闻名，美誉度高
品牌知名度	x_{11}	不知名	小范围内有一定名气	行业内有一定名气	国内知名	国际知名
行业领先程度	x_{12}	非常落后	较落后	中等水平	上游水平	行业领先

续表

指标	符号	标准				
		很差/很低 (0.1 分)	较差/较低 (0.3 分)	一般 (0.5 分)	较好/较高 (0.7 分)	很好/很高 (0.9 分)
企业与环境的和谐状况	x_{13}	不和谐，因资源、环境等问题本单位利益与社会福利矛盾突出	基本和谐，但在资源、环境等方面存在明显的问题	较和谐，但在资源、环境等方面存在一定的问题	和谐，资源、环境问题基本得到解决	非常和谐，在解决资源、环境问题上成效显著，有良好的社会影响
企业文化影响力	x_{14}	非常小，文化几乎没有自身特色	较小，组织凝聚力较低	一般，初步建立了企业特色文化	较大，影响行业文化导向	非常大，对国内文化导向产生影响

附录 B

表 1　本源评价定量指标数据

指标 \ 样本	A	B	C	D	E	F	G	H	I	J	K	L	min	max
x_1	0.31	0.52	0.63	0.60	0.15	0.45	0.10	0.50	0.46	0.50	0.37	0.26	0.10	0.63
x_2	0.13	0.48	0.26	0.30	0.33	0.52	0.02	0.29	0.15	0.70	0.16	0.52	0.02	0.70
x_3	0.46	0.08	0.00	0.01	0.00	0.01	0.04	0.00	0.00	0.17	0.01	0.00	0.00	0.46
x_4	0.38	0.02	0.12	0.22	0.01	0.11	0.02	0.01	0.10	0.17	0.16	0.01	0.01	0.38
x_{11}	0.04	0.04	0.06	0.07	0.04	0.01	0.04	0.01	0.03	0.01	0.01	0.07	0.01	0.07
x_{12}	0.04	0.02	0.02	0.10	0.02	0.08	0.06	0.07	0.10	0.25	0.21	0.03	0.02	0.25
x_{13}	0.04	0.07	0.01	0.00	0.00	0.00	0.00	0.02	0.00	0.04	0.00	0.04	0.00	0.07
x_{14}	0.82	0.29	0.00	0.00	0.00	87.77	0.00	0.12	0.81	0.00	4.39	0.00	0.00	87.77
x_{15}	0.01	0.01	0.01	0.37	0.00	0.08	0.00	0.02	0.01	0.00	0.03	0.02	0.00	0.37
x_{18}	0.66	0.26	0.72	1.19	0.90	0.59	0.18	1.73	1.52	3.00	0.42	0.48	0.18	3.00
x_{19}	2.00	0.00	0.00	13.00	0.00	22.00	3.00	1.00	0.00	0.00	3.00	0.00	0.00	22.00

表 2　本源评价定性指标数据

指标 \ 样本		A	B	C	D	E	F	G	H	I	J	K	L
x_5	很差	0.00	0.00	0.00	0.00	0.00	0.00	0.20	0.00	0.00	0.00	0.00	0.00
	较差	0.00	0.20	0.00	0.00	0.20	0.20	0.40	0.20	0.00	0.00	0.00	0.20
	一般	0.20	0.20	0.20	0.00	0.40	0.20	0.40	0.20	0.80	0.00	0.60	0.40
	较好	0.40	0.20	0.60	0.20	0.40	0.60	0.00	0.60	0.20	0.00	0.40	0.20
	很好	0.40	0.40	0.20	0.80	0.00	0.00	0.00	0.00	0.00	1.00	0.00	0.20
x_6	很差	0.00	0.00	0.00	0.00	0.60	0.20	0.00	0.00	0.00	0.00	0.00	0.00
	较差	0.20	0.20	0.40	0.00	0.20	0.20	0.60	0.00	0.00	0.40	0.20	0.60
	一般	0.20	0.40	0.40	0.80	0.20	0.60	0.40	1.00	0.80	0.40	0.20	0.40
	较好	0.40	0.20	0.20	0.20	0.00	0.00	0.00	0.00	0.20	0.20	0.60	0.00
	很好	0.20	0.20	0.00	0.00	0.00	0.00	0.00	0.00	0.00	0.00	0.00	0.00
x_7	很差	0.00	0.00	0.00	0.00	0.00	0.00	0.00	0.00	0.40	0.20	0.00	0.00
	较差	0.20	0.00	0.00	0.00	0.00	0.20	0.20	0.60	0.40	0.40	0.20	0.40
	一般	0.40	0.00	0.40	0.00	0.60	0.60	0.20	0.40	0.40	0.20	0.40	0.20
	较好	0.40	1.00	0.60	0.80	0.20	0.20	0.40	0.00	0.20	0.00	0.20	0.40
	很好	0.00	0.00	0.00	0.20	0.20	0.00	0.20	0.00	0.00	0.00	0.00	0.00
x_8	很差	0.00	0.00	0.00	0.00	0.00	0.00	0.00	0.00	0.00	0.00	0.00	0.00
	较差	0.20	0.00	0.40	0.20	0.00	0.00	0.40	0.20	0.20	0.80	0.00	0.00
	一般	0.40	0.00	0.60	0.60	0.60	0.00	0.40	0.20	0.20	0.20	0.60	0.40
	较好	0.40	0.00	0.00	0.20	0.40	0.80	0.20	0.60	0.40	0.00	0.40	0.60
	很好	0.00	1.00	0.00	0.00	0.00	0.20	0.00	0.00	0.20	0.00	0.00	0.00
x_9	很差	0.00	0.00	0.00	0.00	0.00	0.00	0.00	0.00	0.00	0.00	0.00	0.00
	较差	0.40	0.00	0.00	0.00	0.00	0.60	0.00	0.40	0.00	0.00	0.00	0.00
	一般	0.40	0.40	0.60	0.00	0.60	0.20	0.00	0.20	0.60	0.60	0.80	0.20
	较好	0.20	0.40	0.40	1.00	0.40	0.20	0.80	0.40	0.20	0.40	0.20	0.60
	很好	0.00	0.20	0.00	0.00	0.00	0.00	0.20	0.00	0.20	0.00	0.00	0.20
x_{10}	很差	0.00	0.00	0.00	0.00	0.00	0.00	0.00	0.00	0.00	0.00	0.00	0.00
	较差	0.00	0.00	0.00	0.00	0.20	0.00	0.40	0.00	0.20	0.00	0.00	0.00
	一般	0.40	0.40	0.60	0.00	0.40	0.00	0.20	0.60	0.20	0.20	0.40	0.20
	较好	0.40	0.60	0.40	0.00	0.40	0.40	0.40	0.40	0.60	0.80	0.60	0.60
	很好	0.20	0.00	0.00	1.00	0.00	0.60	0.00	0.00	0.00	0.00	0.00	0.20

续表

指标	样本	A	B	C	D	E	F	G	H	I	J	K	L
x_{16}	很差	0.00	0.00	0.00	0.00	0.00	0.00	0.60	0.00	0.00	0.00	0.00	0.00
	较差	0.60	0.00	0.20	0.00	0.60	0.00	0.40	0.20	0.00	0.00	0.00	0.00
	一般	0.40	0.60	0.40	0.00	0.40	0.00	0.00	0.20	0.60	0.80	0.40	0.40
	较好	0.00	0.40	0.40	0.60	0.00	0.80	0.00	0.60	0.40	0.20	0.60	0.40
	很好	0.00	0.00	0.00	0.40	0.00	0.20	0.00	0.00	0.00	0.00	0.00	0.20
x_{17}	很差	0.00	0.00	0.00	0.00	0.00	0.00	0.00	0.00	0.00	0.00	0.00	0.00
	较差	0.40	0.00	0.20	0.00	0.60	0.00	0.40	0.40	0.20	0.00	0.00	0.20
	一般	0.60	0.60	0.40	0.00	0.20	0.00	0.60	0.40	0.40	0.80	0.40	0.40
	较好	0.00	0.40	0.40	0.80	0.20	0.40	0.00	0.20	0.40	0.20	0.60	0.40
	很好	0.00	0.00	0.00	0.20	0.20	0.60	0.00	0.00	0.00	0.00	0.00	0.00
x_{20}	很差	0.00	0.00	0.00	0.00	0.00	0.00	0.00	0.20	0.00	0.00	0.00	0.00
	较差	0.20	0.00	0.40	0.00	0.80	0.00	0.60	0.40	0.60	0.20	0.40	0.00
	一般	0.60	0.00	0.60	0.60	0.20	0.40	0.40	0.40	0.40	0.40	0.40	0.00
	较好	0.20	0.80	0.00	0.40	0.00	0.40	0.00	0.00	0.00	0.40	0.20	0.20
	很好	0.00	0.20	0.00	0.00	0.00	0.20	0.00	0.00	0.00	0.00	0.00	0.80
x_{21}	很差	0.00	0.00	0.00	0.00	0.00	0.00	0.00	0.00	0.00	0.00	0.00	0.00
	较差	0.20	0.40	0.60	0.00	0.40	0.00	0.20	0.40	0.00	0.60	0.60	0.00
	一般	0.40	0.60	0.40	0.20	0.40	0.00	0.60	0.40	0.60	0.40	0.20	0.60
	较好	0.40	0.00	0.00	0.80	0.20	0.00	0.20	0.20	0.40	0.00	0.20	0.40
	很好	0.00	0.00	0.00	0.00	0.00	1.00	0.00	0.00	0.00	0.00	0.00	0.00

表3　科技成果转化知识管理本体绩效评价指标值原始数据

指标	企业	A	B	C	D	E	F	G	H	I	J	K	L	min	max
x_1	0.1	0	0	4	0	0	0	0	0	0	0	3	0	—	—
	0.3	0	0	1	3	2	0	1	2	2	3	1	0	—	—
	0.5	2	1	0	2	3	0	3	2	3	1	1	0	—	—
	0.7	3	4	0	0	0	1	1	1	0	1	0	3	—	—
	0.9	0	0	0	0	0	4	0	0	0	0	0	2	—	—

续表

指标\企业		A	B	C	D	E	F	G	H	I	J	K	L	min	max
x_2	0.1	0	0	0	0	0	0	0	0	0	5	0	0	—	—
	0.3	0	0	0	1	0	2	0	0	0	0	1	2	—	—
	0.5	2	1	0	2	0	2	2	3	0	0	4	1	—	—
	0.7	3	4	0	2	5	1	2	2	4	0	0	2	—	—
	0.9	0	0	5	0	0	0	1	0	1	0	0	0	—	—
x_3	0.1	0	0	0	0	5	0	0	0	4	3	0	0	—	—
	0.3	2	5	0	0	0	0	4	0	1	2	3	2	—	—
	0.5	3	0	3	0	0	2	1	2	0	0	1	3	—	—
	0.7	0	0	2	5	0	2	0	3	0	0	1	0	—	—
	0.9	0	0	0	0	0	1	0	0	0	0	0	0	—	—
x_4	0.1	0	0	0	0	0	0	5	0	0	0	0	0	—	—
	0.3	0	0	0	0	1	0	0	0	0	0	0	0	—	—
	0.5	3	2	3	2	2	0	0	0	0	3	0	1	—	—
	0.7	2	3	1	3	2	5	0	1	4	1	2	4	—	—
	0.9	0	0	1	0	0	0	0	4	1	1	3	0	—	—
x_5		17	22	41	43	3	25	0	61	28	8	57	17	0	61
x_6		27	24	0	120	2	144	0	24	18	40	5	10	0	144
x_7	0.1	0	0	0	0	1	0	2	1	0	0	0	0	—	—
	0.3	4	0	3	0	4	0	0	4	0	0	0	4	—	—
	0.5	1	0	2	2	0	0	3	0	0	0	0	1	—	—
	0.7	0	4	0	3	0	5	0	0	0	4	2	0	—	—
	0.9	0	1	0	0	0	0	0	0	5	1	3	0	—	—
x_8	0.1	0	0	0	0	4	0	3	0	0	2	0	0	—	—
	0.3	1	0	0	0	1	0	2	0	0	2	0	0	—	—
	0.5	3	2	4	0	0	0	0	5	2	1	3	0	—	—
	0.7	1	3	1	4	0	0	0	0	3	0	1	3	—	—
	0.9	0	0	0	1	0	5	0	0	0	0	1	2	—	—

续表

指标 \ 企业		A	B	C	D	E	F	G	H	I	J	K	L	min	max
x_9	0.1	0	0	4	3	2	0	0	0	0	0	0	0	—	—
	0.3	0	0	1	2	3	0	2	0	0	3	0	3	—	—
	0.5	3	1	0	0	0	0	3	4	0	1	1	0	—	—
	0.7	2	4	0	0	0	0	0	1	4	1	2	2	—	—
	0.9	0	0	0	0	0	5	0	0	1	0	2	0	—	—
x_{10}		2	30	0	2	0	2	15	5	7	0	0	0	0	30
x_{11}		0	55	26	64	0	0	4	8	15	0	0	8	0	64
x_{12}		10	16	93	5	21	7	6	25	25	0	9	4	0	93
x_{13}		0	178	0	41	0	59	0	0	573	60	72	0	0	573
x_{14}	0.1	0	0	0	0	0	0	0	0	0	0	0	0	—	—
	0.3	3	0	0	0	1	1	0	2	0	0	0	0	—	—
	0.5	2	3	2	0	2	3	2	2	0	4	2	2	—	—
	0.7	0	2	2	4	2	1	3	1	5	0	2	3	—	—
	0.9	0	0	1	1	0	0	0	0	0	1	1	0	—	—
x_{15}	0.1	0	0	0	0	0	0	0	0	0	0	0	0	—	—
	0.3	3	0	4	0	1	0	0	4	0	0	3	0	—	—
	0.5	2	3	1	5	3	0	3	1	3	2	1	0	—	—
	0.7	0	2	0	0	1	4	1	0	2	3	1	2	—	—
	0.9	0	0	0	0	0	1	1	0	0	0	0	3	—	—
x_{16}	0.1	0	0	0	0	0	0	0	0	0	0	0	0	—	—
	0.3	0	0	0	0	2	0	0	0	0	0	0	0	—	—
	0.5	0	0	0	0	2	0	0	0	0	1	2	0	—	—
	0.7	4	2	3	3	1	0	2	4	3	3	2	1	—	—
	0.9	1	3	2	2	0	5	3	1	2	1	1	4	—	—
x_{17}		4	5	0	1	0	123	0	2	125	0	5	150	0	150
x_{18}		18	30	0	8	21	619	8	9	61	0	5	24	0	619
x_{19}		6	35	0	17	0	63	3	18	49	6	8	15	0	63
x_{20}		51	12	0	32	24	668	6	21	112	0	67	40	0	668
x_{21}		17	25	0	6	5	32	3	2	7	2	0	26	0	32

表 4　本旨评价指标专家合理性打分

符号	合理性				
	很不合理	较不合理	一般合理	较合理	非常合理
x_1	0	0	2	8	25
x_2	5	17	13	0	0
x_3	0	2	9	15	9
x_4	0	8	18	5	4
x_5	5	17	8	5	0
x_6	6	8	15	6	0
x_7	8	20	5	2	0
x_8	5	7	9	10	4
x_9	0	4	8	20	3
x_{10}	1	8	14	10	2
x_{11}	5	9	15	6	0
x_{12}	8	17	10	0	0
x_{13}	3	8	19	3	2
x_{14}	2	5	18	7	3
x_{15}	9	17	5	4	0
x_{16}	1	8	9	9	8
x_{17}	5	17	10	3	0
x_{18}	4	5	19	5	2
x_{19}	7	15	10	3	0
x_{20}	5	7	18	3	2
x_{21}	4	8	9	10	4

表 5　指标重要性排序

专家	B→T 重要性	x→B_1 重要性	x→B_2 重要性	x→B_3 重要性
1	$B_1 < B_2 < B_3$	$x_4 < x_3 < x_2 < x_1$	$x_8 < x_6 < x_7 < x_9 < x_5$	$x_{14} < x_{10} < x_{12} < x_{11} < x_{13}$
2	$B_1 < B_3 < B_2$	$x_4 < x_2 < x_3 < x_1$	$x_6 < x_5 < x_7 < x_8 < x_9$	$x_{10} < x_{11} < x_{12} < x_{14} < x_{13}$
3	$B_1 < B_2 < B_3$	$x_4 < x_2 < x_1 < x_3$	$x_6 < x_7 < x_9 < x_8 < x_5$	$x_{14} < x_{12} < x_{10} < x_{11} < x_{13}$
4	$B_2 < B_1 < B_3$	$x_4 < x_3 < x_1 < x_2$	$x_8 < x_5 < x_6 < x_7 < x_9$	$x_{12} < x_{14} < x_{11} < x_{10} < x_{13}$

专家	B→T 重要性	x→B_1 重要性	x→B_2 重要性	x→B_3 重要性
5	$B_2 < B_3 < B_1$	$x_3 < x_4 < x_2 < x_1$	$x_8 < x_6 < x_7 < x_9 < x_5$	$x_{13} < x_{10} < x_{12} < x_{11} < x_{14}$
6	$B_1 < B_2 < B_3$	$x_3 < x_4 < x_1 < x_2$	$x_7 < x_9 < x_5 < x_6 < x_8$	$x_{13} < x_{11} < x_{10} < x_{12} < x_{14}$
7	$B_1 < B_2 < B_3$	$x_4 < x_3 < x_1 < x_2$	$x_6 < x_8 < x_7 < x_5 < x_9$	$x_{11} < x_{10} < x_{13} < x_{14} < x_{12}$
8	$B_3 < B_1 < B_2$	$x_4 < x_2 < x_3 < x_1$	$x_8 < x_6 < x_7 < x_9 < x_5$	$x_{10} < x_{11} < x_{14} < x_{13} < x_{12}$
9	$B_1 < B_3 < B_2$	$x_3 < x_2 < x_4 < x_1$	$x_6 < x_8 < x_7 < x_9 < x_5$	$x_{10} < x_{11} < x_{13} < x_{14} < x_{12}$
10	$B_1 < B_2 < B_3$	$x_3 < x_4 < x_2 < x_1$	$x_8 < x_6 < x_5 < x_9 < x_7$	$x_{12} < x_{13} < x_{14} < x_{10} < x_{11}$
11	$B_1 < B_3 < B_2$	$x_4 < x_3 < x_2 < x_1$	$x_8 < x_6 < x_5 < x_7 < x_9$	$x_{13} < x_{14} < x_{10} < x_{11} < x_{12}$
12	$B_1 < B_2 < B_3$	$x_4 < x_3 < x_1 < x_2$	$x_5 < x_6 < x_9 < x_7 < x_8$	$x_{10} < x_{12} < x_{11} < x_{13} < x_{14}$
13	$B_3 < B_2 < B_1$	$x_4 < x_3 < x_2 < x_1$	$x_5 < x_6 < x_7 < x_9 < x_8$	$x_{10} < x_{14} < x_{12} < x_{13} < x_{11}$
14	$B_2 < B_3 < B_1$	$x_4 < x_3 < x_2 < x_1$	$x_5 < x_6 < x_8 < x_7 < x_9$	$x_{10} < x_{11} < x_{13} < x_{14} < x_{12}$
15	$B_1 < B_2 < B_3$	$x_4 < x_3 < x_1 < x_2$	$x_6 < x_8 < x_5 < x_7 < x_9$	$x_{10} < x_{11} < x_{13} < x_{14} < x_{12}$
16	$B_1 < B_2 < B_3$	$x_4 < x_3 < x_2 < x_1$	$x_6 < x_8 < x_5 < x_9 < x_7$	$x_{12} < x_{14} < x_{10} < x_{11} < x_{13}$
17	$B_1 < B_2 < B_3$	$x_3 < x_2 < x_4 < x_1$	$x_6 < x_8 < x_7 < x_9 < x_5$	$x_{10} < x_{11} < x_{12} < x_{13} < x_{14}$
18	$B_1 < B_3 < B_2$	$x_3 < x_4 < x_2 < x_1$	$x_8 < x_6 < x_5 < x_7 < x_9$	$x_{10} < x_{13} < x_{12} < x_{11} < x_{14}$
19	$B_1 < B_2 < B_3$	$x_4 < x_3 < x_2 < x_1$	$x_8 < x_6 < x_9 < x_7 < x_5$	$x_{10} < x_{13} < x_{12} < x_{11} < x_{14}$
20	$B_2 < B_3 < B_1$	$x_4 < x_3 < x_2 < x_1$	$x_5 < x_6 < x_9 < x_7 < x_8$	$x_{13} < x_{10} < x_{11} < x_{14} < x_{12}$
21	$B_1 < B_2 < B_3$	$x_4 < x_3 < x_1 < x_2$	$x_5 < x_6 < x_8 < x_7 < x_9$	$x_{13} < x_{12} < x_{10} < x_{11} < x_{14}$
22	$B_3 < B_2 < B_1$	$x_4 < x_3 < x_2 < x_1$	$x_8 < x_6 < x_7 < x_5 < x_9$	$x_{13} < x_{12} < x_{10} < x_{11} < x_{14}$
23	$B_3 < B_1 < B_2$	$x_4 < x_1 < x_3 < x_2$	$x_8 < x_6 < x_9 < x_7 < x_5$	$x_{14} < x_{13} < x_{11} < x_{10} < x_{12}$
24	$B_1 < B_2 < B_3$	$x_4 < x_3 < x_1 < x_2$	$x_8 < x_6 < x_9 < x_5 < x_7$	$x_{10} < x_{14} < x_{13} < x_{12} < x_{11}$
25	$B_1 < B_2 < B_3$	$x_4 < x_3 < x_2 < x_1$	$x_6 < x_5 < x_7 < x_9 < x_8$	$x_{10} < x_{14} < x_{13} < x_{11} < x_{12}$
26	$B_1 < B_2 < B_3$	$x_3 < x_4 < x_2 < x_1$	$x_6 < x_5 < x_8 < x_7 < x_9$	$x_{12} < x_{11} < x_{10} < x_{13} < x_{14}$
27	$B_2 < B_1 < B_3$	$x_3 < x_4 < x_1 < x_2$	$x_8 < x_6 < x_7 < x_9 < x_5$	$x_{14} < x_{11} < x_{10} < x_{13} < x_{12}$
28	$B_2 < B_3 < B_1$	$x_4 < x_3 < x_2 < x_1$	$x_6 < x_5 < x_7 < x_9 < x_8$	$x_{14} < x_{10} < x_{11} < x_{12} < x_{13}$
29	$B_3 < B_1 < B_2$	$x_4 < x_3 < x_2 < x_1$	$x_6 < x_5 < x_8 < x_7 < x_9$	$x_{14} < x_{13} < x_{10} < x_{11} < x_{12}$
30	$B_3 < B_2 < B_1$	$x_4 < x_3 < x_2 < x_1$	$x_8 < x_6 < x_7 < x_9 < x_5$	$x_{13} < x_{10} < x_{14} < x_{11} < x_{12}$

表6　成果转化知识管理本旨绩效指标原始数据

指标＼企业		A	B	C	D	E	F	G	H	I	J	K	L
x_1		0.75	0.89	0.73	0.76	0.08	0.03	1.00	0.61	0.27	0.40	0.10	0.37
x_2		68.25	38.22	91.41	41.69	26.43	277.01	273.63	67.64	33.22	63.25	108.63	62.67
x_3		132.00	89.48	63.18	29.77	13.04	19.26	15.56	61.89	25.16	86.00	22.13	55.53
x_4		0.04	0.04	0.02	0.06	0.02	0.02	0.08	0.08	0.06	0.09	0.03	0.10
x_5		4	0	0	3	0	25	0	1	16	0	0	0
x_6		100	92	0	100	80	12	0	100	95	0	32	100
x_7	0.1	1	0	1	0	0	0	3	2	0	0	0	0
	0.3	2	1	3	0	2	1	2	3	0	0	0	0
	0.5	2	1	1	3	1	2	0	0	0	4	3	0
	0.7	0	3	0	2	2	2	0	0	3	1	1	1
	0.9	0	0	0	0	0	0	0	0	2	0	1	4
x_8		28.00	60.00	0.00	52.00	36.00	30.00	0.00	0.00	100.00	14.00	60.00	115.00
x_9	0.1	0	0	0	0	0	0	0	0	0	0	0	0
	0.3	0	0	1	0	0	0	0	0	0	0	0	0
	0.5	3	2	3	2	4	0	3	2	0	2	1	0
	0.7	2	3	1	2	1	0	2	3	1	2	3	4
	0.9	0	0	0	1	0	5	0	0	4	1	1	1
x_{10}	0.1	0	0	0	0	0	0	0	0	0	0	0	0
	0.3	0	0	0	0	0	0	0	0	0	0	0	0
	0.5	0	0	3	0	0	0	0	0	0	0	0	0
	0.7	2	3	1	0	0	0	2	3	0	1	2	0
	0.9	3	2	1	5	5	5	3	2	5	4	3	5
x_{11}	0.1	0	0	0	0	0	0	0	0	0	0	0	0
	0.3	0	0	0	0	0	0	0	0	0	0	0	0
	0.5	0	0	3	0	0	0	0	0	0	0	0	0
	0.7	3	2	2	1	0	0	1	3	0	1	2	2
	0.9	2	3	0	4	5	5	4	2	5	4	3	3

续表

指标	企业	A	B	C	D	E	F	G	H	I	J	K	L
x_{12}	0.1	0	0	0	0	0	0	0	0	0	0	0	0
	0.3	0	0	0	0	0	0	0	0	0	0	0	0
	0.5	2	0	0	0	2	0	3	0	0	0	0	0
	0.7	3	0	1	0	3	0	1	2	0	4	3	0
	0.9	0	5	4	5	0	5	1	3	5	1	2	5
x_{13}	0.1	0	0	0	0	0	0	0	0	0	0	0	0
	0.3	0	0	0	0	0	0	0	0	0	0	0	0
	0.5	0	0	0	0	0	0	3	0	0	0	0	0
	0.7	0	0	2	0	4	0	2	0	1	0	2	0
	0.9	5	5	3	5	1	5	0	5	4	5	3	5
x_{14}	0.1	0	0	0	0	0	0	0	0	0	0	0	0
	0.3	0	0	0	0	0	0	0	0	0	0	0	0
	0.5	2	0	0	0	0	0	4	3	0	0	0	0
	0.7	3	0	4	0	0	0	1	1	0	2	3	0
	0.9	0	5	1	5	5	5	0	1	5	3	2	5

附录 C

表1　本源评价定量指标模糊隶属度

指标	样本	A	B	C	D	E	F	G	H	I	J	K	L
x_1	很差	0.00	0.00	0.00	0.00	1.00	0.00	1.00	0.00	0.00	0.00	0.00	0.00
	较差	1.00	0.00	0.00	0.00	0.00	0.00	0.00	0.00	0.00	0.00	0.00	1.00
	一般	0.00	0.00	0.00	0.00	0.00	0.00	0.00	0.00	0.00	0.00	1.00	0.00
	较好	0.00	1.00	0.00	0.00	0.00	1.00	0.00	1.00	1.00	1.00	0.00	0.00
	很好	0.00	0.00	1.00	1.00	0.00	0.00	0.00	0.00	0.00	0.00	0.00	0.00

续表

指标	样本	A	B	C	D	E	F	G	H	I	J	K	L
x_2	很差	1.00	0.00	0.00	0.00	0.00	0.00	1.00	0.00	1.00	0.00	0.00	0.00
	较差	0.00	0.00	1.00	0.00	0.00	0.00	0.00	1.00	0.00	0.00	1.00	0.00
	一般	0.00	0.00	0.00	1.00	1.00	0.00	0.00	0.00	0.00	0.00	0.00	0.00
	较好	0.00	1.00	0.00	0.00	0.00	1.00	0.00	0.00	0.00	0.00	0.00	1.00
	很好	0.00	0.00	0.00	0.00	0.00	0.00	0.00	0.00	0.00	1.00	0.00	0.00
x_3	很差	0.00	1.00	1.00	1.00	1.00	1.00	1.00	1.00	1.00	0.00	1.00	1.00
	较差	0.00	0.00	0.00	0.00	0.00	0.00	0.00	0.00	0.00	1.00	0.00	0.00
	一般	0.00	0.00	0.00	0.00	0.00	0.00	0.00	0.00	0.00	0.00	0.00	0.00
	较好	0.00	0.00	0.00	0.00	0.00	0.00	0.00	0.00	0.00	0.00	0.00	0.00
	很好	1.00	0.00	0.00	0.00	0.00	0.00	0.00	0.00	0.00	0.00	0.00	0.00
x_4	很差	0.00	1.00	0.00	0.00	1.00	0.00	1.00	1.00	0.00	0.00	0.00	1.00
	较差	0.00	0.00	1.00	0.00	0.00	1.00	0.00	0.00	1.00	0.00	0.00	0.00
	一般	0.00	0.00	0.00	1.00	0.00	0.00	0.00	0.00	0.00	1.00	1.00	0.00
	较好	0.00	0.00	0.00	0.00	0.00	0.00	0.00	0.00	0.00	0.00	0.00	0.00
	很好	1.00	0.00	0.00	0.00	0.00	0.00	0.00	0.00	0.00	0.00	0.00	0.00
x_{11}	很差	0.00	0.00	0.00	0.00	0.00	1.00	0.00	1.00	0.00	1.00	1.00	0.00
	较差	0.00	0.00	0.00	0.00	0.00	0.00	0.00	0.00	1.00	0.00	0.00	0.00
	一般	1.00	1.00	0.00	0.00	1.00	0.00	1.00	0.00	0.00	0.00	0.00	0.00
	较好	0.00	0.00	0.00	0.00	0.00	0.00	0.00	0.00	0.00	0.00	0.00	0.00
	很好	0.00	0.00	1.00	1.00	0.00	0.00	0.00	0.00	0.00	0.00	0.00	1.00
x_{12}	很差	1.00	1.00	1.00	0.00	1.00	0.00	1.00	0.00	0.00	0.00	0.00	1.00
	较差	0.00	0.00	0.00	1.00	0.00	1.00	0.00	1.00	1.00	0.00	0.00	0.00
	一般	0.00	0.00	0.00	0.00	0.00	0.00	0.00	0.00	0.00	0.00	0.00	0.00
	较好	0.00	0.00	0.00	0.00	0.00	0.00	0.00	0.00	0.00	0.00	0.00	0.00
	很好	0.00	0.00	0.00	0.00	0.00	0.00	0.00	0.00	0.00	1.00	1.00	0.00
x_{13}	很差	0.00	0.00	1.00	1.00	1.00	1.00	1.00	1.00	0.00	1.00	0.00	0.00
	较差	0.00	0.00	0.00	0.00	0.00	0.00	0.00	0.00	1.00	0.00	0.00	0.00
	一般	1.00	0.00	0.00	0.00	0.00	0.00	0.00	0.00	0.00	0.00	1.00	1.00
	较好	0.00	0.00	0.00	0.00	0.00	0.00	0.00	0.00	0.00	0.00	0.00	0.00
	很好	0.00	1.00	0.00	0.00	0.00	0.00	0.00	0.00	0.00	0.00	0.00	0.00

指标 \ 样本		A	B	C	D	E	F	G	H	I	J	K	L
x_{14}	很差	1.00	1.00	1.00	1.00	1.00	0.00	1.00	1.00	1.00	1.00	1.00	1.00
	较差	0.00	0.00	0.00	0.00	0.00	0.00	0.00	0.00	0.00	0.00	0.00	0.00
	一般	0.00	0.00	0.00	0.00	0.00	0.00	0.00	0.00	0.00	0.00	0.00	0.00
	较好	0.00	0.00	0.00	0.00	0.00	0.00	0.00	0.00	0.00	0.00	0.00	0.00
	很好	0.00	0.00	0.00	0.00	0.00	1.00	0.00	0.00	0.00	0.00	0.00	0.00
x_{15}	很差	1.00	1.00	1.00	0.00	1.00	0.00	1.00	1.00	1.00	1.00	1.00	1.00
	较差	0.00	0.00	0.00	0.00	0.00	1.00	0.00	0.00	0.00	0.00	0.00	0.00
	一般	0.00	0.00	0.00	0.00	0.00	0.00	0.00	0.00	0.00	0.00	0.00	0.00
	较好	0.00	0.00	0.00	0.00	0.00	0.00	0.00	0.00	0.00	0.00	0.00	0.00
	很好	0.00	0.00	0.00	1.00	0.00	0.00	0.00	0.00	0.00	0.00	0.00	0.00
x_{18}	很差	1.00	1.00	1.00	0.00	0.00	1.00	1.00	0.00	0.00	0.00	1.00	1.00
	较差	0.00	0.00	0.00	1.00	0.00	0.00	0.00	0.00	0.00	0.00	0.00	0.00
	一般	0.00	0.00	0.00	0.00	0.00	0.00	0.00	1.00	1.00	0.00	0.00	0.00
	较好	0.00	0.00	0.00	0.00	1.00	0.00	0.00	0.00	0.00	0.00	0.00	0.00
	很好	0.00	0.00	0.00	0.00	0.00	0.00	0.00	0.00	0.00	1.00	0.00	0.00
x_{19}	很差	1.00	1.00	1.00	0.00	0.00	0.00	1.00	1.00	1.00	1.00	1.00	1.00
	较差	0.00	0.00	0.00	0.00	0.00	0.00	0.00	0.00	0.00	0.00	0.00	0.00
	一般	0.00	0.00	0.00	1.00	1.00	0.00	0.00	0.00	0.00	0.00	0.00	0.00
	较好	0.00	0.00	0.00	0.00	0.00	0.00	0.00	0.00	0.00	0.00	0.00	0.00
	很好	0.00	0.00	0.00	0.00	0.00	1.00	0.00	0.00	0.00	0.00	0.00	0.00

表2　本体评价预处理后数据

指标 \ 企业	A	B	C	D	E	F	G	H	I	J	K	L	权重
x_1	0.62	0.66	0.14	0.38	0.42	0.86	0.50	0.46	0.42	0.42	0.22	0.78	0.0222
x_2	0.62	0.66	0.90	0.54	0.70	0.46	0.66	0.58	0.74	0.10	0.46	0.50	0.0222
x_3	0.42	0.30	0.58	0.70	0.10	0.66	0.34	0.62	0.14	0.18	0.42	0.42	0.0203
x_4	0.58	0.62	0.62	0.62	0.54	0.70	0.10	0.86	0.74	0.62	0.82	0.66	0.0648

企业 指标	A	B	C	D	E	F	G	H	I	J	K	L	权重
x_5	0.28	0.36	0.67	0.70	0.05	0.41	0.00	1.00	0.46	0.13	0.93	0.28	0.0426
x_6	0.19	0.17	0.00	0.83	0.01	1.00	0.00	0.17	0.13	0.28	0.03	0.07	0.0499
x_7	0.34	0.74	0.38	0.62	0.26	0.70	0.34	0.26	0.90	0.74	0.82	0.34	0.0379
x_8	0.50	0.62	0.54	0.74	0.14	0.90	0.18	0.50	0.62	0.26	0.62	0.78	0.0507
x_9	0.58	0.66	0.14	0.18	0.22	0.90	0.42	0.54	0.74	0.42	0.74	0.46	0.0218
x_{10}	0.07	1.00	0.00	0.07	0.00	0.07	0.50	0.17	0.23	0.00	0.00	0.00	0.0222
x_{11}	0.00	0.86	0.41	1.00	0.00	0.00	0.06	0.13	0.23	0.00	0.00	0.13	0.0327
x_{12}	0.11	0.17	1.00	0.05	0.23	0.08	0.06	0.27	0.27	0.00	0.10	0.04	0.0328
x_{13}	0.00	0.31	0.00	0.07	0.00	0.10	0.00	0.00	1.00	0.10	0.13	0.00	0.0352
x_{14}	0.38	0.58	0.66	0.74	0.54	0.50	0.62	0.46	0.70	0.58	0.66	0.62	0.1005
x_{15}	0.38	0.58	0.34	0.50	0.50	0.74	0.62	0.34	0.58	0.62	0.42	0.82	0.0957
x_{16}	0.74	0.82	0.78	0.78	0.46	0.90	0.82	0.74	0.78	0.70	0.66	0.86	0.0893
x_{17}	0.03	0.03	0.00	0.01	0.00	0.82	0.00	0.01	0.83	0.00	0.03	1.00	0.0280
x_{18}	0.03	0.05	0.00	0.01	0.03	1.00	0.01	0.01	0.10	0.00	0.01	0.04	0.0557
x_{19}	0.10	0.56	0.00	0.27	0.00	1.00	0.05	0.29	0.78	0.10	0.13	0.24	0.0760
x_{20}	0.08	0.02	0.00	0.05	0.04	1.00	0.01	0.03	0.17	0.00	0.10	0.06	0.0243
x_{21}	0.53	0.78	0.00	0.19	0.16	1.00	0.09	0.06	0.22	0.06	0.00	0.81	0.0750

表3　成果转化知识管理本旨绩效指标预处理数据

企业 指标	A	B	C	D	E	F	G	H	I	J	K	L
x_1	0.74	0.89	0.72	0.75	0.05	0.00	1.00	0.60	0.25	0.38	0.07	0.35
x_2	0.17	0.05	0.26	0.06	0.00	1.00	0.99	0.16	0.03	0.15	0.33	0.14
x_3	1.00	0.64	0.42	0.14	0.00	0.05	0.02	0.41	0.10	0.61	0.08	0.36
x_4	0.25	0.25	0.00	0.50	0.00	0.00	0.75	0.75	0.50	0.88	0.13	1.00
x_5	0.16	0.00	0.00	0.12	0.00	1.00	0.00	0.04	0.64	0.00	0.00	0.00
x_6	1.00	0.92	0.00	1.00	0.80	0.12	0.00	1.00	0.95	0.00	0.32	1.00

指标	企业	A	B	C	D	E	F	G	H	I	J	K	L
x_7	0.1	0.20	0.00	0.20	0.00	0.00	0.00	0.60	0.40	0.00	0.00	0.00	0.00
	0.3	0.40	0.20	0.60	0.00	0.40	0.20	0.40	0.60	0.00	0.00	0.00	0.00
	0.5	0.40	0.20	0.20	0.60	0.20	0.40	0.00	0.00	0.00	0.80	0.60	0.00
	0.7	0.00	0.60	0.00	0.40	0.40	0.40	0.00	0.00	0.60	0.20	0.20	0.20
	0.9	0.00	0.00	0.00	0.00	0.00	0.00	0.00	0.00	0.40	0.00	0.20	0.80
x_8		0.24	0.52	0.00	0.45	0.31	0.26	0.00	0.00	0.87	0.12	0.52	1.00
x_9	0.1	0.00	0.00	0.00	0.00	0.00	0.00	0.00	0.00	0.00	0.00	0.00	0.00
	0.3	0.00	0.00	0.20	0.00	0.00	0.00	0.00	0.00	0.00	0.00	0.00	0.00
	0.5	0.60	0.40	0.60	0.40	0.80	0.00	0.60	0.40	0.00	0.40	0.20	0.00
	0.7	0.40	0.60	0.20	0.40	0.20	0.00	0.40	0.60	0.20	0.40	0.60	0.80
	0.9	0.00	0.00	0.00	0.20	0.00	1.00	0.00	0.00	0.80	0.20	0.20	0.20
x_{10}	0.1	0.00	0.00	0.00	0.00	0.00	0.00	0.00	0.00	0.00	0.00	0.00	0.00
	0.3	0.00	0.00	0.00	0.00	0.00	0.00	0.00	0.00	0.00	0.00	0.00	0.00
	0.5	0.00	0.00	0.60	0.00	0.00	0.00	0.00	0.00	0.00	0.00	0.00	0.00
	0.7	0.40	0.60	0.20	0.00	0.00	0.00	0.40	0.60	0.00	0.20	0.40	0.00
	0.9	0.60	0.40	0.20	1.00	1.00	1.00	0.60	0.40	1.00	0.80	0.60	1.00
x_{11}	0.1	0.00	0.00	0.00	0.00	0.00	0.00	0.00	0.00	0.00	0.00	0.00	0.00
	0.3	0.00	0.00	0.00	0.00	0.00	0.00	0.00	0.00	0.00	0.00	0.00	0.00
	0.5	0.00	0.00	0.60	0.00	0.00	0.00	0.00	0.00	0.00	0.00	0.00	0.00
	0.7	0.60	0.40	0.40	0.20	0.00	0.00	0.20	0.60	0.00	0.20	0.40	0.40
	0.9	0.40	0.60	0.00	0.80	1.00	1.00	0.80	0.40	1.00	0.80	0.60	0.60
x_{12}	0.1	0.00	0.00	0.00	0.00	0.00	0.00	0.00	0.00	0.00	0.00	0.00	0.00
	0.3	0.00	0.00	0.00	0.00	0.00	0.00	0.00	0.00	0.00	0.00	0.00	0.00
	0.5	0.40	0.00	0.00	0.00	0.40	0.00	0.60	0.00	0.00	0.00	0.00	0.00
	0.7	0.60	0.00	0.20	0.00	0.60	0.00	0.20	0.40	0.00	0.80	0.60	0.00
	0.9	0.00	1.00	0.80	1.00	0.00	1.00	0.20	0.60	1.00	0.20	0.40	1.00
x_{13}	0.1	0.00	0.00	0.00	0.00	0.00	0.00	0.00	0.00	0.00	0.00	0.00	0.00
	0.3	0.00	0.00	0.00	0.00	0.00	0.00	0.00	0.00	0.00	0.00	0.00	0.00
	0.5	0.00	0.00	0.00	0.00	0.00	0.00	0.60	0.00	0.00	0.00	0.00	0.00

指标＼企业		A	B	C	D	E	F	G	H	I	J	K	L
x_{13}	0.7	0.00	0.00	0.40	0.00	0.80	0.00	0.40	0.00	0.20	0.00	0.40	0.00
	0.9	1.00	1.00	0.60	1.00	0.20	1.00	0.00	1.00	0.80	1.00	0.60	1.00
x_{14}	0.1	0.00	0.00	0.00	0.00	0.00	0.00	0.00	0.00	0.00	0.00	0.00	0.00
	0.3	0.00	0.00	0.00	0.00	0.00	0.00	0.00	0.00	0.00	0.00	0.00	0.00
	0.5	0.40	0.00	0.00	0.00	0.00	0.00	0.80	0.60	0.00	0.00	0.00	0.00
	0.7	0.60	0.00	0.80	0.00	0.00	0.00	0.20	0.20	0.00	0.40	0.60	0.00
	0.9	0.00	1.00	0.20	1.00	1.00	1.00	0.00	0.20	1.00	0.60	0.40	1.00

表4 本旨评价定量指标信度

指标＼企业		A	B	C	D	E	F	G	H	I	J	K	L
x_1	0.1	0.00	0.00	0.00	0.00	1.00	1.00	0.00	0.00	0.25	0.00	1.00	0.00
	0.3	0.00	0.00	0.00	0.00	0.00	0.00	0.00	0.00	0.75	0.60	0.00	0.75
	0.5	0.00	0.00	0.00	0.00	0.00	0.00	0.00	0.50	0.00	0.40	0.00	0.25
	0.7	0.80	0.05	0.90	0.75	0.00	0.00	0.00	0.50	0.00	0.00	0.00	0.00
	0.9	0.20	0.95	0.10	0.25	0.00	0.00	1.00	0.00	0.00	0.00	0.00	0.00
x_2	0.1	0.65	1.00	0.20	1.00	1.00	0.00	0.00	0.70	1.00	0.75	0.00	0.80
	0.3	0.35	0.00	0.80	0.00	0.00	0.00	0.00	0.30	0.00	0.25	0.85	0.20
	0.5	0.00	0.00	0.00	0.00	0.00	0.00	0.00	0.00	0.00	0.00	0.15	0.00
	0.7	0.00	0.00	0.00	0.00	0.00	0.00	0.00	0.00	0.00	0.00	0.00	0.00
	0.9	0.00	0.00	0.00	0.00	0.00	1.00	1.00	0.00	0.00	0.00	0.00	0.00
x_3	0.1	0.00	0.00	0.00	0.80	1.00	1.00	1.00	0.00	1.00	0.00	1.00	0.00
	0.3	0.00	0.00	0.40	0.20	0.00	0.00	0.00	0.45	0.00	0.00	0.00	0.70
	0.5	0.00	0.30	0.60	0.00	0.00	0.00	0.00	0.55	0.00	0.45	0.00	0.30
	0.7	0.00	0.70	0.00	0.00	0.00	0.00	0.00	0.55	0.00	0.00	0.00	0.00
	0.9	1.00	0.00	0.00	0.00	0.00	0.00	0.00	0.00	0.00	0.00	0.00	0.00

续表

指标	企业	A	B	C	D	E	F	G	H	I	J	K	L
x_4	0.1	0.25	0.25	1.00	0.00	1.00	1.00	0.00	0.00	0.00	0.00	0.85	0.00
	0.3	0.75	0.75	0.00	0.00	0.00	0.00	0.00	0.00	0.00	0.00	0.15	0.00
	0.5	0.00	0.00	0.00	1.00	0.00	0.00	0.00	0.00	1.00	0.00	0.00	0.00
	0.7	0.00	0.00	0.00	0.00	0.00	0.00	0.75	0.75	0.00	0.10	0.00	0.00
	0.9	0.00	0.00	0.00	0.00	0.00	0.00	0.25	0.25	0.00	0.90	0.00	1.00
x_5	0.1	0.70	1.00	1.00	0.90	1.00	0.00	1.00	1.00	0.00	1.00	1.00	1.00
	0.3	0.30	0.00	0.00	0.10	0.00	0.00	0.00	0.00	0.00	0.00	0.00	0.00
	0.5	0.00	0.00	0.00	0.00	0.00	0.00	0.00	0.00	0.30	0.00	0.00	0.00
	0.7	0.00	0.00	0.00	0.00	0.00	0.00	0.00	0.00	0.70	0.00	0.00	0.00
	0.9	0.00	0.00	0.00	0.00	0.00	1.00	0.00	0.00	0.00	0.00	0.00	0.00
x_6	0.1	0.00	0.00	1.00	0.00	0.00	0.90	1.00	0.00	0.00	1.00	0.00	0.00
	0.3	0.00	0.00	0.00	0.00	0.00	0.10	0.00	0.00	0.00	0.00	0.90	0.00
	0.5	0.00	0.00	0.00	0.00	0.00	0.00	0.00	0.00	0.00	0.00	0.10	0.00
	0.7	0.00	0.00	0.00	0.00	0.50	0.00	0.00	0.00	0.00	0.00	0.00	0.00
	0.9	1.00	1.00	0.00	1.00	0.50	0.00	0.00	1.00	1.00	0.00	0.00	1.00
x_8	0.1	0.30	0.00	1.00	0.00	0.00	0.20	1.00	1.00	0.00	0.90	0.00	0.00
	0.3	0.70	0.00	0.00	0.25	0.95	0.80	0.00	0.00	0.00	0.10	0.00	0.00
	0.5	0.00	0.90	0.00	0.75	0.05	0.00	0.00	0.00	0.00	0.90	0.00	0.00
	0.7	0.00	0.10	0.00	0.00	0.00	0.00	0.00	0.00	0.15	0.00	0.10	0.00
	0.9	0.00	0.00	0.00	0.00	0.00	0.00	0.00	0.00	0.85	0.00	0.00	1.00

附录 D

表 1 未加权超矩阵

M	x_{14}	x_{15}	x_{16}	x_{17}	x_{18}	x_{19}	x_{20}	x_{21}	x_4	x_5	x_6	x_7	x_1	x_2	x_3	x_8	x_9	x_{10}	x_{11}	x_{12}	x_{13}
x_{14}	0.40	0.25	0.16	0.16	0.54	0.54	0.63	0.33	0.43	0.33	0.33	0.40	0.00	0.00	0.00	0.54	0.16	0.40	0.33	0.30	0.30
x_{15}	0.40	0.25	0.30	0.54	0.30	0.30	0.24	0.33	0.43	0.33	0.33	0.40	0.00	0.00	0.00	0.30	0.30	0.40	0.33	0.54	0.16
x_{16}	0.20	0.50	0.54	0.30	0.16	0.16	0.14	0.33	0.14	0.33	0.33	0.20	0.00	0.00	0.00	0.16	0.54	0.20	0.33	0.16	0.54
x_{17}	0.00	0.00	0.00	0.10	0.10	0.09	0.10	0.12	0.00	0.00	0.00	0.00	0.10	0.17	0.12	0.00	0.00	0.00	0.00	0.00	0.00
x_{18}	0.00	0.00	0.00	0.42	0.18	0.15	0.26	0.21	0.00	0.00	0.00	0.00	0.26	0.18	0.21	0.00	0.00	0.00	0.00	0.00	0.00
x_{19}	0.00	0.00	0.00	0.26	0.39	0.48	0.06	0.21	0.00	0.00	0.00	0.00	0.16	0.18	0.21	0.00	0.00	0.00	0.00	0.00	0.00
x_{20}	0.00	0.00	0.00	0.06	0.06	0.06	0.42	0.07	0.00	0.00	0.00	0.00	0.06	0.10	0.07	0.00	0.00	0.00	0.00	0.00	0.00
x_{21}	0.00	0.00	0.00	0.16	0.27	0.22	0.16	0.38	0.00	0.00	0.00	0.00	0.42	0.37	0.38	0.00	0.00	0.00	0.00	0.00	0.00
x_4	0.47	0.42	0.22	0.00	0.00	0.00	0.00	0.00	0.47	0.16	0.16	0.28	0.00	0.00	0.00	0.47	0.10	0.28	0.25	0.17	0.35
x_5	0.16	0.12	0.44	0.00	0.00	0.00	0.00	0.00	0.16	0.47	0.10	0.10	0.00	0.00	0.00	0.10	0.47	0.10	0.25	0.33	0.11
x_6	0.28	0.23	0.22	0.00	0.00	0.00	0.00	0.00	0.28	0.28	0.47	0.16	0.00	0.00	0.00	0.16	0.28	0.16	0.25	0.33	0.19
x_7	0.10	0.23	0.11	0.00	0.00	0.00	0.00	0.00	0.10	0.10	0.28	0.47	0.00	0.00	0.00	0.28	0.16	0.47	0.25	0.17	0.35
x_1	0.00	0.00	0.00	0.00	0.00	0.00	0.00	0.00	0.40	0.33	0.33	0.33	0.33	0.33	0.33	0.33	0.33	0.33	0.33	0.33	0.33
x_2	0.00	0.00	0.00	0.00	0.00	0.00	0.00	0.00	0.40	0.33	0.33	0.33	0.33	0.33	0.33	0.33	0.33	0.33	0.33	0.33	0.33
x_3	0.00	0.00	0.00	0.00	0.00	0.00	0.00	0.00	0.20	0.33	0.33	0.33	0.33	0.33	0.33	0.33	0.33	0.33	0.33	0.33	0.33
x_8	0.26	0.15	0.20	0.00	0.00	0.00	0.00	0.00	0.37	0.35	0.38	0.37	0.00	0.00	0.00	0.37	0.13	0.23	0.19	0.20	0.23
x_9	0.08	0.09	0.20	0.00	0.00	0.00	0.00	0.00	0.05	0.11	0.15	0.05	0.00	0.00	0.00	0.05	0.33	0.23	0.11	0.12	0.05
x_{10}	0.14	0.06	0.10	0.00	0.00	0.00	0.00	0.00	0.23	0.21	0.05	0.08	0.00	0.00	0.00	0.08	0.06	0.23	0.11	0.07	0.08
x_{11}	0.14	0.27	0.20	0.00	0.00	0.00	0.00	0.00	0.14	0.11	0.09	0.14	0.00	0.00	0.00	0.14	0.14	0.12	0.33	0.07	0.14
x_{12}	0.14	0.27	0.20	0.00	0.00	0.00	0.00	0.00	0.14	0.11	0.09	0.14	0.00	0.00	0.00	0.14	0.14	0.12	0.06	0.34	0.14
x_{13}	0.26	0.15	0.10	0.00	0.00	0.00	0.00	0.00	0.08	0.11	0.24	0.23	0.00	0.00	0.00	0.23	0.20	0.07	0.19	0.20	0.37

表 2　加权超矩阵

M	x_{14}	x_{15}	x_{16}	x_{17}	x_{18}	x_{19}	x_{20}	x_{21}	x_4	x_5	x_6	x_7	x_1	x_2	x_3	x_8	x_9	x_{10}	x_{11}	x_{12}	x_{13}
x_{14}	0.13	0.08	0.05	0.03	0.11	0.11	0.13	0.07	0.12	0.10	0.10	0.11	0.00	0.00	0.00	0.23	0.07	0.17	0.14	0.13	0.13
x_{15}	0.13	0.08	0.10	0.11	0.06	0.06	0.05	0.07	0.12	0.10	0.10	0.11	0.00	0.00	0.00	0.13	0.13	0.17	0.14	0.23	0.07
x_{16}	0.07	0.17	0.18	0.06	0.03	0.03	0.03	0.07	0.04	0.10	0.10	0.06	0.00	0.00	0.00	0.07	0.23	0.08	0.14	0.07	0.23
x_{17}	0.00	0.00	0.00	0.08	0.08	0.07	0.08	0.10	0.00	0.00	0.00	0.00	0.08	0.13	0.10	0.00	0.00	0.00	0.00	0.00	0.00
x_{18}	0.00	0.00	0.00	0.33	0.14	0.12	0.21	0.17	0.00	0.00	0.00	0.00	0.21	0.14	0.17	0.00	0.00	0.00	0.00	0.00	0.00
x_{19}	0.00	0.00	0.00	0.21	0.31	0.38	0.05	0.17	0.00	0.00	0.00	0.00	0.13	0.14	0.17	0.00	0.00	0.00	0.00	0.00	0.00
x_{20}	0.00	0.00	0.00	0.05	0.05	0.05	0.33	0.06	0.00	0.00	0.00	0.00	0.05	0.08	0.06	0.00	0.00	0.00	0.00	0.00	0.00
x_{21}	0.00	0.00	0.00	0.13	0.22	0.18	0.13	0.30	0.00	0.00	0.00	0.00	0.33	0.30	0.30	0.00	0.00	0.00	0.00	0.00	0.00
x_4	0.16	0.14	0.07	0.00	0.00	0.00	0.00	0.00	0.13	0.05	0.05	0.08	0.00	0.00	0.00	0.11	0.02	0.06	0.06	0.04	0.08
x_5	0.05	0.04	0.15	0.00	0.00	0.00	0.00	0.00	0.05	0.13	0.03	0.03	0.00	0.00	0.00	0.02	0.11	0.02	0.06	0.08	0.02
x_6	0.09	0.08	0.07	0.00	0.00	0.00	0.00	0.00	0.08	0.08	0.13	0.05	0.00	0.00	0.00	0.04	0.06	0.04	0.06	0.08	0.04
x_7	0.03	0.08	0.04	0.00	0.00	0.00	0.00	0.00	0.03	0.03	0.08	0.13	0.00	0.00	0.00	0.06	0.04	0.11	0.06	0.04	0.08
x_1	0.00	0.00	0.00	0.00	0.00	0.00	0.00	0.00	0.06	0.05	0.05	0.05	0.07	0.07	0.07	0.04	0.04	0.04	0.04	0.04	0.04
x_2	0.00	0.00	0.00	0.00	0.00	0.00	0.00	0.00	0.06	0.05	0.05	0.05	0.07	0.07	0.07	0.04	0.04	0.04	0.04	0.04	0.04
x_3	0.00	0.00	0.00	0.00	0.00	0.00	0.00	0.00	0.03	0.05	0.05	0.05	0.07	0.07	0.07	0.04	0.04	0.04	0.04	0.04	0.04
x_8	0.09	0.05	0.07	0.00	0.00	0.00	0.00	0.00	0.10	0.10	0.11	0.10	0.00	0.00	0.00	0.08	0.03	0.05	0.04	0.05	0.05
x_9	0.03	0.03	0.07	0.00	0.00	0.00	0.00	0.00	0.01	0.03	0.04	0.01	0.00	0.00	0.00	0.01	0.08	0.05	0.02	0.03	0.01
x_{10}	0.05	0.02	0.03	0.00	0.00	0.00	0.00	0.00	0.07	0.06	0.02	0.02	0.00	0.00	0.00	0.02	0.01	0.05	0.02	0.02	0.02
x_{11}	0.05	0.09	0.07	0.00	0.00	0.00	0.00	0.00	0.04	0.03	0.03	0.04	0.00	0.00	0.00	0.03	0.03	0.03	0.08	0.02	0.03
x_{12}	0.05	0.09	0.07	0.00	0.00	0.00	0.00	0.00	0.04	0.03	0.03	0.04	0.00	0.00	0.00	0.03	0.03	0.03	0.01	0.08	0.03
x_{13}	0.09	0.05	0.03	0.00	0.00	0.00	0.00	0.00	0.02	0.03	0.07	0.07	0.00	0.00	0.00	0.05	0.04	0.02	0.04	0.05	0.08

表 3　优势集

比较指标	参考指标	优势集	比较指标	参考指标	优势集	比较指标	参考指标	优势集	比较指标	参考指标	优势集
x_1	x_2	4, 5	x_3	x_{18}	4, 5	x_7	x_8	1, 2	x_{11}	x_{15}	3, 4, 5
	x_3	1, 5		x_{19}	4, 5		x_9	1, 2		x_{16}	1, 2, 3
	x_4	1, 4, 5		x_{20}	4, 5		x_{10}	1, 2		x_{17}	1, 3, 4, 5
	x_5	4, 5		x_{21}	3, 4, 5		x_{11}	1, 2, 5		x_{18}	1, 2, 4
	x_6	4, 5	x_4	x_5	3, 4, 5		x_{12}	1, 2, 4, 5		x_{19}	3, 4, 5
	x_7	4, 5		x_6	2, 3, 5		x_{13}	1, 2		x_{20}	1, 2, 4
	x_8	5		x_7	3, 4, 5		x_{14}	1, 2		x_{21}	1, 2, 3
	x_9	1, 5		x_8	2, 3, 5		x_{15}	2, 3, 5	x_{12}	x_{13}	1, 2
	x_{10}	5		x_9	1, 2, 3, 5		x_{16}	1, 2		x_{14}	1, 2
	x_{11}	4, 5		x_{10}	2, 3, 5		x_{17}	1, 2, 5		x_{15}	2, 3, 5
	x_{12}	4, 5		x_{11}	3, 5		x_{18}	1, 2		x_{16}	1, 2, 3
	x_{13}	4, 5		x_{12}	3, 4, 5		x_{19}	1, 2, 5		x_{17}	1, 2, 3, 5
	x_{14}	4, 5		x_{13}	2, 4, 5		x_{20}	1, 2		x_{18}	1, 2
	x_{15}	4, 5		x_{14}	2, 3, 5		x_{21}	1, 2		x_{19}	1, 2, 3, 5
	x_{16}	5		x_{15}	3, 4, 5	x_8	x_9	1, 2, 3, 5		x_{20}	1, 2
	x_{17}	4, 5		x_{16}	2, 3		x_{10}	1, 4, 5		x_{21}	1, 2, 3
	x_{18}	4, 5		x_{17}	3, 4, 5		x_{11}	1, 4, 5	x_{13}	x_{14}	1, 2, 3
	x_{19}	4, 5		x_{18}	2, 4, 5		x_{12}	4, 5		x_{15}	3, 5
	x_{20}	4, 5		x_{19}	3, 4, 5		x_{13}	1, 4, 5		x_{16}	1, 2, 3
	x_{21}	5		x_{20}	2, 3, 4, 5		x_{14}	1, 2, 4, 5		x_{17}	3, 4, 5

续表

比较指标	参考指标	优势集	比较指标	参考指标	优势集	比较指标	参考指标	优势集	比较指标	参考指标	优势集
x_2	x_3	1, 2, 3	x_4	x_{21}	2, 3, 5	x_8	x_{15}	3, 4, 5	x_{14}	x_{18}	2, 3, 5
	x_4	1, 2	x_5	x_6	2, 5		x_{16}	1, 3, 4		x_{19}	3, 4, 5
	x_5	1, 2, 3, 5		x_7	3, 4, 5		x_{17}	1, 4, 5		x_{20}	2, 3, 4, 5
	x_6	2, 5		x_8	1, 2		x_{18}	1, 2, 4, 5		x_{21}	2, 3
	x_7	3, 5		x_9	1, 2, 3		x_{19}	4, 5	x_{15}	x_{15}	3, 4, 5
	x_8	1, 2, 3		x_{10}	1, 2		x_{20}	1, 2, 4, 5		x_{16}	1, 3
	x_9	1, 2, 3		x_{11}	1, 2, 5		x_{21}	1, 3, 4, 5		x_{17}	3, 4, 5
	x_{10}	1, 2		x_{12}	2, 4, 5	x_9	x_{10}	4, 5		x_{18}	2, 4, 5
	x_{11}	1, 2, 5		x_{13}	1, 2, 4		x_{11}	4, 5		x_{19}	3, 4, 5
	x_{12}	2, 3, 4, 5		x_{14}	1, 2		x_{12}	4, 5		x_{20}	3, 4, 5
	x_{13}	1, 2		x_{15}	2, 3, 4, 5		x_{13}	4, 5		x_{21}	3
	x_{14}	1, 2		x_{16}	1, 2		x_{14}	4, 5	x_{16}	x_{16}	1, 2
	x_{15}	2, 3, 5		x_{17}	1, 2, 4, 5		x_{15}	3, 4, 5		x_{17}	1, 2, 4, 5
	x_{16}	1, 2, 3		x_{18}	1, 2, 3		x_{16}	4		x_{18}	1, 2
	x_{17}	1, 2, 3, 5		x_{19}	2, 4, 5		x_{17}	4, 5		x_{19}	1, 2, 4, 5
	x_{18}	1, 2		x_{20}	1, 2, 3		x_{18}	4, 5		x_{20}	1, 2, 4
	x_{19}	2, 3, 5		x_{21}	1, 2		x_{19}	4, 5		x_{21}	1, 2
	x_{20}	1, 2	x_6	x_7	3, 4, 5		x_{20}	4, 5		x_{17}	4, 5
	x_{21}	1, 2, 3		x_8	1, 2, 3		x_{21}	4		x_{18}	2, 4, 5

比较指标	参考指标	优势集	比较指标	参考指标	优势集	比较指标	参考指标	优势集	比较指标	参考指标	优势集
x_3	x_4	1, 4, 5	x_6	x_9	1, 2, 3	x_{10}	x_{11}	4, 5	x_{16}	x_{19}	4, 5
	x_5	3, 4, 5		x_{10}	1, 2, 3		x_{12}	3, 4, 5		x_{20}	2, 4, 5
	x_6	4, 5		x_{11}	1, 3, 4, 5		x_{13}	2, 4, 5		x_{21}	2, 3, 5
	x_7	3, 4, 5		x_{12}	3, 4, 5		x_{14}	2, 4	x_{17}	x_{18}	1, 2
	x_8	3, 4, 5		x_{13}	1, 2, 4		x_{15}	3, 4, 5		x_{19}	2, 3, 4, 5
	x_9	1, 3, 5		x_{14}	1, 2		x_{16}	1, 2, 3, 4		x_{20}	1, 2, 4
	x_{10}	4, 5		x_{15}	3, 4, 5		x_{17}	3, 4, 5		x_{21}	1, 2, 3
	x_{11}	4, 5		x_{16}	1, 2, 3		x_{18}	2, 4, 5	x_{18}	x_{19}	3, 4, 5
	x_{12}	4, 5		x_{17}	1, 3, 4, 5		x_{19}	3, 4, 5		x_{20}	3, 4, 5
	x_{13}	4, 5		x_{18}	1, 2, 4		x_{20}	2, 4, 5		x_{21}	1, 3
	x_{14}	4, 5		x_{19}	3, 4, 5		x_{21}	2, 3, 4	x_{19}	x_{20}	1, 2, 4
	x_{15}	3, 4, 5		x_{20}	1, 2, 4	x_{11}	x_{12}	3, 4, 5		x_{21}	1, 2, 3
	x_{16}	3, 4, 5		x_{21}	1, 2, 3		x_{13}	1, 2, 4	x_{20}	x_{21}	1, 3
	x_{17}	4, 5					x_{14}	1, 2			

表 4　一致指数矩阵

1	0.64	0.4	0.68	0.64	0.64	0.64	0.36	0.4	0.36	0.64	0.64	0.64	0.64	0.64	0.36	0.64	0.64	0.64	0.64	0.36
0.36	1	0.36	0.16	0.72	0.48	0.56	0.36	0.36	0.16	0.52	0.96	0.16	0.16	0.68	0.36	0.72	0.16	0.68	0.16	0.36
0.64	0.64	1	0.68	0.84	0.64	0.84	0.84	0.6	0.64	0.64	0.64	0.64	0.64	0.84	0.84	0.64	0.64	0.64	0.64	0.84
0.36	0.84	0.36	1	0.84	0.68	0.84	0.68	0.72	0.68	0.56	0.84	0.76	0.68	0.84	0.32	0.84	0.76	0.84	0.96	0.68
0.36	0.8	0.16	0.44	1	0.48	0.84	0.16	0.36	0.16	0.52	0.76	0.44	0.16	0.96	0.16	0.8	0.44	0.76	0.44	0.16
0.36	0.88	0.36	0.44	0.88	1	0.84	0.36	0.36	0.36	0.88	0.84	0.44	0.16	0.84	0.36	0.88	0.44	0.84	0.44	0.36
0.36	0.8	0.16	0.16	0.52	0.52	1	0.16	0.16	0.16	0.52	0.8	0.16	0.16	0.68	0.16	0.52	0.16	0.52	0.16	0.16
0.64	0.68	0.36	0.68	0.88	0.64	0.84	1	0.72	0.68	0.68	0.64	0.68	0.8	0.84	0.52	0.68	0.8	0.64	0.8	0.88
0.64	0.64	0.44	0.32	0.84	0.64	0.84	0.28	1	0.64	0.64	0.64	0.64	0.64	0.84	0.28	0.64	0.64	0.64	0.64	0.28
0.64	0.84	0.36	0.44	0.84	0.76	0.84	0.6	0.36	1	0.64	0.84	0.76	0.4	0.84	0.64	0.84	0.76	0.84	0.76	0.6
0.36	0.88	0.36	0.44	0.88	0.96	0.84	0.36	0.36	0.36	1	0.84	0.44	0.16	0.84	0.36	0.88	0.44	0.84	0.44	0.36
0.36	0.8	0.36	0.16	0.72	0.52	0.6	0.36	0.36	0.16	0.52	1	0.16	0.16	0.68	0.36	0.72	0.16	0.72	0.16	0.36
0.36	0.84	0.36	0.36	0.56	0.68	0.84	0.32	0.36	0.72	0.56	0.84	1	0.36	0.56	0.36	0.84	0.68	0.84	0.96	0.32
0.36	0.84	0.36	0.52	0.84	0.84	0.84	0.2	0.72	0.6	0.84	0.84	0.64	1	0.84	0.24	0.84	0.76	0.84	0.84	0.2
0.36	0.8	0.16	0.16	0.52	0.52	0.88	0.16	0.16	0.16	0.52	0.8	0.44	0.16	1	0.16	0.8	0.16	0.8	0.44	0.16
0.64	0.64	0.36	0.8	0.84	0.76	0.84	0.68	0.72	0.52	0.64	0.64	0.76	0.76	0.84	1	0.64	0.76	0.64	0.76	0.68
0.36	0.8	0.16	0.16	0.72	0.48	0.84	0.36	0.36	0.16	0.52	0.96	0.44	0.16	0.68	0.36	1	0.16	0.96	0.44	0.36
0.36	0.84	0.36	0.52	0.84	0.56	0.84	0.2	0.36	0.6	0.56	0.84	0.88	0.36	0.84	0.24	0.84	1	0.84	0.84	0.24
0.36	0.68	0.36	0.16	0.6	0.52	0.84	0.36	0.36	0.16	0.52	0.84	0.44	0.16	0.56	0.36	0.88	0.16	1	0.44	0.36
0.36	0.88	0.36	0.24	0.6	0.56	0.84	0.36	0.36	0.6	0.6	0.84	0.68	0.36	0.56	0.24	0.88	0.52	0.84	1	0.24
0.64	0.64	0.36	0.8	0.84	0.76	0.84	0.96	0.72	0.8	0.64	0.64	0.8	0.8	0.84	0.64	0.64	0.8	0.64	0.76	1

表 5　不一致指数矩阵

0	0.13	0.17	0.18	0.13	0.15	0.15	0.08	0.30	0.14	0.15	0.13	0.19	0.18	0.13	0.08	0.13	0.19	0.11	0.18	0.08
1.00	0	0.37	0.16	0.12	0.15	0.05	0.25	0.50	0.25	0.15	0.02	0.08	0.17	0.10	0.32	0.07	0.12	0.07	0.08	0.25
0.64	0.11	0	0.10	0.11	0.07	0.13	0.04	0.12	0.06	0.07	0.11	0.10	0.11	0.04	0.11	0.11	0.10	0.10	0.04	
0.84	0.07	0.25	0	0.07	0.04	0.09	0.12	0.37	0.12	0.03	0.07	0.02	0.05	0.07	0.16	0.07	0.02	0.05	0.03	0.12
1.00	0.06	0.36	0.16	0	0.08	0.02	0.16	0.37	0.12	0.08	0.02	0.12	0.02	0.32	0.02	0.12	0.02	0.02	0.11	0.16
1.00	0.07	0.36	0.16	0.07	0	0.09	0.16	0.35	0.10	0.01	0.07	0.08	0.12	0.07	0.32	0.07	0.08	0.05	0.08	0.16
1.00	0.09	0.36	0.16	0.07	0.11	0	0.20	0.45	0.20	0.11	0.06	0.16	0.15	0.05	0.32	0.06	0.16	0.06	0.15	0.20

0.84	0.07	0.20	0.10	0.07	0.07	0.10	0	0.25	0.06	0.07	0.07	0.11	0.10	0.07	0.16	0.07	0.11	0.06	0.10	0.01
0.88	0.10	0.24	0.11	0.10	0.08	0.12	0.04	0	0.07	0.08	0.10	0.12	0.11	0.10	0.20	0.10	0.12	0.08	0.11	0.04
0.92	0.07	0.28	0.08	0.07	0.03	0.09	0.08	0.25	0	0.02	0.07	0.06	0.05	0.07	0.24	0.07	0.06	0.05	0.05	0.08
1.00	0.06	0.36	0.16	0.06	0.01	0.08	0.16	0.35	0.10	0	0.06	0.08	0.12	0.06	0.32	0.06	0.08	0.04	0.08	0.16
1.00	0.03	0.37	0.16	0.12	0.15	0.05	0.25	0.50	0.25	0.15	0	0.10	0.17	0.10	0.32	0.07	0.12	0.07	0.09	0.25
0.92	0.07	0.30	0.08	0.07	0.07	0.09	0.17	0.42	0.17	0.07	0.07	0	0.10	0.07	0.24	0.07	0.05	0.05	0.01	0.17
0.88	0.09	0.24	0.04	0.09	0.02	0.11	0.07	0.32	0.07	0.03	0.09	0.02	0	0.09	0.20	0.09	0.01	0.07	0.02	0.07
1.00	0.09	0.36	0.16	0.03	0.11	0.02	0.16	0.40	0.15	0.11	0.06	0.16	0.15	0	0.32	0.06	0.16	0.06	0.15	0.16
0.68	0.07	0.15	0.10	0.07	0.07	0.09	0.02	0.27	0.06	0.07	0.07	0.11	0.10	0.07	0	0.07	0.11	0.05	0.10	0.02
1.00	0.03	0.36	0.16	0.05	0.07	0.02	0.17	0.42	0.17	0.07	0.02	0.10	0.12	0.02	0.32	0	0.10	0.01	0.09	0.17
0.92	0.09	0.28	0.08	0.09	0.02	0.11	0.12	0.37	0.12	0.03	0.09	0.02	0.05	0.09	0.24	0.09	0	0.07	0.01	0.12
1.00	0.03	0.36	0.16	0.05	0.07	0.04	0.17	0.42	0.17	0.07	0.01	0.10	0.12	0.02	0.32	0.01	0.10	0	0.09	0.17
0.92	0.07	0.30	0.08	0.07	0.07	0.10	0.17	0.42	0.17	0.07	0.01	0.07	0.11	0.10	0.24	0.07	0.05	0.06	0	0.17
0.84	0.07	0.20	0.10	0.07	0.07	0.09	0.01	0.25	0.06	0.07	0.07	0.11	0.10	0.07	0.16	0.07	0.11	0.05	0.10	0

表6　本旨绩效等级信度状况

k_1	企业	A	B	C	D	E	F	G	H	I	J	K	L	总确定性
0.0	0.1	0.13	0.11	0.29	0.17	0.36	0.29	0.40	0.24	0.16	0.23	0.28	0.08	
	0.3	0.19	0.05	0.18	0.04	0.14	0.10	0.05	0.14	0.06	0.07	0.10	0.13	
	0.5	0.15	0.17	0.20	0.22	0.11	0.05	0.16	0.16	0.05	0.22	0.20	0.04	4.96
	0.7	0.24	0.27	0.22	0.16	0.18	0.05	0.14	0.23	0.14	0.21	0.23	0.09	
	0.9	0.29	0.40	0.11	0.40	0.22	0.51	0.25	0.22	0.59	0.26	0.19	0.65	
0.1	0.1	0.14	0.12	0.28	0.17	0.36	0.27	0.37	0.24	0.15	0.23	0.27	0.09	
	0.3	0.18	0.05	0.17	0.04	0.12	0.09	0.04	0.13	0.06	0.08	0.10	0.12	
	0.5	0.15	0.15	0.20	0.20	0.11	0.04	0.17	0.16	0.05	0.20	0.18	0.04	4.74
	0.7	0.26	0.25	0.23	0.16	0.18	0.04	0.14	0.25	0.14	0.22	0.24	0.10	
	0.9	0.28	0.43	0.12	0.43	0.23	0.56	0.27	0.23	0.60	0.27	0.21	0.65	

k_1	企业	A	B	C	D	E	F	G	H	I	J	K	L	总确定性
0.2	0.1	0.14	0.12	0.27	0.17	0.36	0.26	0.36	0.23	0.15	0.23	0.27	0.09	
	0.3	0.17	0.05	0.17	0.04	0.12	0.08	0.04	0.12	0.06	0.08	0.10	0.12	
	0.5	0.15	0.15	0.19	0.20	0.12	0.04	0.18	0.16	0.05	0.20	0.17	0.04	4.76
	0.7	0.26	0.25	0.24	0.16	0.18	0.04	0.15	0.25	0.13	0.22	0.25	0.10	
	0.9	0.28	0.44	0.12	0.43	0.23	0.58	0.28	0.23	0.60	0.28	0.21	0.64	
0.3	0.1	0.14	0.13	0.27	0.17	0.36	0.26	0.35	0.23	0.15	0.23	0.27	0.10	
	0.3	0.17	0.05	0.17	0.04	0.12	0.08	0.04	0.12	0.06	0.08	0.10	0.12	
	0.5	0.15	0.14	0.19	0.19	0.12	0.04	0.18	0.16	0.05	0.19	0.17	0.04	4.77
	0.7	0.27	0.24	0.24	0.15	0.18	0.04	0.15	0.25	0.13	0.22	0.25	0.09	
	0.9	0.28	0.44	0.13	0.44	0.23	0.59	0.28	0.23	0.61	0.28	0.21	0.64	
0.4	0.1	0.14	0.13	0.27	0.17	0.36	0.25	0.34	0.23	0.15	0.23	0.27	0.10	
	0.3	0.17	0.05	0.17	0.04	0.11	0.08	0.04	0.12	0.06	0.08	0.10	0.12	
	0.5	0.15	0.14	0.19	0.19	0.12	0.04	0.19	0.16	0.05	0.19	0.16	0.04	4.79
	0.7	0.27	0.24	0.24	0.15	0.18	0.04	0.15	0.25	0.13	0.22	0.25	0.10	
	0.9	0.28	0.45	0.13	0.45	0.24	0.60	0.28	0.24	0.61	0.29	0.21	0.64	
0.5	0.1	0.14	0.13	0.26	0.17	0.36	0.25	0.33	0.23	0.15	0.23	0.27	0.10	
	0.3	0.17	0.05	0.16	0.04	0.11	0.07	0.04	0.11	0.06	0.08	0.10	0.12	
	0.5	0.15	0.14	0.19	0.19	0.12	0.04	0.19	0.16	0.05	0.19	0.16	0.04	4.80
	0.7	0.27	0.24	0.25	0.15	0.18	0.04	0.15	0.26	0.13	0.22	0.25	0.10	
	0.9	0.28	0.45	0.13	0.45	0.24	0.61	0.29	0.24	0.61	0.29	0.22	0.64	
0.6	0.1	0.14	0.13	0.26	0.17	0.36	0.24	0.33	0.23	0.15	0.23	0.26	0.10	
	0.3	0.16	0.04	0.16	0.04	0.11	0.07	0.04	0.11	0.06	0.08	0.10	0.12	
	0.5	0.15	0.13	0.19	0.18	0.12	0.03	0.19	0.16	0.05	0.18	0.16	0.04	4.81
	0.7	0.28	0.23	0.25	0.15	0.18	0.03	0.15	0.26	0.13	0.22	0.26	0.10	
	0.9	0.27	0.46	0.13	0.45	0.24	0.62	0.29	0.24	0.61	0.29	0.22	0.64	

续表

k_1	企业	A	B	C	D	E	F	G	H	I	J	K	L	总确定性
0.7	0.1	0.14	0.13	0.26	0.18	0.36	0.24	0.32	0.23	0.15	0.23	0.26	0.10	4.83
	0.3	0.16	0.04	0.16	0.03	0.10	0.07	0.04	0.11	0.06	0.08	0.10	0.12	
	0.5	0.15	0.13	0.19	0.18	0.12	0.03	0.20	0.16	0.05	0.18	0.15	0.04	
	0.7	0.28	0.23	0.25	0.15	0.18	0.03	0.15	0.26	0.13	0.22	0.26	0.10	
	0.9	0.27	0.46	0.14	0.46	0.24	0.63	0.29	0.24	0.61	0.30	0.22	0.64	
0.8	0.1	0.14	0.14	0.26	0.18	0.36	0.23	0.31	0.23	0.15	0.23	0.26	0.11	4.85
	0.3	0.16	0.04	0.16	0.03	0.10	0.07	0.04	0.11	0.06	0.08	0.10	0.12	
	0.5	0.15	0.13	0.19	0.17	0.12	0.03	0.20	0.16	0.05	0.18	0.15	0.04	
	0.7	0.28	0.23	0.26	0.15	0.18	0.03	0.15	0.26	0.13	0.22	0.26	0.10	
	0.9	0.27	0.47	0.14	0.47	0.24	0.64	0.30	0.25	0.62	0.30	0.22	0.64	
0.9	0.1	0.14	0.14	0.25	0.18	0.36	0.22	0.30	0.22	0.15	0.23	0.26	0.11	4.90
	0.3	0.15	0.04	0.16	0.03	0.09	0.06	0.03	0.10	0.06	0.08	0.10	0.11	
	0.5	0.15	0.12	0.19	0.17	0.12	0.03	0.21	0.16	0.05	0.17	0.14	0.04	
	0.7	0.29	0.22	0.26	0.15	0.18	0.03	0.16	0.27	0.13	0.22	0.27	0.11	
	0.9	0.27	0.47	0.14	0.47	0.25	0.65	0.30	0.25	0.62	0.30	0.23	0.63	
1.0	0.1	0.14	0.15	0.24	0.18	0.35	0.20	0.27	0.22	0.14	0.22	0.25	0.12	5.07
	0.3	0.14	0.04	0.15	0.03	0.08	0.05	0.03	0.09	0.06	0.08	0.11	0.11	
	0.5	0.15	0.11	0.18	0.15	0.12	0.03	0.22	0.16	0.05	0.16	0.13	0.03	
	0.7	0.30	0.21	0.28	0.15	0.18	0.03	0.16	0.28	0.12	0.22	0.28	0.11	
	0.9	0.26	0.49	0.15	0.50	0.26	0.70	0.32	0.26	0.63	0.32	0.24	0.63	

附录 E

企业科技成果转化知识管理绩效评价
问卷调查表 I

专家调查问卷

1. 基本情况

说明：本部分是关于贵单位的一些基本信息，请在相应位置填上文字，或在相应选项的方框内画"√"。以下各部分类同。

企业名称：	
您所在的部门：	
您是否了解什么是"知识管理"？	□是　　　　□否
贵单位是否开展科技成果转化活动？	□是　　　　□否
贵单位是否开展知识管理活动？	□是　　　　□否

2. 指标影响关系分析

说明：本部分的核心问题是明晰"企业科技成果转化知识管理运行绩效产生的原因"，表左、右两侧为企业科技成果转化知识管理运行绩效的 26 个导致因素，其中左侧表示原因，右侧表示结果。请专家对应标号，对上述导致要素之间的因果关系进行评判，在图中用连线表示。如：您认为"转化人员人均接受培训时间 6"会影响"专利申请受理量 22"，则将左侧的"6"与右侧的"22"对应的两个方块■画直线连上即可。

原因	标号	标号	结果
技术市场科技成果交易中知识对接的广度与深度	1■	■1	技术市场科技成果交易中知识对接的广度与深度

原因	标号	标号	结果
成果供给方与转化方的知识合作稳定程度	2■	■2	成果供给方与转化方的知识合作稳定程度
成果供给方参与转化方活动的深度	3■	■3	成果供给方参与转化方活动的深度
科技成果转化中全员参与知识学习的状况	4■	■4	科技成果转化中全员参与知识学习的状况
举办与参加知识讲座、展览、咨询会次数与规模	5■	■5	举办与参加知识讲座、展览、咨询会次数与规模
转化人员人均接受培训时间	6■	■6	转化人员人均接受培训时间
隐性知识开发与学习状况	7■	■7	隐性知识开发与学习状况
技术创新合理化建议数量	8■	■8	技术创新合理化建议数量
主办、参加国际国内学术会议次数	9■	■9	主办、参加国际国内学术会议次数
出席国际会议或出国考察参加人数	10■	■10	出席国际会议或出国考察参加人数
开展国际科技交流次数	11■	■11	开展国际科技交流次数
开展国际合作项目次数	12■	■12	开展国际合作项目次数
与之合作的企业数	13■	■13	与之合作的企业数
与之合作的研究与开发机构数	14■	■14	与之合作的研究与开发机构数
与之合作的高校与研究院所数	15■	■15	与之合作的高校与研究院所数
与中介结构协作的密切程度	16■	■16	与中介结构协作的密切程度
知识共享激励机制建设状况及效果	17■	■17	知识共享激励机制建设状况及效果
成果转化团队知识结构合理状况	18■	■18	成果转化团队知识结构合理状况
成果转化过程中技术、管理、营销人才参与协作程度	19■	■19	成果转化过程中技术、管理、营销人才参与协作程度
客户参与成果转化的状况及效果	20■	■20	客户参与成果转化的状况及效果
获得国家级、省部级科技进步奖项目数	21■	■21	获得国家级、省部级科技进步奖项目数
专利申请受理量	22■	■22	专利申请受理量
国内外期刊发表科技论文数当量	23■	■23	国内外期刊发表科技论文数当量
企业研发新产品数量	24■	■24	企业研发新产品数量
重大科技成果项数	25■	■25	重大科技成果项数
技术秘密和技术诀窍数量	26■	■26	技术秘密和技术诀窍数量

3. 指标科学性与合理性判断

第一部分

说明：（1）本部分的目标是选出能科学反映企业科技成果转化知识管理的投入能力的指标。请您根据科学性、可比性、动态可持续性和可操作性四个维度和指标要素的描述，为每个指标的合理性做出选择，在相应的空格中画"√"。

（2）科学性：指标符合客观事实，能反映知识管理投入对绩效的贡献；可比性：指标能较好在不同评价对象间进行对比；动态持续性：指标反映知识管理发展的动态过程，具有时间可比性；可操作性：指标应用于企业与科研院所科技成果转化知识管理绩效评价的可行性和数据的可获取性。

合理化程度 指标	科学性			可比性			动态持续性			可操作性		
	很合理	合理	不合理	很合理	合理	不合理	很合理	合理	不合理	很合理	合理	不合理
人才 — R&D人员占科技活动人员比重												
成果转化人员专业结构的合理性												
硕士以上学历人员占成果转化人员比重												
参加科技项目人员占科技活动人员比重												
高级技能人才占科技活动人员比重												
已获省部级科技进步奖二等奖以上的人员比重												
成果转化人员中院士和在国内有影响专家比重												
有突出贡献中青年专家比重												
高级职称人员占成果转化人员比重												
资金 — 新产品开发经费支出占科技活动经费支出比重												
R&D经费占主营业务收入比重												
成果转化人员人均培训费支出占人均工资比重												

指标 / 合理化程度		科学性			可比性			动态持续性			可操作性		
		很合理	合理	不合理	很合理	合理	不合理	很合理	合理	不合理	很合理	合理	不合理
资金	人均开展国内科技交流与合作项目经费支出												
	人均开展国际科技交流与合作项目经费支出												
	人均技术成果成交额												
	人均吸纳科技成果金额												
	科技成果转化信息平台建设经费支出强度												
	科技成果转化公共平台建设经费支出强度												
组织	高层领导对知识管理重视程度												
	知识管理组织建设状况												
	学习型组织建设状况												
	技术创新体制机制完善程度												
	科技成果转化组织结构网络化与柔性化程度												
	知识型团队建设状况												
	职工参与科技创新状况												
	创新文化建设状况												
	企业技术中心建设状况												
	知识产权管理组织建设状况												
信息与技术平台	内外网建设水平												
	知识管理流程信息化水平												
	科技成果信息系统建设状况												
	互联网使用人数比例												
	人均电脑拥有量												
	拥有国家级、省市级公共平台数量												

指标 / 合理化程度		科学性			可比性			动态持续性			可操作性		
		很合理	合理	不合理	很合理	合理	不合理	很合理	合理	不合理	很合理	合理	不合理
知识资本	企业拥有有效专利权数												
	企业拥有有效发明专利权数												
	有效客户、市场信息网络												
	主导产品关键技术掌握程度												
	知识库建设水平												

第二部分

说明：本部分的指标反映的是科技成果转化知识管理的产出状况，请在您认定的各指标的合理性层次上画"√"。

指标	合理性				
	很不合理	较不合理	一般合理	较合理	非常合理
新产品年销售收入占总产品销售收入比重					
新产品资金利润率					
全员劳动生产率					
新产品利润与信息化投入比率					
新产品利润与培训费比率					
技术转让收入占销售收入比重					
科技成果转化率					
新产品技术国内外领先程度					
新产品国内国际市场占有率					
专利产出率（每千名 R&D 人员专利授权量）					
发明专利授权量					
新产品国内外营销网络覆盖率					
产品与技术自主创新能力					
商誉					
企业资信度					

指标	合理性				
	很不合理	较不合理	一般合理	较合理	非常合理
企业文化影响力					
企业与环境的和谐状况					
行业领先程度					
品牌知名度					
客户忠诚度					
政府政策、法制支持度					

4. 指标重要性判断

第一部分

说明：本部分的目标是通过比较各指标的重要性，得到各指标的权重。请在您认为该指标的重要性系数对应的方框内画"√"。1 表示最不重要，9 表示最重要，其他 1~9 之间的数的重要性在两者之间类推。（多个指标可以有相同的重要性；但同一个指标只可以有一种重要性，因此，只能在每一个序号的栏目内画"√"。）

序号	以下指标反映"知识管理投入能力"的重要性	最不重要→→→→→→→最重要
1	人才	□1；□2；□3；□4；□5；□6；□7；□8；□9
2	资金	□1；□2；□3；□4；□5；□6；□7；□8；□9
3	组织	□1；□2；□3；□4；□5；□6；□7；□8；□9
4	信息与技术平台	□1；□2；□3；□4；□5；□6；□7；□8；□9
5	知识资本	□1；□2；□3；□4；□5；□6；□7；□8；□9
序号	以下指标反映"人才投入能力"的重要性	最不重要→→→→→→→最重要
1	R&D 人员占科技活动人员比重	□1；□2；□3；□4；□5；□6；□7；□8；□9
2	成果转化人员专业结构的合理性	□1；□2；□3；□4；□5；□6；□7；□8；□9
3	硕士以上学历人员占成果转化人员比重	□1；□2；□3；□4；□5；□6；□7；□8；□9
4	参加科技项目人员占科技活动人员比重	□1；□2；□3；□4；□5；□6；□7；□8；□9

序号	以下指标反映"人才投入能力"的重要性	最不重要→→→→→→→最重要
5	高级技能人才占科技活动人员比重	□1；□2；□3；□4；□5；□6；□7；□8；□9
6	已获省部级科技进步奖二等奖以上的人员比重	□1；□2；□3；□4；□5；□6；□7；□8；□9
7	成果转化人员中院士和在国内有影响专家比重	□1；□2；□3；□4；□5；□6；□7；□8；□9
8	有突出贡献中青年专家比重	□1；□2；□3；□4；□5；□6；□7；□8；□9
9	高级职称人员占成果转化人员比重	□1；□2；□3；□4；□5；□6；□7；□8；□9
序号	以下指标反映"资金投入能力"的重要性	最不重要→→→→→→→最重要
1	新产品开发经费支出占科技活动经费支出比重	□1；□2；□3；□4；□5；□6；□7；□8；□9
2	R&D经费占主营业务收入比重	□1；□2；□3；□4；□5；□6；□7；□8；□9
3	成果转化人员人均培训费支出占人均工资比重	□1；□2；□3；□4；□5；□6；□7；□8；□9
4	人均开展国内科技交流与合作项目经费支出	□1；□2；□3；□4；□5；□6；□7；□8；□9
5	人均开展国际科技交流与合作项目经费支出	□1；□2；□3；□4；□5；□6；□7；□8；□9
6	人均技术成果成交额	□1；□2；□3；□4；□5；□6；□7；□8；□9
7	人均吸纳科技成果金额	□1；□2；□3；□4；□5；□6；□7；□8；□9
8	科技成果转化信息平台建设经费支出强度	□1；□2；□3；□4；□5；□6；□7；□8；□9
9	科技成果转化公共平台建设经费支出强度	□1；□2；□3；□4；□5；□6；□7；□8；□9
序号	以下指标反映"组织投入能力"的重要性	最不重要→→→→→→→最重要
1	高层领导对知识管理重视程度	□1；□2；□3；□4；□5；□6；□7；□8；□9
2	知识管理组织建设状况	□1；□2；□3；□4；□5；□6；□7；□8；□9
3	学习型组织建设状况	□1；□2；□3；□4；□5；□6；□7；□8；□9

序号	以下指标反映"组织投入能力"的重要性	最不重要→→→→→→→→最重要
4	技术创新体制机制完善程度	□1；□2；□3；□4；□5；□6；□7；□8；□9
5	科技成果转化组织结构网络化与柔性化程度	□1；□2；□3；□4；□5；□6；□7；□8；□9
6	知识型团队建设状况	□1；□2；□3；□4；□5；□6；□7；□8；□9
7	职工参与科技创新状况	□1；□2；□3；□4；□5；□6；□7；□8；□9
8	创新文化建设状况	□1；□2；□3；□4；□5；□6；□7；□8；□9
9	企业技术中心建设状况	□1；□2；□3；□4；□5；□6；□7；□8；□9
10	知识产权管理组织建设状况	□1；□2；□3；□4；□5；□6；□7；□8；□9
序号	以下指标反映"信息与技术平台投入能力"的重要性	最不重要→→→→→→→→最重要
1	内外网建设水平	□1；□2；□3；□4；□5；□6；□7；□8；□9
2	知识管理流程信息化水平	□1；□2；□3；□4；□5；□6；□7；□8；□9
3	科技成果信息系统建设状况	□1；□2；□3；□4；□5；□6；□7；□8；□9
4	互联网使用人数比例	□1；□2；□3；□4；□5；□6；□7；□8；□9
5	人均电脑拥有量	□1；□2；□3；□4；□5；□6；□7；□8；□9
6	拥有国家级、省市级公共平台数量	□1；□2；□3；□4；□5；□6；□7；□8；□9
序号	以下指标反映"知识资本投入能力"的重要性	最不重要→→→→→→→→最重要
1	企业拥有有效专利权数	□1；□2；□3；□4；□5；□6；□7；□8；□9
2	企业拥有有效发明专利权数	□1；□2；□3；□4；□5；□6；□7；□8；□9
3	有效客户、市场信息网络	□1；□2；□3；□4；□5；□6；□7；□8；□9
4	主导产品关键技术掌握程度	□1；□2；□3；□4；□5；□6；□7；□8；□9
5	知识库建设水平	□1；□2；□3；□4；□5；□6；□7；□8；□9
序号	以下指标反映"知识管理运行能力"的重要性	最不重要→→→→→→→→最重要
1	知识对接能力	□1；□2；□3；□4；□5；□6；□7；□8；□9
2	知识学习能力	□1；□2；□3；□4；□5；□6；□7；□8；□9
3	知识共享能力	□1；□2；□3；□4；□5；□6；□7；□8；□9
4	知识整合能力	□1；□2；□3；□4；□5；□6；□7；□8；□9

序号	以下指标反映"知识管理运行能力"的重要性	最不重要→→→→→→→最重要
5	知识创新能力	□1；□2；□3；□4；□5；□6；□7；□8；□9
序号	以下指标反映"知识对接能力"的重要性	最不重要→→→→→→→最重要
1	技术市场科技成果交易中知识对接的广度与深度	□1；□2；□3；□4；□5；□6；□7；□8；□9
2	成果供给方与转化方的知识合作稳定程度	□1；□2；□3；□4；□5；□6；□7；□8；□9
3	成果供给方参与转化方活动的深度	□1；□2；□3；□4；□5；□6；□7；□8；□9
序号	以下指标反映"知识学习能力"的重要性	最不重要→→→→→→→最重要
1	科技成果转化中全员参与知识学习的状况	□1；□2；□3；□4；□5；□6；□7；□8；□9
2	举办与参加知识讲座、展览、咨询会次数与规模	□1；□2；□3；□4；□5；□6；□7；□8；□9
3	转化人员人均接受培训时间	□1；□2；□3；□4；□5；□6；□7；□8；□9
4	隐性知识开发与学习状况	□1；□2；□3；□4；□5；□6；□7；□8；□9
序号	以下指标反映"知识共享能力"的重要性	最不重要→→→→→→→最重要
1	技术创新合理化建议数量	□1；□2；□3；□4；□5；□6；□7；□8；□9
2	主办、参加国际国内学术会议次数	□1；□2；□3；□4；□5；□6；□7；□8；□9
3	出席国际会议或出国考察参加人数	□1；□2；□3；□4；□5；□6；□7；□8；□9
4	开展国际科技交流次数	□1；□2；□3；□4；□5；□6；□7；□8；□9
5	开展国际合作项目次数	□1；□2；□3；□4；□5；□6；□7；□8；□9
6	与之合作的企业数	□1；□2；□3；□4；□5；□6；□7；□8；□9
7	与之合作的研究与开发机构数	□1；□2；□3；□4；□5；□6；□7；□8；□9
8	与之合作的高校与研究院所数	□1；□2；□3；□4；□5；□6；□7；□8；□9
9	与中介结构协作的密切程度	□1；□2；□3；□4；□5；□6；□7；□8；□9
10	知识共享激励机制建设状况及效果	□1；□2；□3；□4；□5；□6；□7；□8；□9

序号	以下指标反映"知识整合能力"的重要性	最不重要→→→→→→→最重要
1	成果转化团队知识结构合理状况	□1；□2；□3；□4；□5；□6；□7；□8；□9
2	成果转化过程中技术、管理、营销人才参与协作程度	□1；□2；□3；□4；□5；□6；□7；□8；□9
3	客户参与成果转化的状况及效果	□1；□2；□3；□4；□5；□6；□7；□8；□9
序号	以下指标反映"知识创新能力"的重要性	最不重要→→→→→→→最重要
1	获得国家级、省部级科技进步奖项目数	□1；□2；□3；□4；□5；□6；□7；□8；□9
2	专利申请受理量	□1；□2；□3；□4；□5；□6；□7；□8；□9
3	国内外期刊发表科技论文数当量	□1；□2；□3；□4；□5；□6；□7；□8；□9
4	企业研发新产品数量	□1；□2；□3；□4；□5；□6；□7；□8；□9
5	重大科技成果项数	□1；□2；□3；□4；□5；□6；□7；□8；□9
6	技术秘密和技术诀窍数量	□1；□2；□3；□4；□5；□6；□7；□8；□9

第二部分

说明：本部分不仅要能判断出重要性，而且要进一步对重要性进行排序。请您根据您认为的重要性，在相应的重要性方框内画"√"。其中，第1表示最重要，第2、第3……重要性程度依次递减。

序号	以下指标反映"知识管理产出能力"的重要性	重要性排序
1	经济效益	□第1；□第2；□第3
2	核心竞争力	□第1；□第2；□第3
3	持续竞争优势	□第1；□第2；□第3
序号	以下指标反映"经济效益"的重要性	重要性排序
1	新产品年销售收入占总产品销售收入比重	□第1；□第2；□第3；□第4；□第5；□第6
2	新产品资金利润率	□第1；□第2；□第3；□第4；□第5；□第6

序号	以下指标反映"经济效益"的重要性	重要性排序
3	全员劳动生产率	□第1；□第2；□第3；□第4；□第5；□第6
4	新产品利润与信息化投入比率	□第1；□第2；□第3；□第4；□第5；□第6
5	新产品利润与培训费比率	□第1；□第2；□第3；□第4；□第5；□第6
6	技术转让收入占销售收入比重	□第1；□第2；□第3；□第4；□第5；□第6
序号	以下指标反映"核心竞争力"的重要性	重要性排序
1	科技成果转化率	□第1；□第2；□第3；□第4；□第5；□第6；□第7
2	新产品技术国内外领先程度	□第1；□第2；□第3；□第4；□第5；□第6；□第7
3	新产品国内国际市场占有率	□第1；□第2；□第3；□第4；□第5；□第6；□第7
4	千名研发人员专利授权量	□第1；□第2；□第3；□第4；□第5；□第6；□第7
5	发明专利授权量	□第1；□第2；□第3；□第4；□第5；□第6；□第7
6	新产品国内外营销网络覆盖率	□第1；□第2；□第3；□第4；□第5；□第6；□第7
7	产品与技术自主创新能力	□第1；□第2；□第3；□第4；□第5；□第6；□第7
序号	以下指标反映"持续竞争优势"的重要性	重要性排序
1	商誉	□第1；□第2；□第3；□第4；□第5；□第6；□第7；□第8
2	企业资信度	□第1；□第2；□第3；□第4；□第5；□第6；□第7；□第8
3	企业文化影响力	□第1；□第2；□第3；□第4；□第5；□第6；□第7；□第8
4	企业与环境的和谐状况	□第1；□第2；□第3；□第4；□第5；□第6；□第7；□第8
5	行业领先程度	□第1；□第2；□第3；□第4；□第5；□第6；□第7；□第8
6	品牌知名度	□第1；□第2；□第3；□第4；□第5；□第6；□第7；□第8
7	客户忠诚度	□第1；□第2；□第3；□第4；□第5；□第6；□第7；□第8
8	政府政策、法制支持度	□第1；□第2；□第3；□第4；□第5；□第6；□第7；□第8

5. 定性指标数据获取

说明：本部分目的是获取知识管理绩效评价的定性指标的数据，请按照您对贵单位的了解，在相应的方框中画"√"。注意，单选。

1	成果转化人才专业结构是否合理，是否满足贵单位成果转化需求？	□非常不合理 □较不合理 □一般 □较合理 □非常合理
2	贵单位高层领导对产权管理、技术创新、经验传授、学习知识、培训、人才管理等与知识管理相关的活动是否重视？	□非常不重视 □不太重视 □一般 □较重视 □非常重视
3	贵单位进行知识管理组织建设的状况如何？	□没有建设专门的知识管理组织，未来也不打算建设 □正在尝试着建设一些与知识管理相关的组织 □已经建立了知识管理专门的组织，但尚无成效 □知识管理组织取得了一定的成效 □知识管理组织行业内著名
4	贵单位建立学习型组织的状况？	□没有建设专门的知识管理组织，未来也不打算建设 □正在尝试着建设一些与知识管理相关的组织 □已经建立了知识管理专门的组织，但尚无成效 □知识管理组织取得了一定的成效 □知识管理组织行业内著名
5	贵单位的技术创新体制机制是否完善？	□非常不完善 □较不完善 □一般 □较完善 □非常完善
6	贵单位组织结构网络化与柔性化程度？	□组织结构层次过多，官僚化作风较严重 □组织结构扁平，但办事效率不高 □组织结构较合理，有一定凝聚力，具有一定的柔性 □组织结构随需求发生动态调整，适应环境能力较强 □组织结构网络化、柔性化程度高

7	贵单位知识型团队建设状况？	□没有为科技成果转化建立科学的知识型团队，也不具备建设的组织条件 □正在尝试着建设 □部分科技成果转化项目由知识型团队完成，但体现不出优势 □部分科技成果转化项目由知识型团队完成，且取得较好效益 □内部已经有出色的知识型团队
8	贵单位职工参与技术创新状况？	□普通职工无法参与技术创新，不具备这方面的条件，也没有相关的激励措施 □普通职工很少参与技术创新 □普通职工能参加技术创新，但意见很少被采纳，也很少有成果 □普通职工积极参加技术创新，取得一定的绩效 □职工参与技术创新踊跃，形成全员创新氛围与机制
9	贵单位创新文化状况？	□没有创新文化氛围，领导也不重视创新文化建设 □在少数兴趣团体内部形成创新文化氛围 □正在开展创新文化建设，但效果尚不显著 □初步形成了创新型文化，取得一定的效果 □形成了整体性的创新型文化，能够有效促进企业创新战略的实现
10	贵单位技术中心建设状况？	□没有建设技术中心，也不打算建设 □正在筹备中 □有技术中心，但基本没有发挥应有作用，绩效较差 □技术中心设备基本齐全，带来一定效益 □技术中心行业内著名
11	贵单位知识产权管理组织建设状况？	□没有知识产权管理组织，近期也不可能建设 □有兼职知识产权管理人员，但没有专门的部门管理知识产权 □有专门知识产权管理部门，但规模非常小 □有满足产权管理需求的知识产权管理部门 □知识产权管理部门、机制和制度完善，取得良好的效益

12	贵单位内外网建设水平？	□单位没有自己的内网和外网，近期也不打算建设
		□正在筹备中
		□只有内网或只有外网
		□内外网均有，但使用频率不高
		□内外网均有，且行业内著名
13	贵单位知识管理流程的信息化程度？	□目前没有实施知识管理
		□开始实施了知识管理，但知识管理与企业信息化建设联系不密切
		□基本的知识管理流程能信息化
		□单位知识管理流程信息化程度较高，取得一定效益
		□单位的信息化知识管理流程行业内著名
14	贵单位科技成果信息系统建设状况？	□没有建设科技成果的信息管理系统，近期也不打算建设
		□正在筹备中
		□有科技成果的信息管理系统，但没有显著成效
		□科技成果信息系统基本完善，取得一定效益
		□科技成果信息系统运行状况良好，效益显著
15	贵单位有效的客户、市场信息网络建设状况？	□没有建立起系统的客户、市场信息网络，但能获取一定的信息
		□客户、市场信息网络正在建设中
		□建立了客户、市场信息网络，但仍需进一步完善
		□建立起了有效的客户、市场信息网络，取得一定效果
		□客户、市场信息网络覆盖面广，能高效收集客户、市场的信息
16	贵单位对主导产品的关键技术的掌握程度？	□主导产品的关键技术都来源于技术引进
		□主导产品的小部分关键技术来源于自身开发，大部分关键技术是引进的
		□主导产品大部分关键技术自身开发，小部分需要技术引进
		□主导产品全部关键技术来源于自身的研发
		□主导产品全部技术都是自主研发，且知识产权完全掌握在本单位

17	贵单位完善知识库（包括数据库、专家库和资料库等）的建设状况？	□对数据、专家经验和文献资料没有妥善的保存措施 □对纸版文献资料能妥善保存，但员工查看很不方便 □有完善的电子信息系统保存数据和文献资料 □建立起完善的知识库平台，且员工能进行便捷的知识共享 □建立起完善的知识库平台，且能进行知识挖掘、专家知识传播、知识推介等，员工能与知识库进行实时交互
18	贵单位在成果转让时知识对接的广度与深度？	□成果转让时关键技术不能掌握 □成果转让时能掌握部分关键技术 □成果转让时能掌握关键技术 □成果转让时不仅能掌握关键技术，能基本将对方的知识全部复制到本单位 □成果转让时不仅将对方知识全部吸收，而且还能挖掘一些对方也不关注的知识
19	贵单位与成果转让方的知识合作稳定程度？	□在完成成果转让后就不再和供给方有任何联系 □在成果转让后与供给方保持贸易上往来，但很少对转让成果进行知识合作 □成果转让方能在关键时刻对受让方进行知识与技术支持 □成果转让方能经常性地对受让方进行知识与技术支持 □成果转让方与受让方结成了成果转化的联盟
20	成果转让方参与贵单位成果转化的深度？	□成果转让方在对接阶段给受让方提供知识援助 □成果转让方在对接和试验阶段给予受让方知识支持 □成果转让方在对接、试验和试制阶段给予知识支持 □成果转让方在对接、试验、试制和批生产阶段给予知识支持 □成果转让方与转化方进行科技成果转化全过程的知识合作
21	贵单位全员参与知识学习的状况？	□基本上没有建立学习激励制度，员工很少自觉学习 □只有对高层次人才的激励制度，基本上没有建立普通员工学习激励制度 □基本建立了员工知识学习的激励制度，员工有一定的学习积极性 □建立了完善的员工知识学习的激励制度，员工具有较高的学习积极性 □形成浓郁的学习氛围，学习型组织建设成效显著

22	贵单位隐性知识开发与学习状况?	□没有开展技术诀窍、操作经验等隐性知识的开发工作,员工只能从文献资料上获取知识 □少数高级专家和技术骨干能传授自己的隐性知识与其他员工分享 □形成师傅带徒弟的模式,师徒之间能进行隐性知识的传授 □能在创新团队内部开展隐性知识的开发与学习 □开发了全员隐性知识交流的平台,制定了对奉献隐性知识人才的激励机制,隐性知识开发与学习成效显著
23	贵单位与技术中介机构合作的密切程度?	□与技术中介机构很少联系 □偶尔与技术中介机构合作 □经常与技术中介机构合作 □与多家技术中介机构发生经常性地合作 □与多家技术中介机构结成技术性联盟
24	贵单位知识共享激励机制的建设状况与效果?	□没有激励知识共享的相关制度 □有一些激励部分高层次技能人才知识共享的制度,但作用范围有限 □初步建设了激励员工知识共享的制度体系,效果不明显 □建设了较为完善的知识共享激励机制,取得了较好的效果 □知识共享激励制度体系完善,知识共享效果显著
25	贵单位成果转化团队的知识结构合理状况?	□转化团队人才的专业结构基本一致,知识结构单一 □转化团队人才主要聚集在几个专业,专业知识结构比较集中 □转化团队人才的专业技术结构比较合理,人才知识结构能一定程度互补 □转化团队人才的专业技术结构合理,人才结构能满足知识互补需求 □转化团队人才的专业知识结构合理,且能动态调整以符合成果转化需求

26	贵单位成果转化过程中技术、管理、营销人才参与协作程度？	□成果转化过程中只有技术人员参与 □成果转化过程有技术人员和部分过程有管理人员参与 □成果转化过程由技术人员与管理人员共同完成 □成果转化过程由技术人员和管理人员共同完成，后期有营销人员参与 □成果转化全过程中技术人员、管理人员和营销人员通力合作
27	客户参与贵单位成果转化的状况与效果？	□客户没有机会参与到成果转化中 □客户只能为成果转化提出一些建议 □大客户能参与成果转化活动，为产品创新提出建议 □大部分客户能对新产品开发提出建议和意见，并得到采纳和取得一定效果 □客户能参与成果转化的全过程，且制定了相关的激励措施，并取得显著效果
28	贵单位新产品的技术在国内外的领先程度？	□很快又要被淘汰 □较落后 □国内一般 □国内领先，国际一般 □国际领先
29	贵单位商誉？	□业内知名度不高 □行业内有一定知名度 □行业闻名，国内有一定的声誉 □国内闻名，有一定的美誉度 □国际闻名，美誉度高
30	贵单位资信度水平？	□C 级、CC 级、CCC 级 □B 级、BB 级 □BBB 级、A 级 □AA 级 □AAA 级

31	贵单位文化影响力?	□非常小,文化几乎没有自身特色
		□较小,组织凝聚力较低
		□一般,初步建立了企业特色文化
		□较大,影响行业文化导向
		□非常大,对国内文化导向产生影响
32	贵单位与环境(社会、公众、自然等)的和谐状况?	□不和谐,因资源、环境等问题本单位利益与社会福利矛盾突出
		□基本和谐,但在资源、环境等方面存在明显的问题
		□较和谐,但在资源、环境等方面存在一定的问题
		□和谐,资源、环境问题基本得到解决
		□非常和谐,在解决资源、环境问题上成效显著,有良好的社会影响
33	贵单位在行业内的领先程度(竞争名次)?	□非常落后
		□较落后
		□中等水平
		□上游水平
		□行业领先
34	贵单位主导产品品牌知名度?	□不知名
		□小范围内有一定名气
		□行业内有一定名气
		□国内知名
		□国际知名
35	贵单位主导产品客户忠诚度如何?	□忠诚度很低,很少回头客
		□忠诚度较低,有一部分老客户
		□一般,大部分老客户都能保持
		□忠诚度较高,老客户基本都能保持
		□忠诚度很高,不仅老客户能保持,而且能积极推荐新客户
36	贵单位获得政府政策、法制的支持度?	□非常小,政府政策和法制都不支持
		□较小,政府支持,但法律法规不太支持
		□一般,政府和法律法规都支持力度一般
		□较大,政府政策与法律法规都支持单位发展
		□非常大,政府政策法规对本单位支持力度大

企业科技成果转化知识管理绩效评价
问卷调查表 II

企业调查问卷

1. 基本情况

企业名称：	
所属行业：	
贵单位是否开展科技成果转化活动？	□是　　　　　□否
贵单位是否开展知识管理活动？	□是　　　　　□否

2. 人员状况

职工总数（人）	
科技活动人员数量（人）	
参加科技项目人员数量（人）	
研发人员数量（人）	
硕士人数（人）	
博士人数（人）	
高级技能人员数量（人）	
曾获国家级、省部级科技进步二等奖以上的人员数量（人）	
参与科技成果转化的人员数量（人）	
院士数量（人）	
国内外有影响专家数量（人）	
有突出贡献中青年专家数量（人）	
获得高级职称的人员数量（人）	
平均每天互联网使用人数（人）	
全员劳动生产率（％）	

3. 经费支出状况

科技活动经费支出	
新产品开发经费支出	
R&D 经费支出	
科技活动人员人均工资	
总培训费支出	
其中，科技活动人员人均培训费支出	
开展国内合作交流经费支出（包括考察访问、国际会议、展览会等）	
开展国内合作项目经费支出（包括合作研究、相互委托培训等）	
开展国际合作交流经费支出（包括考察访问、国际会议、展览会等）	
开展国际合作项目经费支出（包括合作研究、相互委托培训等）	
技术引进经费支出	
信息化建设支出	
国家、省市级实验室等建设支出	
新产品投资额	

4. 财务收入状况

主营业务收入（万元）	
技术转让收入（万元）	
销售收入（万元）	
其中新产品销售收入（万元）	
新产品利润额（万元）	
新产品的国内市场占有率（％）	
新产品的国际市场占有率（％）	
新产品的国内营销网络覆盖率（％）	
新产品国际营销网络覆盖率（％）	

5. 合作交流

举办知识讲座次数（次）	
参加知识讲座次数（次）	
举办展览会次数（次）	
参加展览会次数（次）	
举办咨询会次数（次）	
参加咨询会次数（次）	
人均接受培训时间（小时）	
主办国际会议次数（次）	
参加国际会议次数（次）	
主办国内学术（技术）交流会议次数（次）	
参加国内学术（技术）交流会议次数（次）	
出席国际会议人次（人次）	
出国考察人次（人次）	
与其他主体开展合作研究次数（次）	
与其他主体开展合作培训次数（次）	
与贵单位知识（技术）合作的企业数（家）	
与贵单位知识（技术）合作的研发机构数（家）	
与贵单位知识（技术）合作的高校数（家）	

6. 基础设施

电脑数量（台）	
省市级、国家级重点实验室、孵化器等的数量（个）	

7. 知识成果

拥有有效专利权数（项）	
拥有有效发明专利权数（项）	
专利申请受理量（项）	

专利授权量（项）	
发明专利授权量（项）	
合理化建议数量（项）	
获得省部级科技进步奖数（项）	
获得国家级科技进步奖数（项）	
在国外发表学术文章数（篇）	
其中被 EI、SCI、ISTP 检索数（篇）	
在国内核心期刊发表学术文章数（篇）	
在国内普通期刊发表学术文章数（篇）	
重大科技成果项数（项）	
技术秘密和技术诀窍数（项）	
科技成果转化率（%）	
自主开发新产品数量（项）	
研发新产品成功次数（次）	
研发新产品失败次数（次）	

参考文献

［1］钟卫，陈彦．政府如何促进大学科技成果转化：基于发达国家的经验总结［J］．中国科技论坛，2019（8）：170-178．

［2］董小英，胡燕妮，曹珅珅．数字经济时代的知识管理：挑战与趋势［J］．图书情报工作，2019，63（1）：60-64．

［3］郭润萍，蔡莉，王玲．战略知识整合模式与竞争优势：高技术创业企业多案例研究［J］．科研管理，2019，40（2）：97-105．

［4］彼得·F.德鲁克等．知识管理［M］．北京：中国人民大学出版社，1999．

［5］野中郁次郎，竹内弘高．创造知识的企业：日美企业持续创新的动力［M］．北京：水利水电出版社，2012．

［6］Davenport T H. Ten Principles of Knowledge Management and Four Case Studies［J］. Knowledge & Process Management，2015，4（3）：187-208.

［7］Bass E J，Ernst - Fortin S T，Small R L. Architecture and Development Environment of a Knowledge - based Monitor That Facilitate Incremental Knowledge - base Development［J］. IEEE Transactions on Systems Man & Cybernetics Part A Systems & Humans，2004，34（4）：441-449.

［8］韩永进，陈士俊．企业知识管理最佳实践和标杆学习的内涵及关系［J］．科学管理研究，2007（1）：81-84．

［9］周荣，喻登科，涂国平．高校科技成果转化团队知识网络形成机

理与运行模式〔J〕. 科技进步与对策，2015，32（4）：117 - 123.

〔10〕郑建阳. 知识视角下科技成果转化机制研究〔J〕. 科学管理研究，2017，35（2）：39 - 42.

〔11〕Kravchuk R S, Schack R W. Designing Effective Performance - Measurement Systems under the Government Performance and Results Act of 1993〔J〕. Public Administration Review，1996，56（4）：348 - 358.

〔12〕林涛. 欧盟的14项科技评价指标〔J〕. 全球科技经济瞭望，2002（12）：7 - 9.

〔13〕杨东占. 重构知识产权保护制度　破解科技成果转化难题——从新修改的《中华人民共和国促进科技成果转化法》谈起〔J〕. 中国高校科技，2015（11）：7 - 11.

〔14〕王鉴非. 试析《国家科学技术奖励条例》的价值取向〔J〕. 科技进步与对策，1999（6）：49 - 51.

〔15〕王婷，谭宗颖，张家元，申倚敏. 国外重要社会科技奖励提升影响力的经验借鉴及启示〔J〕. 科学管理研究，2016，34（6）：105 - 108.

〔16〕马勤，袁凌. 知识管理的境界与策略初探〔J〕. 经济论坛，2006（15）：77 - 79.

〔17〕Singh M D, Kant R. Knowledge Management Barriers：An Interpretive Structural Modeling Approach〔J〕. International Journal of Management Science & Engineering Management，2007，3（2）：141 - 150.

〔18〕张利飞. 高科技产业创新生态系统耦合理论综评〔J〕. 研究与发展管理，2009，21（3）：70 - 75.

〔19〕李玥，刘希宋. 科技成果转化与知识管理的耦合关系研究〔J〕. 图书情报工作，2011，55（8）：117 - 120.

〔20〕吴国林. 科技成果转化的概念、评价与复杂性〔J〕. 自然辩证法研究，2000，16（9）：42 - 45.

〔21〕Remus U, Schub S. A Blueprint for the Implementation of Process -

oriented Knowledge Management［J］. Knowledge & Process Management，2003，10（4）：237 – 253.

［22］王玉梅，袁晓莉，毕丽华. 企业科技成果转化的 K&T 双链耦合机理研究［J］. 情报杂志，2009，28（1）：119 – 122.

［23］曹霞，喻登科，刘希宋. 科技成果转化知识管理与支撑体系的耦合互动模式与路径［J］. 科技进步与对策，2010，27（2）：120 – 123.

［24］吴成锋. 科技成果转化的知识管理与创新人才耦合关系研究［J］. 科技管理研究，2009，29（8）：518 – 519.

［25］李玲娟，霍国庆，曾明彬等. 科技成果转化过程分析［J］. 湖南大学学报（社会科学版），2014（4）：117 – 121.

［26］王辉坡. 科技成果转化的知识管理及对策研究［D］. 哈尔滨：哈尔滨工程大学，2007.

［27］高小平，盛明科，刘杰. 中国绩效管理的实践与理论［J］. 中国社会科学，2011（6）：4 – 14.

［28］王东强，田书芹. "考核圈"：缓和绩效考核结果和过程冲突的通路［J］. 中国人力资源开发，2007（12）：22 – 24.

［29］Leydesdorff L, Etzkowitz H. Emergence of a Triple Helix of University – Industry – Government Relations［J］. Science & Public Policy，1996，23（5）：279 – 286.

［30］王毅，喻登科. TSA&KM 超三维结构知识空间及绩效形成机理［J］. 中国科技论坛，2009（11）：105 – 109.

［31］郎益夫，周荣，喻登科. 科技成果转化中的知识管理投入及其绩效反哺过程［J］. 科技进步与对策，2010，27（16）：131 – 134.

［32］吴波. 开放式创新范式下企业技术创新资源投入研究［D］. 杭州：浙江大学，2011.

［33］郎益夫，周荣，喻登科. 科技成果转化知识管理的运行及其绩效孕育过程［J］. 科技管理研究，2010，30（9）：153 – 155.

［34］Wiig K M. Knowledge Management：Where Did It Come from and

Where Will It Go? ［J］. Expert Systems with Applications, 1997, 13 (1): 1 – 14.

［35］ Fink K, Ploder C. Balanced System for Knowledge Process Management in SMEs ［J］. Journal of Enterprise Information Management, 2009, 22 (1/2): 36 – 50.

［36］ Yelle L E. The Learning Curve: Historical Review and Comprehensive Survey ［J］. Decision Sciences, 2010, 10 (2): 302 – 328.

［37］ Hutt M D. Universal Product Code: Visible Obsticles, Hidden Benefits ［A］ // Fisk G, Nelsonin R. Macro Marketing: New Steps in the Learning Curve. Boulder Colorado: University of Colorado, 1979.

［38］ Wright M, Clarysse B, Lockett A, et al. Mid – range Universities' Linkages with Industry: Knowledge Types and the Role of Intermediaries ［J］. Research Policy, 2008, 37 (8): 1205 – 1223.

［39］夏敬华. 解析知识之轮开展卓越知识管理 ［J］. 科技智囊, 2006 (1): 42 – 45.

［40］喻登科, 刘希宋, 曹霞等. 科技成果转化知识管理的产出绩效及其梯度转化过程 ［J］. 情报杂志, 2011, 30 (1): 141 – 145.

［41］喻登科, 周荣, 涂国平, 曹霞. 三维视角的科技成果转化知识管理综合绩效评价 ［J］. 情报杂志, 2011, 30 (10): 106 – 111.

［42］喻登科. 科技成果转化知识管理绩效评价研究 ［D］. 哈尔滨: 哈尔滨工程大学, 2010.

［43］曹霞, 喻登科. 科技成果转化知识管理绩效评价体系的构建 ［J］. 科技进步与对策, 2010, 27 (17): 128 – 131.

［44］喻登科, 陈华, 祝琴. 科技成果转化知识管理绩效本源评价 ［J］. 技术经济, 2012, 31 (2): 15 – 19.

［45］周荣, 喻登科, 涂国平. 科技成果转化知识管理本体绩效评价 ［J］. 技术经济, 2011, 30 (11): 7 – 11.

［46］喻登科. 科技成果转化知识管理绩效的模糊积分评价 ［J］. 情

报杂志，2009，28（7）：61-64.

[47] 吴明隆．结构方程模型：AMOS 的操作与应用［M］．重庆：重庆大学出版社，2010.

[48] 侯杰泰，温忠麟，成子娟，张雷．结构方程模型及其应用［M］．北京：教育科学出版社，2004.

[49] Hair J F, Anderson R E, Tatham R L, Black W C. Multivariate Data Analysis［M］. New York：Macmillan，1998.

[50] 郑文智，吴文毅．结构方程模型拟合评鉴：整体拟合、内部拟合与复核效度检验［J］．心理学探新，2014，34（1）：57-61.

[51] 河北省财政厅政府采购办公室课题组．绩效评价实施程序及评价方法［N］．中国政府采购报，2015-03-17（004）.

[52] 郭亚军．综合评价理论、方法及应用［M］．北京：科学出版社，2007.

[53] 杨保安，张科静．多目标决策分析：理论、方法与应用研究［M］．上海：东华大学出版社，2008.

[54] 杜栋，庞庆华，吴炎．现代综合评价方法与案例精选［M］．北京：清华大学出版社，2008.

[55] 余敢华，张亚杰，黄海静，张诚一．AHP 中判断矩阵的一致性检验新方法［J］．数学的实践与认识，2017，47（22）：189-198.

[56] 喻登科，陈华，郎益夫．基尼系数和熵在公平指数测量中的比较［J］．统计与决策，2012（3）：95-96.

[57] Saaty T L. Relative Measurement and Its Generalization in Decision Making：Why Pairwise Comparisons Are Central in Mathematics for the Measurement of Intangible Factors - The Analytic Hierarchy/Network Process［J］. RACSAM，2008，102（2）：251-318.

[58] Bhushan N, Kanwal R. Strategic Decision Making：Applying the Analytic Hierarchy Process［M］. London：Springer - Verlag，2004.

[59] Dey P K. Analytic Hierarchy Process Analyzes Risk of Operating

Cross – country Petroleum Pipelines in India ［J］. Natural Hazards Review, 2003, 4 (4): 213 – 221.

［60］王培庄. 模糊集合论及其应用［M］. 上海: 上海科技出版社, 1983.

［61］张继国. 基于信息扩散原理的模糊综合评价模型［J］. 统计与决策, 2007 (20): 155 – 156.

［62］王煦逸. 商业银行客户资信评价模糊综合判别模型及其敏感性分析［D］. 上海: 复旦大学, 2003.

［63］Uriah K. What Is Ontology? A Dialogue ［J］. Think, 2019, 18 (53): 49 – 65.

［64］Ryan M N. The Ontology of Words: A Structural Approach ［J］. Inquiry, 2019, 62 (8): 877 – 911.

［65］Mustafa J R, Samuel Y, Jamileh H. Root Barriers Management in Development of Renewable Energy Resources in Iran: An Interpretative Structural Modeling Approach ［J］. Energy Policy, 2019 (129): 292 – 306.

［66］喻登科, 李燕聘, 左艳芳, 周荣. 农户间知识共享影响因素的 ISM 模型分析［J］. 中国科技资源导刊, 2017, 49 (3): 38 – 44.

［67］李玥, 刘希宋. 基于 ISM 的科技成果转化知识共享障碍及策略研究［J］. 图书情报工作, 2009, 53 (18): 110 – 113.

［68］唐小丽, 冯俊文. ANP 原理及其运用展望［J］. 统计与决策, 2006 (12): 138 – 140.

［69］靳欣, 杨都, 张欢. ANP 理论与算法研究［J］. 商业时代, 2012 (2): 30 – 31.

［70］刘睿, 余建星, 孙宏才, 田平. 基于 ANP 的超级决策软件介绍及其应用［J］. 系统工程理论与实践, 2003 (8): 141 – 143.

［71］Josie M C, Christian W. On the Choice of Similarity Measures for Type – 2 Fuzzy Sets ［J］. Information Sciences, 2020, 510: 135 – 154.

［72］毕克新. 中小企业技术创新测度与评价研究［M］. 北京: 科学

出版社，2006.

［73］喻登科. 核电站供应商选择评价研究——基于 ELECTRE IS 方法 ［J］. 技术经济，2011，30（5）：80 - 83.

［74］Xianliang L, Shuping W. A Method to Calculate the Ranges of Criteria Weights in ELECTRE Ⅰ and Ⅱ Methods ［J］. Computers & Industrial Engineering, 2019, 137: 106067.

［75］刘小花，詹庆东. 基于整合 BSC 和集值迭代法的高校图书馆战略绩效评估 ［J］. 图书馆，2012（1）：92 - 95.

［76］李刚，李建平，孙晓蕾，吴登生. 兼顾序信息和强度信息的主客观组合赋权法研究 ［J］. 中国管理科学，2017，25（12）：179 - 187.

［77］张发明. 综合评价基础方法及应用 ［M］. 北京：科学出版社，2018.

［78］初裴裴，袁学海. 区间直觉模糊集的区间熵和区间相似度 ［J］. 模糊系统与数学，2018，32（6）：141 - 149.

［79］张冰，董骁雄，李文，孟祥飞，李超. 基于直觉模糊熵的群组聚类决策方法 ［J］. 计算机工程与科学，2019，41（4）：692 - 698.

［80］吕悦晶，宋向勃，张蕾，周兴林. 一种加权改进的 D - S 证据推理算法 ［J］. 计算机应用与软件，2011，28（10）：30 - 33.

［81］Li G, Zou H, Yang F. Fuzzy Ontology and Fuzzy D - S Evidence Theory Based Context Modeling and Uncertainty Reasoning ［J］. Journal of Convergence Information Technology, 2011, 6（12）: 185 - 193.

［82］Yang J B, Xu D L. On the Evidential Reasoning Algorithm for Multiple Attribute Decision Analysis under uncertainty ［J］. Systems Man & Cybernetics Part A Systems & Humans IEEE Transactions on, 2002, 32（3）: 289 - 304.

［83］刘思峰，朱永达. 区域经济评估指标与三角隶属函数评估模型 ［J］. 农业工程学报，1993（2）：8 - 13.

［84］张桂英. "二八定律" 的企业员工管理反思 ［J］. 现代企业，

2009（11）：22 – 23.

　　［85］梁小娅 . 基于国内外 R&D 投入发展对比的我国自主创新行为研究［D］. 西安：长安大学，2009.

　　［86］史豪祥 . 构建科研院所设计集成知识管理平台［A］//中国造船工程学会 . 2018 年数字化造船学术交流会议论文集［C］. 中国造船工程学会，2018：4.

　　［87］何淳真，燕昊，康莹，王瑞，王瑶 . 面向智能决策的知识管理平台框架研究［J］. 电脑知识与技术，2019，15（16）：239 – 241.

　　［88］李晨光，赵继新 . 产学研合作创新网络随机交互连通性研究——角色和地域多网络视角［J］. 管理评论，2019，31（8）：110 – 122.

　　［89］张铃 . 企业技术创新中地方政府职能的定位［J］. 科技管理研究，2006（7）：28 – 29.

　　［90］张宝生 . 基于知识网络的虚拟科技创新团队的知识流动研究［D］. 哈尔滨：哈尔滨工业大学，2012.

　　［91］林龙凤 . 国企知识管理的考核和激励机制研究——以电力企业为例［J］. 中国商论，2015（24）：52 – 54.

　　［92］刘希宋，喻登科，李玥 . 科技成果转化知识整合的机理研究［J］. 情报杂志，2009，28（2）：109 – 112.

　　［93］刘鑫 . 企业文化创新对提升企业核心竞争力的作用分析［J］. 企业改革与管理，2019（5）：196 – 197.

后　记

（一）成书起因

本书是在我博士学位论文的基础上修改整理而成的。距离博士毕业已经九载，事实上，对于是否要将博士论文整理成书我一直在犹豫。

为何更早时候没有整理成册？因为：其一，博士学位论文中的企业数据来自调研，根据真实数据所做的评价结果，暂且不讨论科学与否，公开发表可能都会为企业所讳；其二，一直觉得真正的学者应该足够谦和，总感觉自己还未达到著书立说的学术高度。

那为何如今又要发表？因为：其一，多年过去，数据的价值已衰减完成，应该不会对样本企业带来困扰；其二，有来自学院学科建设经费的支持，也需要为学科建设做出贡献；其三，融入了我主持的国家自然科学基金项目的新的研究成果，对学位论文有了完善。其实，最重要的原因是，我坚持认为，博士学位论文中的很多理论、观点、方法都是具有创造性贡献的，它们理应被更好地传播扩散，让更多学者知晓。

本书的学术贡献，主要体现在：其一，提出了评价科技成果转化过程中知识管理绩效的形成机理和三维架构；其二，构建了较为完善的知识管理绩效评价指标体系；其三，提出了一套实施科技成果转化知识管理绩效本源、本体、本旨评价的方法。尤其是第七章中综合评价方法的开发，实现了力学思想与评价理论的融合。

（二）前尘往事

2006 年 6 月，我从哈尔滨工程大学经济管理学院本科毕业，获得金融学学士学位。由于成绩不错，顺利保送本学院的管理科学与工程专业攻读硕士学位。在毕业后的这个暑假，我的心情是忐忑的，因为我内向的性格，一直不敢去找导师；而等到我发现大多数同期保研同学都已经联系好指导教师的时候，我才知道可供我选择的导师已经不多了。

感谢同班的陈娟同学，是她约着我一起去找导师——有了她的陪伴，我才有了勇气，去找那传说中的学院"最牛的老师"。这位老师就是哈尔滨工程大学经济管理学院的创始元老——刘希宋教授，后来成了我的恩师。我和陈娟同学找到刘老师的家，向她表达了我们希望跟随她攻读硕士研究生的意愿。刘老师和蔼可亲，但还是非常让人敬畏，这是我和导师第一次见面之后留下的印象。此次见面后，就是等待。

感谢学长王辉坡，是他给了我见到导师的第二次机会。那是 2006 年 9 月初，开学第一周的周四下午。我忽然接到王辉坡师兄的电话——在一次非常偶然的聚会上，我有幸认识了王辉坡师兄——他说他导师想见我。我当时还非常纳闷：他导师是谁，为什么要见我。我到了他办公室之后，才知道原来要见我的正是刘希宋老师。后来才知道原来刘老师不小心把我们初次见面时留下的联系方式弄丢了，她只记得姓名——我应该庆幸我的名字比较好记，而且应该感谢导师非常好的记忆力——然后才托她的博士生王辉坡找到我。

与导师的第二次见面，是我人生的重要转折点。在此之前，我只是希冀能够成为刘老师的硕士生，甚至在我看来，这都有点奢望。在办公室（记忆中应该是基础实验楼 501）见到老师后，老师亲切地向我表达了两层意思：第一，她不能带我做硕士生了，因为已经有了人选；第二，她还有一个带直博生的名额，询问我是否愿意。我只记得当时头脑里晕晕乎乎的，感觉硕士生这个身份都还崭新崭新的，怎么就要成为博士生了呢，像是做了一个美好的梦，想要接受但又总怕这不是真的。当时在场的还有另一位师姐——闵楠。我现在还记忆犹新，当时在我面前晃动的就是两张脸：一张是恩师的，带着慈祥又有点意味深长的笑容，在等待我的答案；另一张是闵楠师姐的，在冲我挤眉弄眼地笑，仿佛在观看一个人忙手脚乱地接着从天而降的金元宝。我头脑木木地点了点，就这么忐忑地接受了恩师的邀约。感谢恩师！

成为刘老师弟子差不多半年以后，我才知道，实际上我能有机会攻读博士学位，有机会成为恩师的学生，也并不是完全靠幸运，这还得感谢指导我本科学位论文的导师——吕彦昭老师。原来，刘希宋老师是一个办事非常严谨的人，她在挑选博士生人选的时候，去找了候选人的本科期间主要的授课教师以及本科学位论文指导教师，而吕老师极力地推荐了我——因为我本科毕业论文完成得非常出色，后来还成功发表在 CSSCI 来源期刊《金融论坛》上，这也是我人生中发表的第一篇学术论文。

就此，我非常荣幸地成为刘希宋教授的"关门弟子"，开始了漫长的科研路。记得老师交给我的第一项任务就让我欲哭无泪、怀疑人生。她打算申报国家自然科学基金项目，我要协助师兄师姐，完成项目申报书中研究内容的 1/4。当时的感觉就是，这么"高大上"，根本无从下手。但任务下来了，只好拼命地阅读文献、苦思冥想。大约 2 个月只写了 2 页 A4纸，畏畏缩缩地交给老师，老师花了 2 秒钟浏览，给了一句评语："登科，如果不会做，就不用做了。"当时的眼泪应该是在眼眶内打转的，因为老师这句话背后的意思我深深地懂得：一是我写的东西太差了，都没有修改的价值；二是以后我都不用写了，也没有机会接受新的任务了。当时，人是崩溃和绝望的。

但是，学业总得继续下去。于是，回来后，我更加刻苦。1 个月后，我鼓起勇气再次给了她 2 页纸，即便她没有让我再继续做。这回老师看了好几分钟，在这几分钟内，我觉得我就是一个小孩子，在小心翼翼等待家长的批评或者糖果奖励。终于，老师看了看我写的内容，又转头看看我，然后给了新的评语："挺有想法的嘛。"后来，几经修改，我写的这些文字被放到国家自然科学基金项目申报书中——当时，我觉得这无比荣耀。

　　这就是我博士生涯的第一个学期，在绝望中生出了希望，在希望中有了自信。第二学期，我的研究就开始变得顺畅起来。事后回想，我总结导师门下大多数弟子都能非常优秀的原因在于：第一，恩师挑弟子是真的在"挑"，她会在深入调研的基础上再做决定；第二，她偏向于优先考虑来自农村的学生（这是熟悉之后有一回聊天时无意中听她说到的，也在我作为研究生导师之后被我奉为"秘籍"），因为这类学生相对而言会更懂得珍惜机会，更加勤奋努力；第三，有一个比较好的制度（每周固定周会，布置任务和检查学生的进度）和非常好的传帮带文化（在研究方法、论文写作与投稿等方面，都发动上一届带领下一届）；第四，和谐竞争文化——弟子之间暗自比较，互相学习，有压力之后自然会有动力和成果。

　　第二学期，我完成并录用了成为恩师弟子以来的第一篇论文，也是我们这一届学生中第一个发表论文的人。这种"荣耀"让我更加努力，自学了很多当时比较前沿的研究方法。因为研究方法的掌握以及论文撰写越来越有技巧，从第三学期开始，我撰写学术论文的速度加快了，也收到了更多的录用通知。记得一次，我收到一封信，从信封里抽出两份录用通知——原来我先后投稿了 2 篇论文到同一个期刊，结果期刊社可能为了省钱直接装一个信封里寄过来了。记得我抽出信纸时同门师姐李玥那不可思议而又羡慕的样子，我承认，那一刻，我应该是虚荣的。正是在这种"虚荣心"的驱使下，我的博士二年级（实际上应该是博士一年级，因为我直博，博士 3 年制，但硕士的 1 年其实也应算在直博的时间内）没有浪费，全部都用来学习方法和撰写论文。

　　博士三年级，导师给了我新的任务：她要准备退休了，我作为关门弟子，需要为她关好门，因此以后写论文不再是随心所欲了，而是必须跟着她的课题走，通过发表论文来让她的课题都能顺利结题。那时候，导师在研的课题还有好几个，但最重要的是一个受资助于国防科工委（现为工信部下的国防科工局）的课题。刘老师根据她的思路，将课题内容分解为将近 20 章，由师兄姜树凯、师姐李玥和我共同完成。当时师兄师姐基本都是博士阶段的最后一年，他们的博士论文本身就是在为课题结题做出贡献，那么，不能纳入他们博士学位论文的研究内容就由我来认领。那是一个"疯狂"的阶段，我觉得自己也像师兄师姐一样，在完成自己的博士学位论文。一章一章地完成，在完成一章后，舒一口气，然后接着做下一章。虽然很累，但回想起来，正是这种高强度的科研思维与学术研究方法训练才有了我能力的迅猛提升。到这一阶段的后期，我基本能做到一周完成一章，而且把它修改为学术论文的样子，投稿出去。现在到中国知网中查找我发表论文的轨迹，就能清晰地看到我那时候每周一篇的痕迹——自工作之后，我都再没有过那么高强度的思维活动。

感谢恩师对我的训练，让我能够扬帆起航。

（三）学业有成

博士生涯的最后一年，我主要在做三件事情：第一，帮助老师做好科研项目的结题工作；第二，协助老师督促她那些还没毕业的博士或还没出站的博士后，让他们能够及时地完成学业；第三，到企业去调研和收集数据资料，完成自己的博士学位论文。

这三件事都让我有很大的收获：完成科研项目结题，让我提前了解了科研项目从申报到结题的全过程，这为我进入教师职业岗位后得心应手地处理好科研项目申报事宜提供了经验；督促师兄师姐们及时完成学业，让我结下了不少善缘，在我博士毕业后找工作时也有不少师兄师姐愿意提供帮助；到企业去调研，看似非常辛苦，却让我更加了解企业，更清楚和企业打交道的困难与技巧。花了大力气去收集的数据，也为我博士学位论文的高质量完成提供了保障。

虽然我调研和收集数据花费了大约半年的时间，但真正开始着手撰写学位论文我却给了自己一个非常明确的时间跨度——3个月。3个月共12周，每周写1章，也就是12章。这3个月，对于我而言，就像是武侠小说中大侠们的闭关修炼，每周1章，无论遭遇多大困难都会保质保量地完成。当博士学位论文完成时，我交给老师看初稿。几天后，老师给我打来电话，她在电话那头说："登科，你的论文我看了。你以后的学术成就一定会很大，我说这个，不是因为你后面做了很多很好的定量模型与分析，而是你论文前面的机理分析。那些理论上的逻辑思考反映了你的创新性意识。"我听到了这些对我高度认可的评价，泪流满面。而且，从这句评价中，我第一次感受到了理论哲思相对于方法应用更加重要，这为我工作以后逐渐从方法应用创新转向理论创新研究埋下了种子。

我的博士学位论文初稿共12章，出于篇幅原因，删除了3章，变为9章。但即便是9章（排版后近200页），也远远超过哈尔滨工程大学对博士学位论文10万字的篇幅要求。看着这饱含汗水的厚厚的学位论文，自己都感觉学业有成，幸福满满。

最后，再提一件事。因为博士期间撰写和发表的学术论文太多（60多篇，包括第一作者——少数几篇；导师第一、自己第二作者——在当时的学院文化下，正常情况都是以这种形式发表；第三作者——主要是和师兄师姐们合作的论文），在博士学位论文文后需要提供在读期间发表论文的附录时，导师比较无语地笑了笑，然后来了一句："登科，你删除点论文吧，这样会吓着答辩评委老师的。"于是，这就出现了我博士学位论文中只提供20余篇已发表论文的情况。这实际上也已经超过了很多评委老师的预期，在预答辩时，还是有老师特别指出了这一点。因为在当时，博士毕业的条件仅需要发表4篇论文。

即便在多年后，回到母校去找那些留校工作的小伙伴们玩耍时，他们仍会取笑我，现在学院的学生中还在流传着我的传说。

（四）感恩收获

把以上这些埋藏在心底的经历付诸文字，当然不是为了吹嘘，而是希望能够告诉更多的年轻博士一些做人治学的道理。

其一，人生需要贵人，这些贵人的小帮助，也许就能成为你人生的转折点。在我求学经历中，遇到过很多贵人，有我的同学、有我的老师，还有在后来我出国访学时愿意接收我的合作导师。他们也许只是在做他们自己的事情，也许只是出于友善，但他们不知道的是，他们给予我的帮助，足以让我的人生转向和加速。感谢这些贵人们的帮助。

其二，人生需要勤奋。我从不认为我比别人聪明，也不认为别人比我聪明。但我总是坚信一点，天道酬勤。在我读书的时候，也有很多的同学算得比较"精"，他们总认为是在无偿地帮导师做事，既然是帮忙，那就适可而止，没必要那么卖力。因此，他们的研究生生涯活得有滋有味，然后"踩着线"同样能够顺利毕业，拿到博士学位。但工作之后，我就发现，我的努力与勤奋没有白费，因为得益于博士期间的高强度训练，我在学术研究方面的能力足以让我独立完成撰写论文、申报基金等方面的事情，并高效率地取得工作业绩。感谢自己的勤奋与付出。

其三，人生要懂得抓住机遇，也要懂得放弃机遇。当恩师把攻读博士学位的机会抛给我时，我虽然完全不懂这意味着什么，但我还是选择抓住这个机会；当导师把一项一项任务分配给我时，我从来没想过要拒绝，而是努力地把每一项任务做到自己能力所及的最好。我会抓住机会发展自己、表现自己，也会抓住机会锻炼自己、"压迫"自己。但是，在我毕业找工作时，我又果断放弃了在北京的科研机构工作的机会，而选择到南昌大学任教。那是因为：从性格上，我知道我不太适合企业或科研机构的工作，而更喜欢高校的工作文化；从能力上，在高校工作，按照自己兴趣从事科学研究活动，才能更好地发挥我的优势和强项。因此，感谢给我机会的人，也感谢理性选择、没有太多欲望的自己。

其四，送给研究生们一句良言，自学是最重要的一种能力。完整地读完博士学位，才悟透古人留下的智慧——师傅领进门，修行靠个人。不能说导师教给我的东西很少，实际上很丰富；但是，导师教的东西通常比较宏观，属于思维、思想的训练内容。当研究生要脚踏实地进行学术研究和撰写论文时，就迫切需要掌握更多具有执行力的知识，这些知识以技巧、方法、理论等形式存在。而这些知识通常都依赖于自学。不要寄希望于导师会有时间和耐心来手把手传授你理论与方法，导师也不喜欢那种推一把才走一步的学生。最好的师生关系应该是，学生有自己往前冲的能力，导师提供环境与平台，然后默默观察，并在适当的时候指引方向。更重要的是，具备自学能力能够让一个人变得更为自信，自信是学术探索的前提。研究生生涯比较失败的人通常都是那些畏畏缩缩、畏惧困难，总喜欢抱怨导师不教知识、不给予帮助的人。

最后，因为本书修改自我的博士学位论文，因此还是要感谢我的导师刘希宋教授，她为我博士学位论文的修改提出了很多中肯意见。还要感谢参与我博士论文预答辩、答辩的众多教授，有张铁男教授、李柏洲教授、范德成教授、郭韬教授、宋艳教授、梁静国教授、傅毓维教授、徐建中教授、赵金楼教授、陈伟教授、毕克新教授、史丽萍教授、孟凡生教授、曹霞教授和杜丹丽教授等。是他们的教授，让我的博士学习更为精彩；是他们的指导，让我的博士学位论文更为完善。

（五）还看今朝

往事历历在目，眨眼却已毕业九载。这9年，让我从一名刚毕业的博士研究生逐步成长为讲师、副教授、教授，目前还担任管理科学与工程系的系主任，管理着一个系的教师成长、学生培养与学科发展。从一名博士生成长为可以指导博士研究生，说长不长，说短也不短。

其实我变了吗？肯定变了——年龄变了、身份变了、思维变了，这些能从日渐稀疏的头发、日益增加的头衔、自我感觉有进步的学术水平等方面体现出来。但其实又没变——我还是那个我，还是在重复着类似的活动，或者在伏案撰写论文，或者在做研究构思的路上。也许这就是兴趣，这就是人们常说的数十年如一日。

也不知道，下一个9年，我会如何？

掩卷，沉思。

喻登科

2019 年 10 月 1 日

南昌大学前湖校区信工楼 E508

留言：祝祖国 70 华诞生日快乐